财政部规划教材
“十四五”普通高等教育规划教材

绩效评价

主　编　唐振达　何劲军　李保婵
副主编　杨　修　苏　艺　覃创建

中国财经出版传媒集团
中国财政经济出版社

图书在版编目（CIP）数据

绩效评价 / 唐振达，何劲军，李保婵主编. --北京：中国财政经济出版社，2021.8

财政部规划教材 "十四五"普通高等教育规划教材

ISBN 978-7-5223-0661-2

Ⅰ.①绩… Ⅱ.①唐… ②何… ③李… Ⅲ.①经济绩效-经济评价-高等学校-教材 Ⅳ.①F224.5

中国版本图书馆 CIP 数据核字（2021）第 139063 号

责任编辑：蔡　宾　　　　责任校对：胡永立

封面设计：陈宇琰

绩效评价

JIXIAO PINGJIA

中国财政经济出版社 出版

URL：http：//www.cfeph.cn

E-mail：cfeph@cfeph.cn

社址：北京市海淀区阜成路甲 28 号　邮政编码：100142

营销中心电话：010-88191522　编辑部门电话：010-88190666

天猫网店：中国财政经济出版社旗舰店

网址：https：//zgczjjcbs.tmall.com

北京密兴印刷有限公司印刷　各地新华书店经销

成品尺寸：185mm×260mm　16 开　14.75 印张　353 000 字

2021 年10月第 1 版　2021 年10月北京第 1 次印刷

定价：42.00 元

ISBN 978-7-5223-0661-2

（图书出现印装问题，本社负责调换，电话：010-88190548）

本社质量投诉电话：010-88190744

打击盗版举报热线：010-88191661　QQ：2242791300

前　言

绩效评价产生的历史十分悠久，自从人类有了生产活动，即产生了绩效评价思想。经济环境越复杂，绩效评价越重要。绩效评价又称绩效考核，它是绩效管理中技术性和应用性最强的工作。目前绩效评价已经成为我国经济社会发展中的重要组成部分，我国逐步建立起与市场经济相适应的绩效评价制度体系。随着科技发展、社会进步，绩效评价作用日益突出，绩效评价呈现出一些新理念、新技术和新方法，成为企业和政府完善治理体系，实现治理能力现代化的重要手段。为及时反映我国绩效评价领域新变化，适应我国经济新常态和经济高质量发展需要，我们组织专业教师采集我国绩效评价有关文献资料，借鉴实践中绩效评价典型做法和成功经验，按照“理论清、实务全、学得会、用得上”应用型人才培养要求编写这本教材。

本教材共十一章，分为三部分，第一部分为绩效评价理论篇，包括绩效评价导论、绩效评价的理论基础两章内容；第二部分为企业绩效评价应用篇，包括多种评价方法在组织员工个体绩效评价中的应用、关键绩效指标法在企业群体绩效评价中的应用、平衡计分卡在企业整体绩效评价中的应用、多种评价方法在企业财务绩效评价中的应用四章内容；第三部分为财政预算绩效评价篇，包括财政预算绩效评价概述、财政预算绩效评价的要素、财政预算绩效评价质量控制与结果应用、财政预算绩效评价实务和第三方机构参与财政预算绩效评价实务五章内容。

本教材特别适合全国财经类本科院校会计学、审计学、财务管理和绩效评价专业教学使用，同时也可作为第三方机构从事财政预算绩效评价工作人员和企业人力资源部门及各级财政部门从事绩效评价工作人员学习参考。在体例方面，我们借鉴国内外同类优秀教材的编写思路，做到每章有学习目标和理论阐述，而且每章均附有思考与练习，使读者能把握各章要点并巩固所学知识，在系统介绍我国绩效评价基础理论和技术方法的基础上，强化案例教学与实务操作。但由于时间与水平有限，书中难免会存在不足之处，恳请各位读者与同行评判和指正，在此致以衷心的感谢！

编　者

2021 年 5 月

前言

目　　录

第一章　绩效评价导论

学习目标

1. 了解绩效评价的历史与发展；
2. 熟悉绩效评价内涵与作用、要素与原则；
3. 理解绩效评价与绩效管理之间的差异；
4. 掌握组织绩效评价要素、原则和影响因素。

从管理学的角度，所谓组织是指一个社会实体，它具有明确的目标导向和精心设计的结构与有意识协调的活动系统，同时又同外部环境保持密切联系的组织机构。依据《中华人民共和国民法典》的规定。将组织分为自然人组织和法人组织，其中法人组织包括企业公司、事业单位、社会团体、国家机关四大类。近年来，还出现了一种新的社会组织类别，即民办事业单位。目前，我国绩效评价主要分为企业绩效评价、财政预算绩效评价两类。而企业绩效评价既是企业人才资源管理的一种重要管理方法，也是企业提高和保持竞争力的主要手段，最终为实现组织战略规划和发展目标。在新经济时代，社会公众越来越重视企业绩效的客观性和真实性，不同类型的企业，在不同时期的绩效评价内容和方法是动态变化的。企业绩效评价岗是加强组织内部管理所不可缺少的岗位，掌握企业绩效评价相关知识是企业人力资源部门绩效评价岗位从业者的必备素养。财政预算绩效评价是运用一定评价方法、量化指标及评价标准，对政府部门对其职能所确定的绩效目标的实现程度及其为实现这一目标所安排预算的执行结果的综合评价。

第一节　绩效评价的历史与发展

绩效评价产生的历史十分悠久，自从人类有了生产活动，即产生了绩效评价思想。从绩效评价发展历程来看，国外经济学者和管理专家从不同角度对组织绩效评价进行了较为系统的研究与探索，取得了许多有影响的研究成果，并推动了组织绩效评价的实践应用与推广。19 世纪后出现了现代公司制组织，伴随而来的是所有权和经营权的分离。此时真正的组织绩效评价才出现。而严格意义上的组织绩效评价产生于 20 世纪 30 年代以后，直至20 世纪 90 年代以后，我国的学者和专家已开始重视组织绩效评价问题，一些管理部门和研究机构也进行了许多非常有益的探索。

一、国外绩效评价历史

国外绩效评价的研究和实践历史较为悠久，也形成比较完整的理论体系，根据绩效评价内容、关注问题和时间序列，国外绩效评价研究大致分为四个阶段：经验性绩效评价阶段、统计性绩效评价阶段、财务性绩效评价阶段和战略性绩效评价阶段。

（一）经验绩效评价阶段（19 世纪以前）

19 世纪以前，原始的组织形式如手工作坊和货栈客栈等业主制已逐渐被近代组织形式——合伙制所代替，并逐渐成为家族产业。由于这些组织规模很小，对其进行绩效评价的意义也不大。因此，在此阶段，绩效评价处于起步阶段，其尚未形成一个系统的评价框架，组织绩效评价主要以经验性与观察性评价手段为主。

（二）统计绩效评价阶段（工业革命以后到 20 世纪初）

统计性绩效评价代表是 1837 年美国康涅狄克州颁布了第一部《一般公司法》，其后 1844 年英国颁布了《股份公司法》，对公司的建立和注册程序进行了规定。这两部法律标志着现代公司制组织的诞生。伴随而来的是组织所有权和经营权的分离，为了加强资本所有权控制和公司内部控制，组织绩效评价的需要大大增加。但在这一时期的绩效评价指标与财务会计均无必然联系而只是统计性的，如产量、产值等指标。19 世纪 50 年代，美国大型铁路公司为了解决不同地域分支机构的协调问题，加强组织内部各管理阶层的责任，提出了管理的六项基本原则，其中重要的一条就是建立一套评价各管理阶层是否忠实履行责任的方法，并创造性地设计了财务和统计报表制度用于组织绩效监督与评价。

（三）财务绩效评价阶段（20 世纪初至 20 世纪 90 年代）

进入 20 世纪后，随着资本市场的发展和所有权与经营权的进一步分离，组织的经营状况和财务状况进一步被投资人和债权人所关注，对组织绩效评价的内容进一步深化。20 世纪初美国学者亚历山大·沃尔提出了信用能力指数的概念，通过资产净利率、销售净利率、净值报酬率、自有资本比率、流动比率、应收账款周转比率和存货周转率等七个指标评价组织的盈利能力和偿债能力。1932 年英国管理专家罗斯提出了评价组织部门绩效的思想，并设计采用访谈方式了解组织部门绩效。同年美国管理咨询大师詹姆斯·麦金西也提出，应对组织进行定期的经营管理状况评价。在评价活动中首先研究组织的外部环境，然后评价组织在该行业中的竞争地位，在此基础上评价组织的战略、管理、财务状况与业务活动。1939 年，美国的 Michael & Kesneer 首先研究了美国经理人的报酬和绩效评价之间的关系。20 世纪 50 年代，莫迪里亚尼和米勒提出了 MM 资本结构理论，首次以严格、科学的方法研究资本结构与组织价值的关系。1950 年杰克逊·马丁德尔提出了一套比较完整的管理能力评价指标体系，主要包括公司的社会贡献、组织结构、收益的健康状况、对股东的服务、研究与发展、董事会业绩分析、公司财务政策、公司生产效率、销售组织、对经理人的评价等。马丁德尔的评价方法也是采用访谈的形式，对各项指标进行打分，并将本公司的评价分数与该公司历史业绩和行业标准进行对比，判断公司的管理绩效。同期，美国著名管理学家彼得·德鲁克通过实证研究后，提出组织绩效评价八项指标：市场地位、革新、生产率、实物资源和财物资源、获利能力、管理者的业绩与发展、员工的业绩与态度、社会责任，其中已经开始关注组织的社会责任（如公害、消费者运动等）和组织的长期稳定程度，指出利润最大化虽然是组织追求的主要目标，但不应是唯一目标。1971 年 Melnnes 分析了美国 30 家跨国公司，发现最常用的业绩评价指标是投资报酬率。在 20 世纪 80 年代以前，基于投资者和债权人的利益，绩效评价的具体内容基本包括了组织偿债能力、营运能力和盈利能力，并以此评价结果与经理人或雇员的报酬挂钩。进入20世纪80年代，美国管理会计委员会从财务效益的角度发布了“计量组织绩效说明书”，提出了净收益、每股盈余、现金流量、投资报酬率、剩余收益、市场价值、经济收益、调整通货膨胀后的业绩等8项计量组织经营绩效的指标。克莱夫·伊曼纽尔博士和戴维·奥特利博士根据权变理论提出了由17项指标构成的“权变业绩计量”体系。这是一个定量评价与定性评价相结合的复合评价体系，首次将生存能力、应变能力纳入组织业绩评价的范围。20世纪80年代，组织绩效评价所用的方法主要有DolnasonBrown创立的杜邦财务分析法和萨泰教授提出的层次分析法（AHP）。

（四）战略性综合评价阶段（20世纪90年代至今）

20世纪90年代后期以来，组织绩效评价体系已从传统意义上的财务评价，向更加注重有机结合与互动影响评价方向发展。国外学术界分别从组织生产要素、组织家作用的竞争力、组织员工激励、时间、速度上的竞争力和组织经营、战略、微观经济环境的角度，对组织竞争力进行了细化，先后提出了三套组织竞争力评价指标体系。主要是：1990年哈佛商学院的教授罗伯特·卡普兰和大卫·诺顿提出“全方位绩效看板”的研究计划，并最终形成影响力最广的“平衡计分卡”——财务、顾客满意度、内部业务、创新与提高等四套绩效测评指标；1991年Stewart提出了经济增加值（EVA）指标用来评价组织财务绩效。EVA是公司经过调整后的营业净利润减去该公司现有资产的经济价值的机会成本后的余额。1993年Fitzgerald将组织绩效的评价内容确定为财务、竞争、服务质量、革新、灵活性、资源利用等六方面。Jeffrey于1997年又提出了修正的经济增加值（EVA）指标，该指标将所有决策用一个财务指标联系起来，结束了多种目标的混乱状态。同时一些国际会计组织也开始探索新的财务业绩报告方式，1999年10月，由加拿大、新西兰、澳大利亚、英国、美国组成的“G4 +1”提出了一项报告，推荐使用“财务业绩表”，该表将财务业绩分为三部分（经营收益、理财收益、其他利得和损失）。2000年的一项研究表明，职工的满意度与增长的公司利润之间有强烈的统计关系。

综上所述，国外绩效评价起步早、发展历程复杂，绩效评价理论体系和方法标准也比较成熟，其绩效评价发展历程与先进方法对我国绩效评价研究具有一定借鉴意义。

二、我国组织绩效评价的历史回顾

我国组织绩效评价相对于国外的组织绩效评价的研究起步较晚，根据绩效评价内容、关注问题和时间序列来看，我国绩效评价大体上经历了五个阶段：

（一）绩效评价萌芽阶段（公元前475年至清朝末期）

公元前475年至清朝末期，从战国时期开始各个朝代不断更替，依据各朝代统治者的需要，对官员在选拔、考绩、品级、奖罚、俸禄、休致、养优等一整套管理方式中虽有侧重，但多数重点都放在考绩和奖惩上。这一时期已发展出明确的考绩标准、考绩机构、考绩对象、考绩程序与方法等，其中有许多值得借鉴的地方，但教训也颇深，如考绩与奖惩权利过度集中、考绩标准虚化成分大、监管不严流于形式等，这就标志着我国绩效评价工作已经开始。

（二）绩效评价发展阶段（中华人民共和国成立至1978年改革开放）

中华人民共和国成立至1978年改革开放，我国实行高度集中的计划管理体制，政企不分，国家对国有组织的评价不重视价值和成本的考核，只从实物和产出的角度评价。1975年，国家拟定了“工业组织八项经济技术考核指标”。这八项指标包括产品产量、品种、质量、原材料燃料动力消耗、流动资金、成本、利润和劳动生产率。而考核评价的方法是简单地与计划目标和行业生产技术标准进行对照。

（三）绩效评价完善阶段（1978年改革开放后至2007年）

1978年改革开放后，对国有组织开始实施放权让利式改革，逐步扩大了组织的经营自主权。国家从价值的角度开始强调经济效益方面，开始注重组织的利润、成本、产值等价值指标的考核，并以组织的利润完成情况决定组织的报酬和激励方式。1982年国家经委、国家计委等六部委制定了“组织16项主要经济效益指标”，这些指标全面反映了组织经济效益，不仅有产值、产量、利税指标，还有产品质量、资金使用情况、成本、能耗、劳动生产率等指标。其考核评价的具体方法为综合计分法。我国经济工作重心转移到调整结构和提高经济效益上来以后，绩效评价更加强化效益指标。1992年，国家计委、国务院生产办和国家统计局提出了6项考核工业组织经济效益的指标。产品销售率、资金利润率、成本费用利润率、全员劳动生产率、流动资金周转率、净产值率，主要是从组织各项生产要素的投入产出对比关系以及工业产品满足社会需要等方面设计的。随着我国经济体制向市场经济体制的转变和现代组织制度的建立，国家逐渐改变了对国有组织监管方式。1995年，国家国有资产管理局开始实施国有资产保值增值考核，将国有资产保值增值完成情况与组织提出新增效益工资挂钩。同年财政部根据国有组织监管的要求、国有资产管理的特点和新财务会计制度的规定，公布了一套包括销售利润率、总资产报酬率、资本收益率、保值增值率、资产负债率、流动比率、应收账款周转率、存货周转率、社会贡献率和社会积累率等10个指标的组织绩效评价指标。1997年国家统计局会同国家计委、国家经贸委根据新的形势，对1992年颁布的工业经济效益评价体系进行了调整，将原来的6项指标调整为总资产贡献率、资本保值增值率、资产负债率、流动资产周转率、成本费用利润率、全员劳动生产率和产品销售率等7项指标，但还是满足不了新形势发展的需要。1999年6月，财政部等四部委颁发了《国有资本金效绩评价规则》，《规则》中规定的评价内容包括了财务效益、资产营运、偿债能力和发展能力四个方面，采用了24项定量指标和8项定性指标评价组织的绩效。但不论是从理论上还是从实践上，这套绩效评价体系都有待完善。2002年3月，财政部等五部委对《国有资本金效绩评价操作细则》进行了修订，颁布了《组织效绩评价操作细则》，将原来的32个指标减为28个，该指标体系基本与2001年实施的《组织会计制度》相一致。该《细则》在评价方法的合理性、可操作性和适应性等方面有了较大地改进。

（四）绩效评价创新阶段（2007~2011年）

2007年1月1日，我国首先在上市公司实行的新组织会计准则体系，新组织会计准则体系涵盖了各类组织、各类经济业务，实现了与国际会计准则体系实质性趋同的准则体系，这一会计准则体系实现了许多重要的理论创新，带来了财务与会计的许多新理念，从而影响到组织绩效评价体系的创新。这些创新主要包括：绩效评价目标是基于组织的核心竞争力进行评价；绩效评价内容对组织核心竞争力的关键影响因素（如组织文化、知识、技术和管理、环境等要素）进行综合评价，从而实现组织绩效评价转型升级。由于经济全球化和世界经济一体化趋势的形成，新经济时期的到来，金融工具的频繁使用以及市场的瞬息万变，导致竞争在全球范围内加剧。组织要在市场竞争中生存和发展，就必须将绩效评价与战略规划和远景目标相结合。为了实现组织的战略规划和远景目标，就必须形成和保持组织的核心竞争能力。国务院国资委于2006年4月和2006年9月先后发布了《中央组织综合绩效评价管理暂行办法》和《（中央组织综合绩效评价实施细则》，这标志着国资委对中央组织的绩效管理迈向了一个新的阶段。目前各级政府部门正逐步把开展组织绩效评价作为国有组织监管的一项基础性工作来抓，并要求国有大型组织集团也要结合集团内部管理的要求开展对子（分）公司的评价工作，以加强组织集团内部的监督管理，提高经营管理水平。组织绩效评价结果由财政部每年定期公布。绩效评价结果与经营者年薪制、股票期权等收入分配方式改革试点工作也正在逐渐结合，成为国企管理人员业绩考评的重要依据。

（五）绩效评价转型阶段（2011年至今）

2011年，国务院绩效管理部际联席会议部署在全国开展政府绩效管理试点工作，并批准由监察部牵头建立政府绩效管理工作际联席会议制度，选择发展改革委等6个部门和北京等8个地区开展绩效管理试点工作，为在全国全面推行政府绩效管理制度探索与积累经验。

2012年，党的十八大报告提出要“创新行政管理方式，提高政府公信力、执行力，推进政府绩效管理”。

2013年，党的十八届三中全会做出的《中共中央关于全面深化改革若干重大问题的决定》明确指出，要“完善发展改革成果考核评价体系，纠正单纯以经济增长速度评定政绩的偏向”。

2014年，修正后的《预算法》颁布，该法中有6处提及财政“绩效”，“讲求绩效”首次被作为一条重要原则，和统筹兼顾、勤俭节约、量力而行、收支平衡相并列。2014年修正的《预算法》还提出，“各级政府、各部门、各单位应当对预算支出情况开展绩效评价”，编制预算要参考“有关支出绩效评价结果”，人民代表大会出具的预算审查报告要对“提高预算绩效”提出意见和建议。要求绩效原则将贯穿到预算编制、预算审查和批准、预算执行和监督、决算等各个环节，以及专项转移支付定期绩效评价和退出、预算公开等方面。

2017年，党的十九大对加快建立现代财政制度做出重要部署，明确提出要建立全面规范透明、标准科学、约束有力的预算制度，全面实施绩效管理。

2018年，由中共中央、国务院正式印发《关于全面实施预算绩效管理的意见》，该意见以习近平新时代中国特色社会主义思想为指导，全面贯彻党的十九大和十九届二中、三中全会精神，按照高质量发展的要求，对全面实施预算绩效管理进行统筹谋划和顶层设计，是新时期预算绩效管理工作的根本遵循。《意见》明确要求，创新预算管理方式，更加注重结果导向、强调成本效益、硬化责任约束，力争用3～5年时间基本建成全方位、全过程、全覆盖的预算绩效管理体系，实现预算和绩效管理一体化，着力提高财政资源配置效率和使用效益，改变预算资金分配的固化格局，提高预算管理水平和政策实施效果，为经济社会发展提供有力保障。

2019年，财政部印发了《2019年预算绩效管理重点工作任务》，围绕全方位、全过程、全覆盖实施预算绩效管理，明确了2019～2020年计划修订或出台的预算绩效管理制度清单。随后，《中央部门预算绩效运行监控管理暂行办法》等文件陆续出台。

财政部相继印发了《关于贯彻落实〈扶贫项目资金绩效管理办法〉的通知》《关于进一步加强扶贫项目资金绩效管理工作的通知》等文件，进一步明确责任、细化要求；同时，搭建“财政扶贫资金动态监控平台”，贯通中央、省、市、县、乡五级政府，覆盖28个有脱贫攻坚任务的省份，旨在实现扶贫项目资金绩效信息的在线填报和动态监控分析。财政部制定绩效指标模板、对832个贫困县开展培训、加强全程督导，确保扶贫项目资金绩效管理扎实推进。

三、我国绩效评价的发展前景

目前，我国实施的组织绩效评价是按照市场经济要求实行的一项组织监管制度。随着社会主义市场经济发展，政府管理经济的方式也正在朝着运用市场经济原则间接管理的方向不断转变。推进国有组织绩效评价和国有资产保值增值的考核，已成为我国经济体制改革的当务之急。目前各级政府部门正逐步把开展组织绩效评价作为国有组织监管的一项基础性工作来抓，并要求国有大型组织集团也要结合集团内部管理的要求开展对子（分）公司的评价工作，以加强组织集团内部的监督管理，提高经营管理水平。组织绩效评价结果由财政部每年定期公布。绩效评价结果与经营者年薪制、股票期权等收入分配方式改革试点工作也正在逐渐结合，成为国有组织管理人员业绩考评的重要依据。

进入新经济时代，组织面临着信息、知识经济时代快速变化的社会经济技术环境，不少组织已经或正在步入战略经营管理新时代，传统的组织评价理论基础和方法体系在复杂多变的环境中面临着严峻的挑战，未来的组织绩效评价将会出现新的特点和趋势。

（一）组织绩效评价更注重与组织整体发展战略结合

以财务为主的业绩评价方法主要是进行事后评价，这种方法已不能适应现代组织的管理要求，为了有效地克服组织绩效评价方法的缺陷，更好地适应现代组织管理的要求，应将组织绩效评价纳入组织整个战略管理过程之中，将组织战略与绩效评价联系起来。通过设计绩效评价指标体系把组织的战略目标转化为阶段性的、具体的、可操作的并为大多数人所理解的目标，使组织的高级管理人员清楚达到组织长期战略目标的关键因素，具体执行人员懂得他们决策和行为的财务后果。将组织的战略目标管理始终作为组织绩效评价体系的中心，真正体现组织绩效评价为组织战略管理服务。

（二）组织绩效评价主体越来越广泛

组织绩效评价的过程实际上是不同评价主体对组织的现状和趋势揭示的过程，是一个再生产信息的过程。组织绩效评价的内容应该能够满足不同评价主体对组织的现状和趋势的信息要求。以往的组织绩效评价主要在于满足组织投资者、债权人和管理者的需要，随着经济的全球化和一体化的加强，组织市场深度和广度的拓宽，组织逐渐加强了与客户、供应商、社会公众、组织职工和监管方等的联系，他们也是组织的利益相关者，也要了解组织的绩效状况，也已经成为组织绩效评价的主体。组织绩效评价主体将日益扩展和增多，改变组织绩效评价的单一性，向多角度评价与综合评价相结合转化。目前我们中介机构逐步参与的组织绩效评价，主要是国家对重点国有组织集团经营效益、经营者的业绩的考评，以及国有组织集团自身对其所属子（分）公司经营效益、经营者的业绩的考评。

（三）加强对组织知识与创新能力的评价

在经济与技术飞速发展的今天，只有注重技术创新，并将技术创新转化为核心竞争能力的组织，才能在激烈的市场竞争中不断扩大已有的市场份额，开拓新的市场领域，进而带来长远的业绩效益。因此，组织绩效评价体系应适应知识经济发展的需要，把创新能力的评价放在重要地位，在绩效评价有形资产的同时，增加对无形资产和智力资产的绩效评价，全面衡量组织绩效。

（四）财务评价与非财务评价的结合更加完善

随着知识经济时代的到来，组织的经营活动正逐渐地向信息活动转移，组织价值更多地与品牌价值、新产品的开发能力、员工的培训、与顾客的关系等方面有关，这促使组织的经营者和有关的信息使用者更加关注非财务业绩。因此，尽快建立并完善组织绩效的财务评价和非财务评价的有机结合，是组织绩效评价制度规范化、科学化的要求。

（五）组织绩效评价更加注重过程趋势评价

在新经济时代下，组织战略性绩效评价体系必然强调组织加强过程管理，采用过程适时跟踪的动态评价。这种评价不仅要求组织绩效评价体系能系统地反映组织前一阶段的经营活动的效果。同时，还要求组织绩效评价能更全面地反映组织综合状况以及未来发展趋势，这样有利于组织经营管理者及时地发现问题，有效地预测未来和引导结果。

（六）更加重视组织可持续发展能力的评价

在新经济时代下，可持续发展战略已成为组织的重要战略。组织的可持续发展能力反映了组织与动态的社会经济环境和自然环境的协调，也是自然环境、社会、利益相关者对组织的共同要求。可持续发展体现了人与环境的协调发展，是一套全球性的、综合的、长期的关于人类现在与未来的发展思想与发展战略。因此，对于组织的绩效评价不仅要考虑组织对社会的贡献，还要考虑组织给社会带来的负担。为适应社会的发展，也为保护人类自身的生存环境，应将组织的可持续发展水平作为组织绩效评价的重要内容。组织应按照可持续发展的要求经营，不仅要考虑市场的扩大和利润的增加，而且应考虑组织长期稳定的发展和组织总价值的不断提高，确立和维护组织与外部环境的良好关系，承担相应的社会责任。

组织绩效评价将顺应现代化组织管理的要求，融入整个组织战略管理过程，并将战略目标作为组织绩效评价和管理的起点，逐渐形成充分体现组织战略经营管理要求、体现组织创新能力和知识与智力资本作用的财务与非财务指标有机结合的绩效评价指标体系。因此，组织绩效评价必将随着时代的发展而更加完善、完整。

第二节 绩效评价的内涵与作用

一、绩效评价内涵

（一）绩效

绩效在英文中使用“performance”一词，中文也有译作“业绩、效绩”的。根据《韦伯斯特新世界词典》的解释，绩效的意思是：“（1）正在执行的活动或已完成的活动；（2）重大的成就。”即正在进行的某种活动或者取得的成绩。因而，绩效既可以看作是一个过程，也可以看作是该过程产生的结果。《现代汉语词典》将绩效解释为：（1）建立的功劳和完成的事业；（2）成就。可见，中文和英文中对绩效的理解既有相同之处，也有不同之处。相同之处是二者都强调绩效的结果性，即绩效是重大的成就；不同之处是英文强调绩效的过程性，而过程往往是结果的动因。

要准确的理解绩效的含义，就必须弄清绩效所在的不同层次。绩效可以分为组织绩效、群体绩效、个体绩效和项目绩效等，层次不同，绩效所包含的内容、影响因素及其测量方法也不同。

1. 组织绩效

所谓组织绩效是指在一个绩效评价期间内，一个组织所承担的任务在质量、数量、效率与盈利等完成情况。组织绩效评价是组织的管理者运用一定的绩效评价指标体系对整个组织的运营情况做出的概括性的评价。组织的管理者可以通过合理、客观且有效的绩效评价，深刻了解组织的运营能力、偿债能力、盈利能力以及其他相关能力，为管理人员和利益相关者提供较为准确的相关信息，为改善组织绩效和下一步的发展指明方向。

组织绩效往往需要从宏观的角度来进行考察，其评价选用的指标作为用来衡量一个组织的绩效标准，必须从组织战略目标的综合性方面去考核。组织的发展离不开一个有效的、系统的、合理的绩效评价系统，这对一个组织的生产和发展有着至关重要的影响，但是现实情况下，组织往往要面对很多复杂的情况，这就造成绩效评价的角度可能会有所不同，其选用的标准也因此有所差别。

大多数的组织目标并不只有一种，在不同的环境和阶段下，组织的多个目标也会同时存在，并且有些目标还是有所冲突的。比如一个组织的最后的目标本身就可能是多样的，一些组织的短期的目标以及阶段性的子目标将更为多样化。在理想状态下，假设这些不同的目标的重要性都相同，并且可以通过某些简单容易的方法和措施使这些不同的目标合为一体，组织目标的实现就会变得更为简单；但在现实中，并非如此，目标的重要性是会分为不同层次的，并且其重要性的程度也没有方便的方法进行测量和绩效评价。管理人员的决策必须要从组织运营成果业绩的各个方面进行多重变量的绩效评价，这必将淡化某些绩效的评价，重视组织的主要目标的绩效。对于组织来说，组织所面对的不同因素将会从不同的方面影响组织的绩效。

（1）战略取向。组织的战略取向往往能够决定组织的服务范围、经营方向以及其所采用的竞争措施等，这些都会在宏观的层面上影响着组织的绩效，同时组织的战略取向的变化，有可能在微观层面上左右着组织结构。而组织所采用的战略方向也同时受到内部和外部的环境影响。包括组织现阶段的发展状况、外部的经济环境、国家的经济发展战略、国际局势以及当地市场水平等。因此，组织绩效的考评必须全方位考虑组织的战略取向，使组织绩效为组织的战略目标服务，组织的部门也必须与组织的战略保持结构上的一致。

（2）高层管理。组织高层管理者的领导方式以及其管理水平，也会对组织的绩效产生很大的影响。一般来说，组织领导者有两类，一类是交易型领导，另一类是变革型领导。交易型领导是指领导与下属之间的关系以一类交易或两者之间默许的契约为基础。在交易型领导模式下，管理者以给予报酬和奖励的方式领导其组织成员的下属，在其完成特定的任务后，领导者给予相应的报酬和奖励，兑现其承诺，整个运行过程犹如一场交易。而变革型领导是指领导者运用其管理知识改变下属的价值观和工作动机，使下属自发地运用自己的内生动力来达成组织所希望达到的目标。例如提升所需要的层次，超越自我的兴趣等来促进组织绩效的提高，甚至整个组织的有效变革。变革型领导主要涉及四个维度，包括智力刺激、领导魅力、鼓舞动机以及个别体贴。大量的研究表明，管理者的管理水平和其领导方式与组织绩效有着密切的联系。更具有领袖魅力的变革型领导行为，相对于以结构维度和关怀维度为主导的领导行为而言，能够对组织的财务绩效和组织环境产生更大的影响。具有更高管理水平以及领袖魅力的领导者，不仅可以提高组织成员的工作满意度和生产效率，还能极大地发挥组织的营运效率，同时，促进组织成员间的有效沟通，激发成员的创新意识，增强组织成员的责任感，最终提高组织的工作质量，较好地完成组织绩效。

（3）组织结构。组织结构往往也能对组织的绩效产生重要的影响，绩效可以被定义为组织采取了能够带来一定利润的创新所能实现的净现值。组织结构的合理性程度与组织绩效的制定标准和实现程度成正比。一个良好的运营组织结构，不但能够促进组织成员的工作积极性，同时能够提高组织的运营效率，加强上下级之间的沟通，使组织的管理兼具灵活性和可靠性。一个不能适应组织实现目标的组织结构，可能会使组织运营效率下降，同时产生一些组织治理问题，对组织绩效的完成产生较大的影响。组织的结构会在层级和管理等级方面造成一些不利于组织绩效完成的不利因素，一个合适现阶段组织战略的优秀组织结构，往往能够有效地克服在组织管理结构上存在的不利因素。

（4）组织变革。适当的组织变革，也能促进组织绩效水平的提高，同时组织绩效的变化也能反过来促使组织变革，使组织更适合当前环境。当组织的绩效处于较低的水平时，组织会陷入危机状态时，组织创造的价值降低，从而导致组织的变革。因此，组织绩效的变化，可以作为组织变革的一种动力，当组织不适应当前的环境，组织状态不能有效地实现组织所期望的目标，低于可接受的水平时就会引发组织变革，使组织由不适应的状态，转变为适应状态。不断地进行组织变革，改善组织的适应能力，组织的绩效水平才能保持在一个高水准的位置，组织才能实现持续的发展和成长。引起组织变革的因素有很多有内在因素和外在因素，当经济环境和政治因素不稳定时，商业周期会持续低落，使组织的绩效低于满意的水平，从而引发适应性的组织变革。当组织的竞争对手拥有较好的组织适应能力时，组织会感受到外部压力和存在，为了保持组织较强的竞争力，组织会积极进行适应性变革。同时，组织所承担的负债也会促进组织变革，由于组织必须支付负债产生的利息，如果管理者不能通过增加组织绩效来达到组织运营的满意水平，组织会陷入负债危机，因此为解决负债危机，组织也会积极进行变革。

（5）内部信任关系。组织内部的相互信任关系会直接影响到组织成员的履约状况，内部信任关系与组织绩效是密切相关的。从授权的角度来看，当组织对组织内成员进行充分的授权后，可能会导致组织成员进行的决策不能支持组织整体战略目标的实现，这并不利于组织的发展，其结果会导致组织授权的过程中双方相互的信任程度降低，同时会增加组织内部的工作的被动性和各部门之间以及上下级之间沟通的协调成本，使组织的工作效率降低，造成组织绩效处于较低水平的状况。因此，组织的授权必须采用适当性原则加以控制。适当的对组织成员进行授权，能够带来显著的益处，但同时也会在组织内部滋生道德风险和剩余索取权的风险。组织制度和内部信任可以有利于对个体的授权，但是必须应结合标准化的过程和适当的信任机制来实现组织的目标，从而促进组织绩效的实现。

同样，如果组织对组织成员不信任，减少对组织成员的授权，则会使组织内部成员在进行实际工作和实现组织绩效目标的过程中，必须承担相应的机会成本和时间成本，而往往一些重要的机会转瞬即逝，错过一些机会将会给组织造成比较重大的影响。同时，组织成员对组织的信任程度也会降低，使组织成员工作的积极性和工作效率降低，影响组织运行的效率，增加运行成本，不利于组织绩效的实现。

2. 群体绩效

群体绩效也可称为部门绩效，是指群体的任务在质量效率以及数量等方面完成的情况的一种衡量，是评价组织经营能力和竞争力强弱的重要指标。影响群体绩效的因素有很多，不同的因素所影响的群体绩效往往有较大的区别。影响群体绩效的因素一般包括成员之间的差异、群体动机、群体目标的设定、群体面临的压力以及群体规模等因素。

（1）成员差异。组织是由每一个组织成员为基础而建立起来的，组织成员之间的差异性是影响群体绩效重要的因素之一。组织成员差异对组织运行效率及组织绩效目标的实现的影响可以从几个方面进行分析。许多有关群体差异性的研究发现，组织成员的差异性，有时候可以生成更高水平和质量的解决问题的方案，但同时有可能会降低组织的凝聚力。

组织成员的差异性与群体高度的创造力和创新能力成正比，组织内部的创造力和创新能力越高，就会导致组织成员内部的差异性越大，两者相互影响，互成因果关系。一般来说，群体的差异系与其创新性之间的关系有其必然性联系。大量的群体成员组成的创造性和差异性关系的原因分析论证显示，组织成员的差异性提供了不同的组织群体认知来源。拥有不同观点和思想的具有差异性的群体成员，往往能够收集到复杂信息的多样解释，通过不同的观点能产生出更多的决策方案和解决措施，从而多角度的分析问题，有利于提出创造性的解决方案，实施有效积极的行动。因此群体的差异性所带来的创造性能力能够为决策的制定产生出意想不到的优势，这种潜在优势往往发挥出来的成效是巨大的，有利于将组织所面临的问题创造性地解决。与此同时，必须考虑到的是，组织群体内部成员所拥有的差异性在另一方面来说也不是百利而无害的，差异性很有可能对群体的工作效率和群体绩效目标的实现有着负面作用。即使差异性的群体能够非常适宜组织所面临的动态环境，并且其所带来的创新能力能够得到很好的利用，但是群体的差异性可能导致组织运行的效率降低，因为群体成员差异性较大，就意味着群体内部的意见难以很好地统一，其沟通和交流成本会极大提高，不同的意见如果不能得到有效的统一，将会导致群体内部积极性和动机的水平低下。在这种情况下，群体成员的差异性不但不能够提高组织的运行效率，还会提高管理难度，增加管理团队的反复性和协调工作压力，不利于组织内部的和谐统一，增加组织内部的内耗，从而影响群体绩效。

（2）群体动机。群体动机越强，有利于提高群体绩效水平。相对于个体而言，群体成员在完成绩效执行任务的过程中，其动机会有所下降，这与社会的虚度效应相关，主要是因为个体在群体任务中，存在搭便车、吃大锅饭、闲散等现象。产生这种效应的主要原因是个体存在着一些心理机制，比如希望能够利用别人的努力，来实现群体绩效完成的目标，从而以较小的付出得到较大的回报。同时组织也可以通过设置一些有利因素，如发布个体感兴趣的任务，来降低这种倾向，从而提高群体绩效的水平。一般来说，如果一个群体对其所承担的任务结果的估值越大，对其达到预定目标的概率估计越高，那么群体动机就会越强。群体动机有两个值得注意的现象，一个是社会性补偿，另一个是动机增力效应。社会性补偿是指当组织中的群体里的其他成员会因为其在完成群体目标时的不良表现而受到相应惩罚时，群体中的其他成员完成群体目标的动机会得到增强，会付出更大的努力完成目标。而动机增力效应是指群体绩效由群体中表现最差的成员决定时，人们会倾向于努力提高自己的水平，增加自己的努力程度。

（3）群体目标设定。群体目标的设定过程以及结果会对群体绩效和群体的态度有极大的影响。在普遍情况下，当群体目标被设置成具有一定挑战性的目标时，群体成员和整个群体的生产效率和积极性都会得到一定的提高。如果群体目标过于简单，或者超出群体所能达成的最高目标范围时，群体的积极性和生产力反而会有所下降。因此，从群体所处环境、发展阶段以及现阶段需要完成的任务出发来制定中等难度的具体目标，能够较好地发挥出群体的工作效率和积极性，有利于群体绩效水平的提高。同时在制订群体目标的过程中，尽可能地让群体中的每一位成员都能参与进群体目标的制定工作，不但能够让各成员了解和熟悉群体目标及其制定的缘由，而且能够提高成员的主人公意识，将群体绩效与个体绩效很好的联系在一起，使成员在执行任务的过程中，能够表现出极大的认同感，在面对一些困难的工作时，也能积极克服。并且公开透明的目标制定程序，能够增加成员的满意感，有利于提高群体的绩效水平。

（4）群体压力。组织群体不可避免的要承受一定的压力，群体往往要在充满压力的情况下工作，随着任务时间紧张、任务的复杂度以及工作条件的恶劣等压力的增加，群体绩效会下降。这是因为，群体在面临压力加大的情况下，组织成员对一些重要任务的特征的注意力范围变窄，对一些信息的处理方式转向更为简便的处理方法，信息加工方式简单粗暴，不利于对信息的有效处理。当群体面临的压力太小或者过大时，群体绩效水平都会有所下降，只有在适合群体所面临环境和发展阶段的中等程度压力水平下，群体绩效才能达到最佳水平。

群体压力往往集中在时间上面，群体工作的速度和质量可以通过最初目标设置的时间来进行预设，当时间较为宽松时，群体的工作速度会比较慢，但创造性和细致性能保持在一个较高的水平，在这种情况下，如果压缩工作时间，相比于一开始就处于高压下工作的群体，前者虽然工作效率较慢，但其质量水平较高。

在有压力的情况下，群体成员会表现出一种较为明显的倾向，这种倾向表现为偏好具体明确的方案，并且尽力避免不确定性。在较大的压力下，群体需要高效充分的利用有价值的信息，加强组织内部的沟通，这就要求一个具有较强领导能力的领导者来领导群体的运行，虽然权力和影响力会集中在少数一部分人手中，造成群体权力分布不对称，但这样能够确保群体中意见一致，通过维持群体的高度统一性来应对群体面对的压力，从而提高群体绩效水平。

（5）群体规模。群体规模的大小会直接影响到群体绩效的水平。群体规模较小时，群体成员人数较少，管理组织架构较为简单直接，上下级沟通成本较低，决策时间相对较少，群体运行的效率较高，在相同情况下，规模较小的群体灵活性比规模较大的群体更高，其绩效评价也更为直接，其绩效水平的高低将与群体外部因素有着更高的联系。随着群体规模的变大，群体成员之间的关系将会更加复杂，组织管理结构错综复杂，群体管理难度变大，相当一部分成员会更少地参与到群体活动中去，不利于群体之间的互相合作。虽然规模变大，其生产力和影响力会变得更高，但人员之间的协调问题、制度问题和惩罚问题也会成为群体绩效水平的制约因素。

3. 个体绩效

个体绩效是指组织内部的个体为组织所做的努力及贡献的收益。相对于组织与群体绩效而言，个体绩效就是人与物在质量、数量以及效率等方面的完成任务的情况。而对于个体而言，个人绩效是绩效评价主体对组织成员工作状况的评价。一般情况下组织绩效的实现应在个体绩效实现的基础上体现，但是组织成员的个体绩效实现可能不一定能够保证组织绩效的成功实现。

针对个体绩效的特殊性，越来越多的组织机构开始重视到岗位族群的差异性，其个体绩效衡量的标准也充分考虑到指标的差异性。在全面绩效衡量中，既包括 KPI 指标，也包括组织成员在组织内创造的其他隐形业绩或暂时未显现效益的潜在贡献，例如新知识的传授与分享，关键客户的挽留，业务的创新，内部管理体系的发展等。对个体绩效的评价，必须通过全面绩效衡量，从而可以更加全面、客观、公平地体现组织成员在组织中的贡献和价值。绩效管理真正的核心是绩效评价指标体系的设计，而不只是绩效评价的执行流程。全面绩效衡量体系相对于传统的绩效评价体系，能够针对个体绩效的特点，进行更加客观、全面、公平的评价，从而反映出组织个体真实的绩效贡献，实现更加科学合理的激励兑现，使人力资本的增值持续实现。一般来说，影响个体绩效的因素主要包括技能、激励、环境、机会等。

4. 项目绩效

项目绩效是项目团队成员在实现团队目标和组织目标的过程中，对于团队和组织的贡献程度在团队运作过程中表现出来的行为和结果。项目绩效是组织绩效的重要组成部分，具有客观性、全过程性和非完全人为性特征。

（1）客观性。项目绩效具有客观性是因为现代项目管理的目的是让所有利益相关方满意，而每个利益相关方看待绩效问题的角度是不一样的。企业投资项目注重是项目最终给企业创造商业价值数量与质量，政府投资项目更加注重政策相符性、投入合理性、产出效果性、投入产出效率性和项目可持续性。由于项目利益相关方对项目绩效的评价标准各不相同，对项目绩效的评价就不能局限在对最终结果或过程的考察之上。项目客观性要求所有的利益相关方在评价绩效时都能够基于客观事实，而不是将经过其他人解释或是筛选过的信息作为评价的依据。

（2）全过程性。项目绩效是一个动态的过程。从项目生命周期开始到结束会受到很多因素的影响，在任何一个时点都会有不同的状态，不同时点的状态对利益相关方的价值是不同的。项目绩效包括项目前绩效评价、项目中绩效评价和项目建成后绩效评价等内容。

（3）非完全人为性。项目的绩效是所有的利益相关方以及环境的和谐互动产生的。在项目过程中，各利益相关方、项目运作流程和工具，以及其他可知或不可知、可控或不可控的因素，均会对项目的运行状态和最终结果产生影响。

从绩效定义来看，绩效性质分为量化性（定量绩效）和不可量化性（定性绩效）绩效。在组织绩效评价指标体系中，由两个重要的指标体系构建的，一个是量化指标，如数量、效率等，一个是非量化指标，如质量、效果等。

5. 绩效的特征

我们进一步通过对绩效的研究，发现绩效具有多因性、多维性和动态性三个显著特征。

（1）绩效具有多因性特征。由于多因性绩效的优劣并不取决于单一的因素，而要受制于主、客观的多种因素影响。影响绩效的内部因素主要有组织的架构、组织的战略、领导者的能力和水平、技术水平以及组织文化。外部因素主要包括经济形势、社会环境、国家法律政策、国际形势以及行业发展等。影响绩效的因素虽然很多，但所有影响绩效因素的效力并不一致，在组织不同的发展阶段和面临的差异化环境下，各因素对组织绩效的影响效果的大小有一定的差异。在分析绩效差距时，只有深入分析研究各种可能的影响因素，才能发现对绩效有深刻影响的关键因素，找到正确的方向，从而更科学、有效地对绩效进行合理的管理，不断提高绩效水平。

（2）绩效具有多维性特征。由于多维性绩效考评需从多种维度或方面去分析与考评。一般情况下，组织绩效主要包括有效性、严格性和效率性三个方面。其中，绩效的有效性表达的是一种程度，是组织达成预期目标的程度，效率是指组织使用一定的资源进行投入，而得到的产出状况，变革性则是对组织未来可能面临的不同环境下做出的所能接受的变革调整的程度的考量。三个方面多维度互相结合下，决定了一个组织在特定环境内的竞争力。同时，绩效的多维性也适用于员工个人绩效的评价，在对员工个人绩效进行全面的评价时，往往评价主体需要全面综合地考虑组织成员在本阶段的工作结果和工作态度，同时，由于每个组织成员所存在的差异性，评价绩效也需要多维度、多角度地进行综合考虑。

（3）绩效具有动态性特征。绩效的动态性指组织的绩效是会随着时间的推移而变化的，绩效差的组织可能改进变为好的组织，绩效好的组织也可能退步变为差的组织。因此，组织的管理者要以发展的眼光来看待员工的绩效。由于组织所处环境往往是动态变化和复杂的，对评价客体的绩效也会随着相关因素的变化而变化，因此，在确定绩效管理和绩效评价的周期时，应当充分地考虑绩效的动态性，针对具体情况进行科学合理的分析，对于不同类型组织的绩效评价，应当合理地确定其绩效周期，保证绩效评价主体能够及时充分地了解组织不同层次的绩效完成状况，提高组织的运作效率，减少组织在运行过程中可能发生的不确定因素。在组织发展的不同阶段，组织的目标也有所不同，同时，组织对于运作速度和质量的侧重点也会因此而变化。因此，组织的绩效也必须实时适应组织的变化，保持适当的动态性。

（二）评价

评价一般是指对事或人进行判断、分析后的结论，包括绩效评价、评审和考评含义。《现代汉语词典》对“评价”的解释是：“评定价值高低；评定的价值”。冯平认为，人类对世界的认识有两种取向，一是揭示世界的本来面目，二是揭示世界的意义或价值，对于前者可称之为认知，对后者可称之为评价。也就是说，评价是人类的一种认识活动，它的目的在于揭示客观世界的价值。

财政部认为：评价是指为了达到一定的目的，运用特定的指标，比照统一的标准，采取规定的方法，对事物作出价值判断的一种认识活动。简单地说，评价就是通过比较分析作出全面判断的过程。

综上所述，评价是为达到一定的目的，运用特定的指标，比照特定的标准，采取特定的方法，对事物作出价值判断的一种认识活动。

从评价角度来看，评价指标可分为结果导向型指标、行为导向型指标和能力导向型指标三大类。

1. 结果导向型指标

结果导向型指标是指通过衡量工作所带来组织的某些变化，这些指标主要包括质量指标、数量指标、时间指标和成本指标等。

2. 行为导向型指标

行为导向型指标是指在工作岗位上的行为表现，这些指标主要包括计划组织方式、解决问题能力、任务分配与目标、提供相关信息、员工监督和激励机制等。行为导向型指标分为行为主观指标和客观指标。行为导向型主观指标的主要依据是一定的标准或设计好的维度。

3. 能力导向型指标

能力导向型指标是指在工作时机构应展现的各项能力素质，这些指标主要包括团队合作沟通通力、专业技术知识、成就动机、领导追求卓越、关注品质和创新力等。

（三）绩效评价

绩效评价是一种重要的管理工具，其本身不是目的，而是一种管理手段。而人们对于绩效评价的理解也因管理理论演变和现实管理目标的不同需要而有所变化。美国著名绩效研究专家 Harry P. Hatry 教授（2005）认为绩效评价是对服务、项目的结果和效率进行的定期评价。经济合作与发展组织（2001）认为组织绩效评价是一种工具，是在组织战略目标已知的基础上评价向该目标迈进的发展情况。它是组织绩效管理系统中最重要的一个环节，也是组织人力资源管理职能系统的一个组成部分。从功能上说，它是一种重要的管理手段；从过程上来看，绩效评价包括绩效目标设定、绩效实施、比较、监控与结果报告、使用等环节。其目的是改善组织内部管理状况，提高资源的使用效率；同时，将绩效评价相关信息提供给组织外部利益相关者，以便于他们深入了解其经营情况，以获得他们的支持与投资。据财政部的阐述，所谓组织绩效评价是指运用数理统计和运筹学原理，特定指标体系，对照统一的标准，按照一定的程序，通过定量定性对比分析，对组织一定经营期间的经营效益和经营者业绩作出客观、公正和准确的综合评判。因此，我们认为：绩效评价有广义和狭义之分，广义绩效评价是指运用数理统计和运筹学原理，特定指标体系，对照统一的标准，按照一定的程序，通过定量定性对比分析，对项目投资、资金使用和组织一定经营期间的经营效益和经营者业绩作出客观、公正和准确的综合评判。其基本特征是以项目、资金、组织法人作为评价对象，评价内容重点在项目投资效益、资金使用效果和组织盈利能力、资产质量、债务风险和经营增长等方面，以能准确反映上述内容的各项定量和定性指标作为主要评价依据，并将各项指标与同类项目、资金、同行业和规模以上的平均水平对比，以期求得对评价对象公正、客观的评价结果。而狭义的绩效评价一般是指组织绩效评价，它是指组织为了改善自身经营状况，实现组织战略目标，借助一定的评价方法，建立绩效评价指标体系，参照评价标准，按照相关程序，进行定量、定性对比分析，对部门群体和员工个体绩效实现状况作出客观、科学的评价。其基本特征是以组织部门和员工作为评价对象，评价内容是部门和员工的工作结果、工作行为和工作能力等方面绩效指标作为评价依据，并将这些绩效指标与绩效计划对比，发现绩效不足，提出改进建议。

二、绩效评价指标权重与评价标准

（一）绩效评价指标权重

绩效评价指标权重的确定是多要素综合评价中的关键环节，权重确定是否合理将直接影响评价结果的可靠性和有效性。综观国内外的研究可以发现，指标权重确定的方法多种多样，但归纳起来大致可分为三大类，分别是主观赋权法、客观赋权法以及主客观综合集成赋权法。其中，主观赋权法多是依赖于专家的知识经验进行主观判断来确定指标权重，客观赋权法主要是依靠样本数据分析计算出权重，而主客观综合集成赋权法是基于主、客观赋权法各自的不足和优势，将两者所得的权重综合集成。不同赋权方法的原理思想不同，导致所依赖的理论模型、原始数据、对数据的处理方式等都会存在差异，从而使最终的权重分配也产生很大的差异。因此，不同的评价指标体系要根据自身特点选择其所适合的权重确定方法，这样才能使其指标的权重分配比较合理。绩效指标权重一般可以采用主观赋权法、客观赋权法和主客观综合集成赋权法三种主要方法。

1. 主观赋权法

一般来说，主观赋权法在确定权重时主要依据决策者和专家的知识经验或偏好，将各指标按重要程度进行比较、分配权值或计算得出其权重，其认为权重的实质是评价指标对于评价目标相对重要程度的量化体现。此类方法的主观随意性比较强，但指标权重大小的排序基本与评价对象的实际情况相符合。

（1）专家估测法。专家估测法是由相关领域专家依据自身的经验知识，主观判断各指标的重要性，指标最终的权重分配值可直接由 K 个专家独立给出的权重值的平均得出。或者利用频数统计法来确定权重，即对于每个指标，将其 K 个权重分配值按照一定的组距进行分组，计算每组内权重的频数，频数最大的分组的组中值就是相应指标的最终权重值。专家估测法的优点主要体现在三个方面：一是充分利用专家的经验知识，能根据专家经验综合全面考虑各种外界影响因素，方法的可靠性较高；二是指标权重的计算以传统的描述性统计为主，如求解均值和统计频数，简单直接；三是不受是否有样本数据的限制，能对大量非技术性无法定量分析的指标做出概率性估计。该方法也存在一定的缺陷：一是权重的分配完全受专家经验知识的影响，不同的专家组成可能就会产生不同的评价结果，存在很大程度的主观随意性；二是当指标较多时，不易保证判断思维过程的一致性，较难做到一定会客观合理。从总体上来说，该方法的适用范围很广，适用于指标数量适中的各种评价体系，特别是对于那些没有样本数据、难以建立数学模型的实际问题，比较行之有效。

（2）层次分析法。层次分析法的基本思想是把复杂问题的各指标按相互间的从属关系分解为若干个有序的递阶层次结构，每层内部指标聘请相关领域专家根据一定的比值标度进行两两比较，将主观判断量化形成判断矩阵，再利用数学方法计算每层判断矩阵中各指标相对于上一层的权重值，最后进行层次总排序，计算出全部指标相对于总目标的权重系数。目前关于判断矩阵中指标权重系数的计算方法有 20 多种，包括特征向量法、最小二乘法、方根法、线性规划法等，不同方法所确定的指标权重排序存在一定差异。层次分析法的优点主要体现在三个方面：一是把决策者依据主观经验知识的定性判断定量化，将定性分析与定量分析有机结合起来，充分发挥了两者的优势，一方面蕴含着决策者的逻辑判断和理论分析，另一方面通过客观的推演与精确计算，使决策过程具有很强的科学性，从而使得决策结果具有较高的可信度；二是将复杂评价问题进行层次化分解，形成指标递阶的层次结构，使复杂问题的评价更清晰、明确、有层次；三是不受是否有样本数据的限制，能解决传统最优化技术无法处理的实际问题。但是该方法也具有一定的局限性，一是指标权重的确定主要依赖于专家经验知识，专家选择的不同很可能会导致权重分配结果的差异，具有主观随意性和不确定性；二是层次分析法的判断矩阵很容易出现严重不一致的情况，当同一层的指标很多，并且由于九级比值标度法很难准确掌握，决策者很容易作出矛盾且混乱的相对重要性判断。

2. 客观赋权法

客观赋权法是依赖一定的数学理论，完全基于对指标实际数据的定量分析而确定指标权重的方法，保证了权重的绝对客观性，对样本数据有较高的要求。但客观赋权法忽略了人的经验等主观信息，有可能会出现权重分配结果与实际情况相悖的现象，且依赖于实际业务领域，缺乏通用性。

（1）变异系数法。变异系数法的思想原理是通过计算各指标实测数据的差异程度来确定指标权重的大小，指标内部数据差异性较大，则该指标对评价对象的区分作用越大，其权重分配值也就越大。变异系数法确定权重所依据的数学理论主要包括标准差和离差最大化两种，即通过各指标内部数据的标准差（最大离差）的计算与归一化处理，得到各指标权重分配。

变异系数法的优点体现在三方面：一是指标权重的计算方式比较简单，方便实用；二是充分利用样本数据，客观体现了各指标分辨能力的大小，保证了指标权重的绝对客观性；三是该方法对评价指标的数量没有限制，适用范围较广。但是，该方法也存在一定的缺陷：一是评价结果与数据样本的选择有很大相关性，不同的数据样本可能会产生不同的权重分配结果，当样本容量很小且不具有普遍性时，方法的精度会很低；二是对于样本数据中的异常值没有解决能力，如果有异常值出现，该方法在权重的确定上就会存在很大误差；三是它不能反映指标内在的联系，只是对每个指标单独进行分析判断；四是纯粹进行客观计算，不能体现决策者对指标重要性的理解。

（2）多元统计法。多元统计法是指利用多元统计分析来对样本数据进行计算从而确定指标权重的方法，包括主成分分析法和因子分析法两种。其中：主成分分析法的基本原理是利用降维的思想，依据指标的方差贡献率将一组具有一定相关性的指标转化为另一组不相关的少数几个综合性指标，即主成分，并进一步归一化处理得到各指标的权重。主成分分析法适用于样本数据相对完整并具有代表性，指标间存在一定相关关系且指标间基本为线性关系的复杂评价体系中的指标权重确定。因子分析法的基本思想与主成分分析法类似，也是将具有相关性的指标转化为少数几个不相关的指标，再根据各因子的方差贡献率确定指标权重。所不同的是，主成分分析法是将原始指标进行线性组合，而因子分析法将原始指标拆分成共同具有的公共因子以及每个指标所特有的特殊因子来线性表示，因子表示具有更明确的实际意义。因子分析法比较适用于需要对社会经济现象等相关评价对象进行较为深层次分析，且指标间存在很大关联性、有大量具有代表性的完整数据样本的复杂评价问题。

（3）熵值法。熵值法的基本思想是从指标的无序程度，即指标熵的角度来反映指标对评价对象的区分程度，某指标的熵值越小，该指标的样本数据就越有序，样本数据间的差异就越大，对评价对象的区分能力也越大，相应的权重也就越大。该方法首先根据熵值函数求出每个指标的熵值，再将熵值归一化转化为指标权重。熵值法在确定指标权重时存在三方面的优点：一是方法的计算过程相对简单，从指标对评价对象的区分程度角度来确定指标权重，结果直观易理解，方法实用性强；二是完全依赖样本数据进行权重计算，避免了主观因素的干扰，客观性强；三是方法对指标数量没有限制，适用范围较广。但该方法也存在三点不足：一是方法的精度会受数据样本的影响，不同的样本选择可能会产生不同的权重分配结果，且对样本数据的完备性以及样本量有较高要求；二是不能反映指标间的相关关系，不能解决信息重叠问题；三是不能体现决策者对各指标重要性的理解，在一定程度上可能会产生与事实相悖的情况。

3. 主客观综合集成赋权法

主客观综合集成赋权法是依据不同的偏好系数将主观赋权法和客观赋权法相结合来确定指标权重的综合方法。基于主观赋权法中对专家经验知识与决策者主观意向的信息体现，以及基于客观赋权法中对指标与评价对象间内在联系的信息表现，综合集成赋权法通过一定的数学运算将两者有效结合起来，达到了优势互补的效果。

基于加法或乘法合成归一化的综合集成赋权方法是直接将主、客观赋权法所得的指标权重以同等偏好的形式直接相加或相乘，并进行归一化处理得到各指标的综合权重。基于离差平方和的综合集成赋权法是从决策方案的区分有利性角度，来求解能使决策方案的综合评价值尽可能分散，即各方案综合评价值间的总离差平方和最大的主客观权重分配系数。基于博弈论的综合集成赋权法是在主客观的不同权重之间寻求妥协或一致，尽可能保持主客观权重的原始信息，求解与主客观权重离差极小化的权重分配系数。基于目标最优化的综合集成赋权法是基于综合决策结果最优的原则来求解主客观权重系数分配，包括综合目标值最大、与负理想解的偏离程度最大两种具体求解方法。

总之，主客观综合赋权法都有一定的理论依据，并通过线性方程组、矩阵运算等数学思想来进行具体求解，有些方法集成计算简单，而有些则给评价过程带来了较大的计算量，但各方法间没有绝对的好坏程度之分，并且目前实际应用中对于何种绩效评价问题选择何种综合赋权方法还没有一致性结论。另外，综合赋权法与主、客观赋权法相比，得到的评价结果相对更加科学、合理，但也可能存在较大的随机性偏差，导致结果与实际情况不符，其不能完全取代单一赋权法，在实际评价中选择赋权方法时要有一个理性的认识。

（二）绩效评价标准

所谓绩效评价标准就是对绩效指标达成度的状态描述，绩效评价指标强调的是从哪些方面对绩效进行评价，而绩效评价标准注重的是在各项指标上分别应该达到什么样的水平。绩效评价指标解决的是评价什么的问题，而绩效评价标准解决的是要求被评价者做到什么水平、完成多少数量以及达到什么程度的问题。因此，绩效评价标准是评价者通过测量或通过与被评价者约定所得到的衡量各项绩效评价指标得分的基准。

第三节　绩效评价与绩效管理的异同

一、组织绩效管理研究综述

在 20 世纪 70 年代，国外学者 beer 和 Run 最先提出组织“绩效管理”，他们对组织绩效管理作出“管理、度量、改进绩效并且增强发展的潜力”的定义。此后，Michae · Armsrany 在 1994 年提出“绩效管理是在组织和个人双方持续沟通的基础上就目标、标准及能力要求协商达成一致，最终使组织和个人都提升工作结果的一种管理过程”。雷蒙德 · A. 诺依等，在 1999 年，把绩效管理定义为“管理者为使员工的工作积极程度和工作效率与组织的目标保持一致而努力实施的一个过程”。因此，绩效管理是为达成组织的战略目标，达到计划的营业额和成绩，从而促使组织和个人做出有利于达到目标的行为。在这一过程中，沟通是持续的。Boland 和 Fowler 在 2000 年，则提出“绩效管理应包含绩效测量、绩数指标、绩效评价和质量控制”。

在我国，对于组织绩效管理的研究比较晚，国内学者对于组织绩效管理的观点有：付亚和、许玉林在《绩效评价与绩效管理》一书中提倡把组织绩效管理看成是对个体绩效的管理，不仅仅为了考核，而且是管理者和员工之间持续沟通的途径。绩效管理是管理其组织和个人的效率与成绩，是最大化的挖掘员工潜在能力，改善绩效，将员工的个人目标与组织战略目标联系在一起，改善组织绩效的过程。诸如：赵国军（2009）认为“绩效管理是各级管理者和员工为了完成组织战略目标共同协商的制定计划、持续沟通、考核评价、绩效结果应用以及改善绩效目标的不断的循环过程”。武欣（2001）认为“绩效管理是通过持续相互的沟通，形成既定计划的组织目标，促使组织和员工做出有益于完成目标的行为”。徐延利（2011）在《绩效管理——理论、方法、流程及应用》一书全面系统深入研究组织绩效管理理论、方法、流程和实务，并将组织绩效管理区分为广义的绩效管理和狭义的绩效管理，广义的绩效管理是指管理学上所定义的管理内容，狭义的绩效管理是组织管理活动，这是目前对组织绩效管理理解得最为科学全面的观点。

二、组织绩效管理的内涵

组织绩效管理是指组织各级管理者和员工为了达到组织目标共同参与的绩效计划制订、绩效辅导沟通、绩效考核评价、绩效结果应用、绩效目标提升的持续循环过程，其目的是持续提升个人、部门和组织的绩效。组织绩效管理是管理组织、部门和员工绩效的一个系统。组织管理系统包括市场系统、运营系统和开发系统三大核心系统，而人力资源管理系统、财务管理系统和信息管理系统等起到支持核心系统运行的作用，衡量组织管理系统的效果一般有五个指标：质量（正确做事）、速度（做事较快）、灵活（适时改变）、可靠（准时完成）、成本（C价格优势）。

组织绩效管理包括组织绩效计划制定、绩效辅导沟通、绩效考核评价、绩效结果应用和绩效目标提升五个环节。绩效计划制定是绩效管理的基础环节，不能制定合理的绩效计划就谈不上绩效管理；绩效辅导沟通是绩效管理的重要环节，这个环节工作不到位，绩效管理将不能落到实处。绩效考核评价是绩效管理的核心环节，这个环节工作出现问题绩效管理会带来严重的负面影响；绩效结果应用是绩效管理取得成效的关键，如果对员工的激励与约束机制存在问题，绩效管理不可能取得成效；绩效管理强调组织目标和个人目标的一致性，强调组织和个人同步成长，形成“多赢”局面。因此，组织绩效管理是一个过程，而不是一个结果，组织绩效管理体现着“以人为本”的思想，在组织绩效管理的各个环节中都需要管理者和员工的共同参与。

三、组织绩效评价与绩效管理的区别与联系

组织绩效管理是一个体系，以实现组织最终目标为驱动力，各级管理者和员工为了达到组织目标共同参与绩效计划制定、绩效辅导沟通、绩效考核评价、绩效结果应用、绩效目标提升的持续循环体系。而组织绩效评价也称绩效考核或者业绩评价，针对组织中每个部门或职工所承担的工作，应用各种科学的定性和定量的方法，对组织部门或职工行为的实际效果及其对组织的贡献或价值进行考核和评价。它是组织人事管理的重要内容，更是组织管理强有力的手段之一。其目的是通过绩效评价提高部门和员工的绩效，提升组织整体绩效，实现

组织战略目标。

（一）组织绩效评价与绩效管理的区别

从管理学角度来看，组织绩效管理和绩效评价是两个相互联系但又有明显区别的概念。两者的差异性主要表现在以下五个方面（如表1-1所示）。

表1-1　组织绩效评价与绩效管理区别分析

区别	绩效评价	绩效管理
管理目标	局部	整体
管理时间	滞后	前瞻
管理方式	微观	宏观
管理效果	单一	多样
管理关系	监督	管理

1. 在管理目标上，两者是整体与局部的关系

绩效管理从绩效计划制定、实施、评价、反馈、改进是一个循环往复的管理过程，作为一种管理模式贯穿于组织管理的始终，伴随组织管理活动的全过程，具有延续性、灵活性的特点；而绩效评价是绩效管理过程的中间环节和重要手段，在绩效计划制定、实施后才可实施，绩效评价注重对员工素质、行为与结果的全面评价。

2. 在管理时间上，两者是前瞻和滞后的关系

组织绩效管理注重事先的承诺和持续的信息沟通，侧重于绩效提升，具有前瞻性和过程性；而绩效评价注重事后的判断和绩效评价，具有事后性和总结性。

3. 在管理方式上，两者是宏观和微观的关系

组织绩效管理强调从组织战略发展和战略目标出发，侧重于组织的宏观管理，具有一定的宏观性；而组织绩效评价以员工绩效管理为主，更强调评价员工个体的工作绩效，具有一定的微观性。

4. 在管理效果上，两者是多样和单一的关系

组织绩效管理的结果更多地用于开发员工潜能，培养员工技能，以提高员工个体绩效，具有多样性目标；而绩效评价的结果更多地与组织员工的薪酬挂钩，具有单一性目标。

5. 在管理关系上，两者是监督和管理的关系

在管理者和被管理者关系上，绩效管理是一种合作伙伴关系，具有管理性特性；绩效评价是绩效评价者对绩效评价对象考核，具有监督性特征。

（二）组织绩效评价与绩效管理联系

从管理学角度来看，组织绩效管理与绩效评价两者又是相互依存、密切相关的。成功的绩效管理需要有效的绩效评价作为支撑和依据，而绩效评价成功与否不仅取决于绩效评价本身，而且在很大程度上取决于与其相关联的组织绩效管理过程。另外，应当看到，组织绩效评价是绩效管理过程中非常关键和重要的一个环节。只有通过组织绩效评价这个环节，才能将组织客观的绩效水平转变成组织绩效管理信息，为改进个人和组织绩效提供决策依据。而组织绩效管理的关键决策都是围绕绩效评价展开的，组织绩效评价主体、客体、内容、方法、周期都贯穿组织绩效管理过程不同环节的决策，都是围绕组织绩效评价进行的。因此，组织绩效评价政策性和技术性非常强，是组织绩效管理过程中的关键一环。

第四节　组织绩效评价的要素与原则

一、组织绩效评价要素

在组织所处的内外环境中，存在着多种因素会影响组织的运行状况。因此，对组织的绩效进行评价时，需要全方面多角度考虑到各种影响组织绩效评价的要素，才能客观地反映组织的绩效。一般来说，一个全面的、科学的、合理的组织绩效评价体系应该包括评价环境、评价主体、评价对象、评价目标、评价指标、评价标准、评价方法以及评价结果等八大要素，这些要素相互作用，共同组成了一个完整的组织绩效评价体系。

（一）评价环境

组织评价环境是指组织绩效评价所处的内部环境和外部环境的总称，外部环境包括一个国家的经济发展状态、市场情况、行业趋势、政策走向、政治环境和国际局势等宏观环境。内部环境主要包括组织的管理制度、管理者的水平、人力资源、组织文化以及组织员工的素质等因素。绩效评价环境的好坏，能够影响组织的绩效评价结果，很大程度上会决定组织绩效评价的成功或失败。组织的管理理念和管理者所拥有的管理水平等内部环境，会影响组织对绩效评价的重视程度和对绩效评价工作展开的积极性，最终影响到组织绩效评价能否发挥应有的作用。外部环境会影响组织的预定目标和发展方向，很大程度上会影响到组织的绩效评价。因此，在进行组织绩效评价的工作之前，必须对组织绩效评价的内外环境进行分析，才能更好地了解组织实际情况，促使组织绩效评价工作顺利开展。

（二）评价目标

组织评价目标是对组织评价活动预期结果的主观设想，是组织评价活动的预期目的，为组织评价活动指明方向。组织绩效评价目标可以为组织绩效评价体系提供实施指南，为整个组织绩效评价体系提供正确的方向。因此，组织绩效评价体系的设计和执行活动应该树立一个明确的评价目标，并围绕组织评价目标来进行相关活动。绩效评价目标可以为组织的绩效评价工作提供正确的方向和指引，有利于组织运行活动顺利进行，是组织绩效评价工作的基础。同时，组织绩效评价的目标与组织战略目标往往是密切联系的，组织绩效评价目标能够为组织的战略目标进一步制定和实施提供有效的信息，能够使组织对其战略目标的实施状况有较为充分的认识，提高对组织运行情况的把控能力。而组织的战略目标也指引着组织绩效评价目标的设计和制订，并且组织的绩效评价目标具有一定的动态性，随着组织发展阶段、社会环境以及管理制度的变化而变化，使其能够满足组织发展目标的需要。而且组织的绩效评价目标的设计与制订，必须能够体现其长期发展的战略，具有可持续性和适应性，为组织的长期发展和保持竞争优势提供基本保障。

（三）评价主体

组织绩效评价主体指的是组织绩效由谁进行评价。组织评价主体的确定无疑会对组织绩效评价的目的、内容和方法有着至关重要的影响，对组织的绩效评价体系的制定和执行产生重大作用。随着组织发展，在确定组织绩效评价主体时，必须考虑组织的委托方和代理方以及其他利益相关者因素，绩效评价的主体应为多方主体。除了将组织的所有者确定为组织绩效评价主体外，其他社会相关利益者也能作为绩效评价主体，从而减少组织信息的不对称性。由于每个组织所处的环境和自身发展阶段等实际情况的不同，在选取组织绩效评价主体时，必须要结合组织的自身实际情况，进行全方位的综合考虑。

（四）评价客体

所谓的评价客体包括评价对象和内容。组织评价客体是相对于评价主体而言的，由于组织中各相关利益者的实际需要，组织中不同的评价主体会基于其自身的利益诉求不同而决定采取不同的评价对象。组织绩效评价内容包括组织的运行状况、目标达成情况、盈利水平、偿债能力、发展能力、创新能力以及核心竞争能力等。不同的评价客体会影响到组织绩效评价指标的确定和选择，最终会影响组织绩效评价的实施。

（五）评价指标

组织绩效评价指标是根据组织绩效的评价目标和评价主体的要求，按照组织评价客体的具体内容进行设计制定的。组织绩效评价指标能够反映评价对象的特点和性质，构建完善有效的组织绩效评价体系，离不开各项科学合理的绩效指标。然而，将评价客体的各种表现因素准确地反映在各种评价指标中，是绩效评价必须解决的问题。组织的绩效评价指标必须围绕着组织预设的目标而进行设计和制定，以其评价目标的实现为总的指导方向。一般来说，组织绩效指标包括财务业绩等定量指标和非财务业绩等定性指标。

（六）评价标准

组织绩效评价标准是一种参照物，可以理解为对比标尺，是评价对象绩效完成情况判定和比较的基本尺度。组织评价指标设定后，必须制定相应的评价标准，来对组织指标的完成情况进行衡量，以此来判别组织绩效完成的状况。组织绩效评价标准会随着组织目标的变化而变化，而外部环境和组织内部变动也会在很大程度上影响评价标准。但是组织绩效评价标准又必须在一定的范围和时间内保持相对的稳定性。组织绩效评价标准的设定会对绩效评价结果产生很大的影响，不同的绩效评价标准会导致不同的评价结果，缺少合理科学的组织绩效评价标准，将制约着绩效评价体系的正常运作。目前，我国组织绩效评价标准主要分为组织历史标准、行业标准、预算标准以及目标标准等。同时，组织绩效评价标准必须保持先进性，适应性和通用性，能够根据组织面临环境的变化而进行适当的调整，将组织评价主体和组织评价课题紧密地联系起来。

（七）评价方法

组织绩效的评价方法是在确定绩效评价主体、评价客体、评价指标以及评价标准等要素之后就是组织绩效评价的程序和方法，组织绩效评价方法是组织绩效评价主体获得评价信息和评价结果的重要途径。组织绩效评价方法的选择对组织绩效评价流程具有重要的影响，组织评价方法能够很大程度上影响评价结果。组织必须采用科学合理的绩效评价方法，针对设计和制定的绩效指标，按照绩效标准，分析和判断实际绩效完成的情况，这是得到客观公正的评价结果的前提和基础。缺少组织绩效评价方法，组织绩效评价指标和绩效评价标准等其他要素将无法保持密切的联系，组织整个绩效评价体系不能发挥应有的作用。因此，采用科学合理的绩效评价方法，对组织运行状况进行合理有效的评价，能产生准确的评价结果，使组织绩效评价体系正常运行。

（八）评价结果

组织绩效评价结果是指组织绩效评价体系实施后的结论。组织绩效评价主体获取评价对象的相关信息，对相关信息进行一定的加工整理，获取组织绩效实际完成的状况，并与绩效评价标准进行比较和分析，找出产生差异的原因，得出评价结果，最后形成组织绩效评价报告。组织绩效评价结果是对评价主体和评价对象的判断结果，并能够反馈评价主体产生绩效差异的相关信息，为组织下一步调整和发展提供正确的方向和指导。组织应该通过正确的使用评价结果来进行反思和改进，总结成功经验，吸取失败教训，并加强对薄弱点的改进工作，加强组织对绩效状况的认识，为下一阶段的绩效评价实施和组织目标设定提供参考。

目前，我国组织绩效评价工作主要是以组织法人作为具体评价对象，评价组织绩效内容重点放在组织盈利能力、资产质量、债务风险和经营增长等方面，以能准确反映上述内容的各项定量和定性指标作为主要评价依据，并将各项指标与同行业和规模以上的平均水平对比，以期求得对某一组织公正、客观的评价结果。需指出的是，当前我国组织信息管理领域流行的 ERP，也同样需要组织绩效评价，不过它与我们这里所讲的组织绩效评价是两个不同的概念，ERP 中采用的组织绩效评价是特指评价其资源管理项目实施的效益和组织整体应用 ERP 后的效果。

二、组织绩效评价原则

在进行组织绩效评价时可能会遇到各种各样的问题，组织的绩效评价是否能正确的引导员工努力的方向，是否能保证组织绩效评价的公平公正，是否能及时调整并给予反馈，评价的结果是否能将差异用于激励员工。为了确保组织绩效评价能够正确合理地进行，我们需要遵循牵引性、公正性、及时性、差异性、制度性和动态性等原则去衡量组织绩效评价水平。

（一）牵引性原则

牵引性原则指组织究竟要引导组织、群体和员工朝什么方向去努力，也是组织的价值导向问题。这里主要解决做正确的事。目前存在这样的组织，经常做一些南辕北辙的事情。如组织要急于扩大产量，努力增加市场份额，以数量占领市场，打败竞争对手，而组织对生产部门的评价却以利润指标为主导，这样下去，生产公司的利益驱动就是以利润为核心，对产品的生产存在选择：利润高的一定多做，利润低的产品尽量找借口推掉，只要保证利润，产量完成不了也不影响到业绩。这就是典型的战略与执行是两张皮，关键在于没有把握绩效评价的牵引性，使得执行层面拼命做着不符合组织战略导向的事。

（二）公正性原则

公正性原则主要指组织在评价被评价对象的绩效时，是否能做到公正客观，这种评价是建立在绩效指标是正确的基础上，即指标设计符合组织的价值导向。这里主要解决正确地做事。人的工作积极性不仅与个人实际报酬多少有关，而且与人们对报酬的分配是否感到公平的关系更为密切。人们总会自觉或不自觉地将自己付出的劳动代价及其所得到的报酬与他人进行比较，并对公平与否作出判断。公平性直接影响组织员工的工作动机和行为。因此，从某种意义来讲，动机的激发过程实际上是人与人进行比较，作出公平与否的判断，并据以指导行为的过程。

公正性的评价包含两个方面，一个是对人的评价，一个是对事的评价，在组织绩效评价中，一个也无法回避。对人的评价见仁见智，自古就是难题，不用多说。而对事的评价，则要尽量客观公正。应该说衡量一个组织评价体系是否客观公正主要看设计的指标中两类指标的比重，到底是对人的评价比重大，还是对事的评价多，在评价的表现形式上就是定量与定性指标的比例大小。一般来讲，定量指标多的评价体系更加客观些。

（三）及时性原则

及时性原则主要指组织评价是否能够及时给予激励措施。不管激励是正向激励还是负向的激励，也不管是月度、季度还是年度，只要评价结果一出，就要给予员工及时的激励，以免评价起不到应有的作用。

（四）差异性原则

差异性原则指不仅组织绩效评价的结果必须具有差异性，而且要将绩效评价差异性的结果应用到激励措施中去。差异性分布是常见的自然现象和社会现象，是客观存在的。但是，从实际评价的运用与实践来看，差异性虽然不被人们重视，但是却发挥着非常重要的作用，差异性原则能够给予组织员工正确的结果反馈，使员工认识到自身的不足，同时差异性的绩效评价也能使员工结合自身情况确定适合自己的发展道路。

（五）制度性原则

组织制度性原则要求组织绩效评价必须定时地进行，包括评价前、评价中和评价后应该做什么必须形成组织制度文件。因此，组织只有形成绩效评价制度性文件，员工的潜能才能完全被了解，问题才能及时被发现，组织才能持续健康地发展。

（六）动态性原则

动态性原则要求组织在设计绩效评价指标、确定绩效评价标准时，适当根据组织外部环境、内部环境以及员工自身状况条件变化不断进行评价指标的完善和评价标准的调整。

第五节　组织绩效评价的影响因素

组织绩效评价的影响因素很多，主要包括员工技能、外部环境、内部条件、激励效益和评价方法选择等因素。

一、员工技能

员工技能是指员工具备的核心能力，是内在的因素，经过培训和开发是可以提高的，员工技能水平的高低直接影响绩效评价。其中员工技能评价包括员工工作业绩、工作能力评价、工作态度评价和工作潜能评价等内容，如表 1－2 所示。

表 1－2　　影响员工技能主要因素分析表

序号	影响因素	主要内容
1	工作态度	积极性、主动性、协作性、纪律性、服从性、执行性、责任性等
2	工作能力	知识、智能、体能、技能等
3	工作业绩	数量、质量、效果、效率等
4	工作潜力	潜在机会、不当任务、继续学习等

二、外部环境

外部环境是指组织和个人面临的不为组织所左右的因素，是客观因素，是完全不能控制的，比如法律法规的变化、标准制度的变革、物价水平的变化等。

三、内部条件

内部条件是指组织和个人开展工作所需的各种资源，也是客观因素，在一定程度上组织能改变内部条件的制约。比如绩效评价的指标设定完善度、评价方式的选择多样性、业务流程的合理性、组织机构完善度和组织文化、评价目的明确性、评价标准的合理性、评价过程和评价结果的有效性等。

四、激励效应

激励效应是指组织和个人为达成目标而工作的主动性、积极性，激励效应是主观因素。组织员工激励的好坏会直接影响工作积极性和员工满意度，当然也就会影响到组织的绩效评价。组织在实施绩效评价过程中，通过对各种资料、信息的收集判断和分析评价产生很多中间评价资料和最终评价信息资源，这些资源可以充分运用到人事决策、员工职业发展、培训、薪酬管理和人事研究等多项工作中，进行激励、引导和帮助员工改进绩效、端正态度和提升能力。

五、评价方法

绩效评价目标是选择绩效评价方法的决定因素，评价费用多少是选择评价方法的重要因素，有些评价方法如行为锚定法、目标管理法等，许多情况下评价方法是非常有效的，但其具体实施起来需要大量的费用。因此，当组织绩效评价费用有限情况下，不宜选择过于复杂绩效评价方法。另外，不同评价类型也会影响评价方法的选择。关键事件法更适合组织管理人员绩效评价，而配对比较法更多适用于非管理人员绩效评价。

六、绩效评价系统

组织绩效评价系统包括计划、组织、指挥、监督、控制、激励与反馈等包括流程、协调、组织在内的工作方法。其中每一个具体因素和细节都可能对组织绩效产生很大的影响。因此，组织绩效系统控制了这些因素就等于也同时控制了组织绩效。

本章小结

绩效评价产生的历史十分悠久，自从人类有了生产活动，即产生了绩效评价思想。国外绩效评价包括经验绩效评价阶段、统计绩效评价阶段、财务绩效评价阶段、战略综合绩效评价阶段等。我国绩效评价包括绩效评价萌芽阶段、绩效评价发展阶段、绩效评价完善阶段、绩效评价创新阶段和绩效评价转型阶段。我国组织绩效评价更注重与组织整体发展战略结合，组织绩效评价主体越来越广泛，加强对组织知识与创新能力评价、财务评价与非财务评价结合更加完善，组织绩效评价更加注重过程趋势的评价和可持续发展能力评价。

绩效评价有广义和狭义之分，广义绩效评价是指运用数理统计和运筹学原理，特定指标体系，对照统一的标准，按照一定的程序，通过定量定性对比分析，对评价主体一定经营期间的经营效益和经营者业绩作出客观、公正和准确的综合评判。而狭义的绩效评价主要是指组织绩效评价，它是指组织为了改善自身经营状况，实现组织战略目标，借助一定的评价方法，建立绩效评价指标体系，参照评价标准，按照相关程序，进行定量、定性对比分析，对部门群体和员工个体绩效实现状况作出客观、科学的评价。组织绩效评价作用在于有利于传递组织价值观、有利于监测组织战略目标实现、有利于组织及时发现问题、有利于组织公平合理地评价员工、有利于组织特色管理者技能、有利于建立组织交流平台和基础管理平台。

组织绩效评价与绩效管理主要区别是：在管理目标上，两者是整体与局部的关系；在管理时间上，两者是前瞻和滞后的关系；在管理方式上，两者是宏观和微观的关系；在管理效果上，两者是多样和单一的关系；在管理关系上，两者是监督和管理的关系。组织绩效管理与绩效评价两者又是相互依存、密切相关的。成功的绩效管理需要有效的绩效评价作为支撑和依据，而绩效评价成功与否不仅取决于绩效评价本身，而且在很大程度上取决于与其相关联的组织绩效管理过程。另外，应当看到，组织绩效评价是绩效管理过程中非常关键和重要的一个环节。

一个全面的、科学的、合理的组织绩效评价体系应该包括评价环境、评价主体、评价对象、评价目标、评价指标、评价标准、评价方法以及评价结果等八大要素，这些要素相互作用，共同组成了一个完整的组织绩效评价体系。

组织绩效评价的影响因素很多，主要包括员工技能、外部环境、内部条件、激励效益和评价方法选择等因素。

思考与练习

一、单项选择题

1. “绩效”一词从字面上的意思分析可以看成是“绩”与“效”的组合。这里“绩”指的就是（　　）。

A. 业务　　B. 工作

C. 手段　　D. 业绩

2. 提出“绩效是一个多维建构，观察和测量的角度不同，其结果也会不同”观点的作者是（　　）。

A. 贝茨　　B. 霍尔顿

C. 彼得·德鲁克　　D. 贝茨和霍尔顿

3. 在一个绩效评价期间内，一个组织所承担的任务在质量、数量、效率与盈利等完成情况的是指（　　）。

A. 组织绩效　　B. 群体绩效

C. 个人绩效　　D. 企业绩效

4. 一般来说，影响个人绩效的因素主要除了包括技能、激励、环境、机会等，还有

（　　）。

A. 个人兴趣　　B. 岗位适应度

C. 内生动力　　D. 个人兴趣和岗位适应度

5. 最早提出绩效观的是（　　）。

A. 结果绩效观　　B. 行为绩效观

C. 素质绩效观　　D. 过程绩效观

6. 第一次提出了任务绩效和关系绩效两维概念的是（　　）。

A. Borman　　B. Motowidlo

C. Boyatzis　　D. Borman & Motowidlo

7. 下列备选项属于可量化绩效指标是（　　）。

A. 数量　　B. 技能

C. 质量　　D. 效果

8. 下列备选项属于影响组织绩效因素的主要是（　　）。

A. 态度　　B. 能力

C. 激励　　D. 方法

9. 下列备选项属于绩效指标权重赋权的主观赋权法的是（　　）。

A. 变异系数法　　B. 层次分析法

C. 多元统计法　　D. 熵值法

10. 注重的是在各项指标上分别应该达到什么样的水平的是（　　）。

A. 绩效指标　　B. 绩效标准

C. 绩效评价　　D. 绩效改进

二、多项选择题

1. 下列备选项属于绩效标准设置原则的有（　　）。

A. 压力性　　B. 稳定性

C. 动态性　　D. 重要性

E. 挑战性

2. 下列备选项属于绩效标准衡量方式的有（　　）。

A. 整体描述　　B. 要素描述

C. 量化　　D. 非量化

E. 达成度

3. 下列备选项关于绩效标准说法错误的有（　　）。

A. 数量和时间一般不单独设定的绩效标准

B. 数量和时间一般单独设定的绩效标准

C. 形容词不能作为量化考核的绩效标准

D. 形容词可以作为量化考核的绩效标准

E. 绩效标准要应用逆推法

4. 下列备选项不属于绩效指标设计原则的有（　　）。

A. 重要性　　B. 具体性

C. 挑战性　　D. 稳定性

E. 动态性

5. 下列备选项属于绩效指标权重赋权方法的主观赋权法的有（　　）。

A. 专家估测法　　B. 层次分析法

C. 变异系数法　　D. 多元统计法

E. 熵值法

6. 一般来看，绩效指标可分为（　　）。

A. 整体描述指标　　B. 要素描述指标

C. 工作结果导向型指标　　D. 行为过程导向型指标

E. 能力素质导向型指标

7. 下列关于传统的绩效评价指标体系说法正确的有（　　）。

A. 传统的绩效评价指标体系往往以财务指标为主的体系

B. 传统的绩效评价指标体系局限于对机构有形资产运用成果的计量和描述

C. 传统的绩效评价指标体系偏重于对机构内部流程信息的评价

D. 传统的绩效评价指标体系中考虑更多机构的结果指标

E. 传统的绩效评价指标体系对现金流量的重要性认识不够

8. 下列备选项属于影响机构绩效的因素的有（　　）。

A. 员工技能　　B. 激励机制

C. 内部环境　　D. 外部环境

E. 机会

9. 下列备选项属于绩效的特征的有（　　）。

A. 多因性　　B. 多维性

C. 动态性　　D. 稳定性

E. 创新性

10. 下列备选项属于绩效分类的有（　　）。

A. 任务绩效　　B. 关系绩效

C. 组织绩效　　D. 群体绩效

E. 个人绩效

三、判断题

1. 绩效就是组织成员对组织的贡献或对组织所做出贡献的价值。（　　）

2. 对任务绩效的评价通常可以用质量、数量、时效、成本、他人反映等指标来进行绩效评价。（　　）

3. 关系绩效强调任务执行的熟练程度，而任务绩效则是强调从事某项工作的主动性或积极性。（　　）

4. 影响绩效的内部因素主要有组织的架构、组织的战略、领导者的能力和水平、技术水平以及社会环境。（　　）

5. 影响组织成员技能的因素包括员工的智力天赋、教育程度、经历经验以及组织培训等。（　　）

6. 现代管理学和心理学的研究表明，影响绩效主要因素主要来源于个人、组织和工作方法。（　　）

7. 所谓量化指标是指从哪些方面对机构绩效进行衡量或鉴定，也是通常我们所讲“为什么要评”问题。（　）

8. 目前绩效指标可分为工作结果导向型指标、行为过程导向型指标和能力素质导向型指标三大类。（　）

9. 相同的指标在不同的顺序和权重下，其评价的结果也会相差不大。（　）

10. 客观赋权法忽略了人的经验等主观信息，有可能会出现权重分配结果与实际情况相悖的现象，其通用性差。（　）

四、简答题

1. 什么是绩效？绩效具有哪些特征？

2. 影响绩效有哪些主要因素？哪些因素具有偶然性？

3. 什么是绩效指标和绩效标准？它们之间关系如何？

五、讨论题

1. 请探讨分析绩效“结果观”“行为观”和“素质观”各自优缺点有哪些。

2. 请举例说明如何将非量化绩效指标转化为量化绩效指标。

第二章　绩效评价的理论基础

学习目标

1. 了解委托代理理论、利益相关者理论、战略管理理论、权变管理理论、组织行为理论、全面预算理论和激励理论的起源及发展。

2. 熟悉委托代理理论、利益相关者理论、战略管理理论、权变管理理论、组织行为理论、全面预算理论和激励理论的内涵与特征。

3. 理解委托代理理论、利益相关者理论、战略管理理论、权变管理理论、组织行为理论、全面预算理论和激励理论与绩效评价关系。

4. 掌握委托代理理论、利益相关者理论、战略管理理论、权变管理理论、组织衍为理论、全面预算理论和激励理论在绩效评价中应用。

第一节　委托代理理论

委托代理理论（Principal - agent Theory）是 20 世纪 30 年代，美国经济学家伯利和米恩斯因为洞悉企业所有者兼具经营者的做法存在着极大的弊端，倡导所有权和经营权分离，企业所有者保留剩余索取权，而将经营权利让渡所提出的重要理论。“委托代理理论”已成为现代公司治理的逻辑起点。

一、委托代理理论的起源与进展

20 世纪 30 年代，美国经济学家伯利和米恩斯在研究现代股份制企业问题时，提出“两权分离”说，即倡导企业所有权和经营权分离，企业所有者保留剩余索取权，而将经营权利让渡。并将企业所有者与经营者之间的关系称为“委托代理”关系。Ross（1973）提出了现代意义上委托代理概念：如果当事人双方，一方的决策行动影响另一方的利益，则二者之间的关系为委托代理关系。随后，委托代理相关问题迅速成为企业理论、博弈论、信息经济学、公司治理等理论和实证研究的热点。

委托代理理论是建立在非对称信息博弈论的基础上的。非对称信息（asymmetric information）指的是某些参与人拥有但另一些参与人不拥有的信息。信息的非对称性可从以下两个角度进行划分：一是非对称发生的时间，二是非对称信息的内容。

从非对称发生的时间看，非对称性可能发生在当事人签约之前（ex ante），也可能发生在签约之后（ex post），分别称为事前非对称和事后非对称。研究事前非对称信息博弈的模型称为逆向选择模型（adverse selection），研究事后非对称信息的模型称为道德风险模型

(moral hazard)。

从非对称信息的内容看，非对称信息可能是指某些参与人的行为，研究此类问题的，我们称为隐藏行为模型，也可能是指某些参与人隐藏的信息，研究此类问题的模型我们称之为隐藏信息模型。

委托代理理论是制度经济学契约理论的主要内容之一，主要研究的委托代理关系是指一个或多个行为主体根据一种明示或隐含的契约，指定、雇用另一些行为主体为其服务，同时授予后者一定的决策权利，并根据后者提供的服务数量和质量对其支付相应的报酬。授权者就是委托人，被授权者就是代理人。

委托代理关系起源于“专业化”的存在。当存在“专业化”时就可能出现一种关系，在这种关系中，代理人由于相对优势而代表委托人行动。现代意义的委托代理的概念最早是由罗斯提出的：“如果当事人双方，其中代理人一方代表委托人一方的利益行使某些决策权，则代理关系就随之产生。”委托代理理论从不同于传统微观经济学的角度来分析企业内部、企业之间的委托代理关系，它在解释一些组织现象时，优于一般的微观经济学。

委托代理理论是过去30多年里契约理论最重要的发展之一。它是20世纪60年代末70年代初一些经济学家深入研究企业内部信息不对称和激励问题发展起来的。委托代理理论的中心任务是研究在利益相冲突和信息不对称的环境下，委托人如何设计最优契约激励代理人。

委托代理理论的主要观点认为：委托代理关系是随着生产力大发展和规模化大生产的出现而产生的。其原因一方面是生产力发展使得分工进一步细化，权利的所有者由于知识、能力和精力的原因不能行使所有的权利，另一方面是专业化分工产生了一大批具有专业知识的代理人，他们有精力、有能力代理行使好被委托的权利。但在委托代理的关系当中，由于委托人与代理人的效用函数不一样，委托人追求的是自己的财富更大，而代理人追求自己的工资津贴收入、奢侈消费和闲暇时间最大化，这必然导致两者的利益冲突。在没有有效的制度安排下代理人的行为很可能最终损害委托人的利益。而不管是经济领域还是社会领域都普遍存在委托代理关系。

20世纪末，随着对西方委托代理理论的学习和引入，我国学者也运用这一分析工具展开了大量对我国现实问题的研究，主要包括公司资本预算、国有企业激励、政府规制、经理人激励等。进入21世纪，信号传递模型、双边激励、共同代理、锦标赛激励等问题促进了委托代理理论的新发展。

二、现代公司的委托代理关系现状

委托代理关系是一种常见的经济契约关系。从经济学的角度有，委托代理关系主要涉及委托人和代理人。构成委托代理关系的核心要义是代理人的行为将影响代理人和委托人的利益，如图2-1所示。

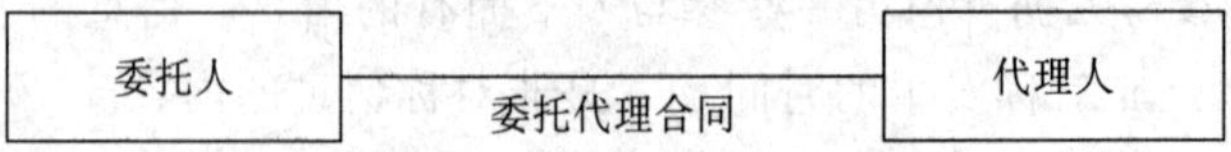

图2-1　经济学意义上的委托代理关系

在现代公司出现之前，古典企业不存在委托代理关系。在古典经济学中，企业只不过是一个完成投入产出过程的黑箱（Black Box），企业的所有权与控制权合二为一，不存在激励问题。但现代公司出现之后，形成了所有权与控制权相分离的产权结构特征，委托代理关系随之出现。

企业的契约理论（Alchian，Demsetz，1972；Jensen，Meckling，1976）认为，企业是"一系列契约的联结（A Nexus of Contracts）"，其中出资者（股东、债权人等）与公司的经营者（董事、高层管理者、职工等）之间的契约关系又居于核心地位。公司的出资人并不直接经营企业，而是以各种契约形式把控制企业资产的权利托管给公司的董事会。董事会也并不直接经营企业，而是挑选合适的职业经理人，把经营管理企业的权利授权给高层管理者。

高层管理者不断向下层管理者传递分派决策权力，直至普通员工。由此，现代公司控制权的分配自下而上呈沙漏形状，处于瓶颈位置就是公司的董事会和高层管理者，他们从出资人那里获得了公司资产的实际控制权，并按照不同业务需要层层向中下层管理者和普通员工分权，如图 2－2 所示。

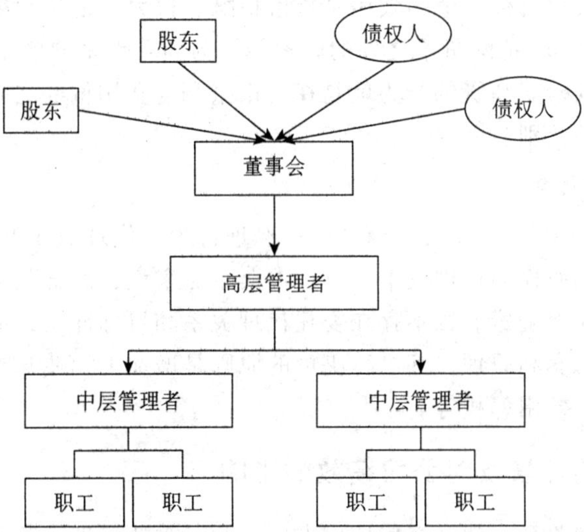

图 2－2　现代公司控制权授权关系

经过层层授权之后，公司的控制权与经营权得以分离，并且构成了层层委托代理关系。股东是委托方，高层管理者是代理方，代理方在委托方的授权范围内进行企业的生产经营活动。两权分离为那些不善于经营而握有资产寻找增值机会的人和那些懂经营却没有资产的人提供了一个合作的机会，实现了整体社会资源配置效率的帕累托改进。但是"天下没有免费的午餐"，两权分离也要付出代价，即代理成本，这也是现代公司治理需要解决的各种问题的根本所在。

三、代理问题影响公司绩效的经典理论模型

近 20 多年来，委托代理理论的模型方法发展迅速。主要有三种：一种是由威尔逊（Wilson，1969），斯宾塞，泽克豪森（Spence and Zeckhauser，1971）和罗斯（Ross，1973）最初使用的"状态空间模型化方法（Statespace formulation）"。其主要的优点是每种技术关

系都很自然地表现出来。但是，此方法让我们无法得到经济上所有信息的解（informative solution）。一种是由莫里斯（Mirrlees，1974，1976）最初使用，霍姆斯特姆（Holmstrom，1979）进一步发展的“分布函数的参数化方法（Parameterized distribution formulation）”，这种方法可以说已成为标准化方法。另一种模型化方法是“一般分布方法（general distribution formulation）”，这种方法最抽象，它虽然对代理人的行动及发生的成本没有很清晰的解释，但是，它让我们得到非常简练的一般化模型。

在对称信息情况下，代理人的行为是可以被观察到的。委托人可以根据观测到的代理人行为对其实行奖惩。此时，帕累托最优风险分担和帕累托最优努力水平都可以达到。

在非对称信息情况下，委托人不能观测到代理人的行为，只能观测到相关变量，这些变量由代理人的行动和其他外生的随机因素共同决定。

（一）Williamson 的“费用偏好”模型

Williamson 认为公司高管并不是以股东利益最大化为目标，而是追求自身利益最大化的理性“经济人”，股东利益只有与高管利益相一致时才能得到保证。高管仅仅会追求一个股东所要求的最低限度公司目标，他的效用是货币报酬、权力、地位和声望等能够给他带来满足因素的函数。Williamson 把除货币之外的因素能够为高管带来的效用描述成一种“费用偏好”（Expense Preference）。高管的行为就是在货币报酬与费用偏好之间进行权衡选择，从而形成与股东利益目标的差别。

（二）代理成本的度量

Jensen，Meckling（1976）在《厂商理论：经理行为、代理成本和所有权结构》一文中用数理模型论证了外部股权的代理成本。对于古典企业来说，高管既是资产所有者，又是经营者（既是资本家又是企业家），不存在委托代理关系和目标冲突，他都是根据自身效用最大化进行决策。根据无套利原理，其进行决策的原则是增加 1 元钱开支在各种货币项目和非货币项目上得到的边际效用都相等。

四、代理成本的计量及对公司绩效的影响

只要存在委托代理关系，就会有代理成本。因此对委托代理问题研究的根本目的在于如何降低代理成本，即减少因委托人与代理人目标不一致、信息不对称引起的委托代理问题。

（一）必须清楚界定代理成本

1976 年 Michael C. Jensen，William H. Meckling 在其经典论文提出代理成本概念，并提出代理成本是签约成本、委托人监督成本、代理人的保证成本和剩余损失的总和。实质上，代理成本就是因代理人并不承担决策的所有风险，导致的可能的投资损失。总体上，代理成本可分为由于代理人与股东之间产生的股权代理成本和代理人与债权人之间产生的债权代理成本两大类。

（二）要准确估计代理成本

从理论上界定代理成本是容易的，但实际中要想获得代理成本的相关数据却并不容易，学界都是从静态角度进行间接度量。Manohar Singh，Wallace N. Davidson（2003）认为资产周转率可以衡量公司投资决策的有效性及资产周转的管理水平，营业费用率能够反映经理层花费超过企业有效运营之外的消费，因而可以用其作为代理成本指标。Prowse（1997）认为

代理成本体现在可交易证券和现金占总资产的比例上。McKnight 和 Weir（2009）则认为用销售收入占总资产比例以及并购次数更能反映经理层的动机，也能更好地体现代理成本，并认为代理成本是自由现金流与增长机会的函数。Cronqvist，Nilsson（2003）利用瑞典 1991—1997 年上市公司的数据，研究认为代理成本相当于企业价值的 6% ~25%。平新乔等（2003）对我国国有企业 2002 年的代理成本进行了实证研究，发现代理成本是我国国有企业价值的 60% ~70%。

第二节　利益相关者理论

利益相关者理论是 20 世纪 60 年代左右在西方国家逐步发展起来的，进入 20 世纪 80 年代以后其影响迅速扩大，并开始影响美英等国的公司治理模式的选择，并促进了企业管理方式的转变。之所以会出现利益相关者理论，是有其深刻的理论背景和实践背景的。利益相关者理论立足的关键之处在于：它认为随着时代的发展，物质资本所有者在公司中地位呈逐渐弱化的趋势。所谓弱化物质所有者的地位，指利益相关者理论强烈地质疑“公司是由持有该公司普通股的个人和机构所有”的传统核心概念。

一、利益相关者理论的起源与发展

现代企业理论最重要的发现是把企业看作利益相关者之间的契约的集合，进而构建了企业契约分析的理论框架。将利益相关者纳入企业理论的分析框架是现代企业产权理论以及公司治理结构演化的结果，该理论的提出是当前企业理论研究的一个丰硕成果，也是在企业理论领域研究最有生命力的理论基础之一。对于企业经营绩效评价而言，该理论同样适用。

企业的利益相关者理论的本质在于通过合理的契约安排，有效地对企业内外部资源进行配置，从而达到企业各个利益相关者的利益最大化，实现企业的价值所在。利益相关者理论的内涵主要体现在两个方面：一是利益相关者的界定；二是利益相关者的划分。只有正确认识和区分利益相关者才能真正构建和应用利益相关者理论。

利益相关者是由斯坦福大学的一个研究小组在 1963 年提出的，此后经济学家和管理学家都对该定义进行了拓展和运用，其中米切尔（Mitchell, Agle and Wood, 1997）归纳了其中的 26 种，成为对利益相关者定义一个最为经典的综述，概括如表 2 - 1 所示。

表 2 - 1　　利益相关者定义归纳

作者	相关定义
斯坦福大学研究所（1963）	利益相关者是这样一些团体，没有支持，组织就不能生存
雷恩曼（Rhenman）（1964）	利益相关者依靠企业来实现其个人目标，而企业也依靠他们来维持生存
阿斯赛特等（Ahlstedt & Jahnukainer）（1971）	利益相关者是一个企业的参与者，他们被自己的利益和目标所驱动，因此必须依靠企业，而企业为了生存，也必须依靠利益相关者
弗里曼和瑞德（1983）	利益相关者能够影响一个组织目标的实现，或者他们自身受一个组织实现其目标过程的影响 另一个窄一点的定义：利益相关者是那些组织为实现其目标必须依赖的人

续表

作者	相关定义
弗里曼（1984）	利益相关者是能够影响一个组织目标的实现或能够被组织实现目标的过程所影响的人
弗里曼和吉尔波特（1987）	利益相关者是能够影响一个组织目标的实现或能够被组织实现目标的过程所影响的人
科奈尔和夏皮罗（1987）	利益相关者是那些与企业有合约关系的要求权人（claimants）
伊万和弗里曼（1988）	利益相关者在企业中有一笔"赌注（stake）"，或者对该企业有要求权
伊万和弗里曼（1988）	利益相关者是那些人，他们因公司活动收益或受损，他们的权利因公司活动而受到尊重或受到侵犯
鲍威尔（1988）	没有他们的支持，企业将无法生存
阿尔卡法奇（1989）	利益相关者是那些公司对其负有责任的人
卡罗（1989）	利益相关者能以所有权或法律的名义对公司资产或财产行使收益和权利
弗里曼和伊曼（1990）	利益相关者是与企业有合约关系的人
汤普逊等人（1991）	利益相关者是和某个组织有关系的人
斯威齐等人（1991）	利益相关者的利益受组织活动的影响，并且他们也有能力影响组织的生活
黑尔和琼斯（1992）	利益相关者是那些团体，他们对企业有合法的要求权，他们通过一个交换关系的存在而建立起来，即他们向企业提供关键性资源，以换取其个人利益的满足
布瑞纳（1993）	利益相关者与某个组织有着合法的、长期的和稳定的关系，如交易活动、影响活力及道德责任
卡罗（1993）	利益相关者在企业中投入资产，构成一种或多种形式的"赌注"，通过这些"赌注"，他们也许影响企业的活动或受企业活动的影响
弗里曼（1994）	利益相关者是联合价值创造的人为过程的参与者
威克斯等人（1994）	利益相关者与公司相关联，并赋予公司以意义
朗特雷（1994）	企业应对利益相关者的福利承担明显的责任，或者利益相关者对企业有道德上或法律上的要求权
斯塔里克（1994）	利益相关者能够或正在向企业投入真实的"赌注"，他们会受到企业活动明显或潜在的影响，也可以明显或潜在地影响企业活动
克拉克森（1994）	利益相关者已经在向企业投入了一些实物资本、人力资本、金融资本或一些有意义的价值物，并因此而承担了一些形式的风险，或者说，他们因企业活动而承担风险
纳什（Nasi，1995）	利益相关者适于企业有关系的人，他们使企业运营成为可能
布瑞纳（1995）	利益相关者能够影响企业，又能够被企业活动所影响
道纳尔逊和普瑞斯顿	利益相关者是那些在公司活动的过程中及活动本身有合法利益的人或团体

资料来源：Mitchell，A. &Wood，D. Toward a theory of stakeholder identification and salience：Defining the principle of who and really counts. Academy of management Review，1997，22（4）：853－886.

从上述定义可以看出，不同学者对于利益相关者的认识是存在共性和差异的。其共性在于都认识到了企业和利益相关者之间存在一定的关系，由于这种关系的存在使得企业和利益相关者之间是相互影响的。而学者对于利益相关者的认识差异就是集中在究竟是什么关系使二者之间产生相互影响，这种影响究竟是何种程度。

立足于企业的契约本质，我们指出真正构建在企业和利益相关者之间的桥梁是契约关系，凡是同企业建立了契约关系，并根据这一契约关系规定了相互的责任和收益的个人和团体就是企业的利益相关者。由于企业同利益相关者之间建立的契约存在着层次上、时效上、构成上和紧迫程度上的差异，因此，企业的利益相关者也存在不同的类型。

二、利益相关者的界定与划分

“利益相关者”这一词最早被提出可以追溯到1984年，弗里曼出版了《战略管理：利益相关者管理的分析方法》一书，明确提出了利益相关者管理理论。利益相关者管理理论是指企业的经营管理者为综合平衡各个利益相关者的利益要求而进行的管理活动。与传统的股东至上主义相比较，该理论认为任何一个公司的发展都离不开各利益相关者的投入或参与，企业追求的是利益相关者的整体利益，而不仅仅是某些主体的利益。

如何对这些利益相关者进行分类呢？目前，国际比较通用的是多维细分法和米切尔平分法。

（一）折叠多维细分法

“企业的生存和繁荣离不开利益相关者的支持，但利益相关者可以从多个角度进行细分，不同类型的利益相关者对于企业管理决策的影响以及被企业活动影响的程度是不一样的”（陈宏辉，2002）。20世纪90年代中期，国内外很多专家和学者采用多维细分法对利益相关者从不同角度对利益相关者进行了划分。

Freeman（1984）认为，利益相关者由于所拥有的资源不同，对企业产生不同影响。他从三个方面对利益相关者进行了细分：①持有公司股票的一类人，如董事会成员、经理人员等，称为所有权利益相关者；②与公司有经济往来的相关群体，如员工、债权人、内部服务机构、雇员、消费者、供应商、竞争者、地方社区、管理结构等称为经济依赖性利益相关者；③与公司在社会利益上有关系的利益相关者，如政府机关、媒体以及特殊群体，称为社会利益相关者。

Frederick（1988）从利益相关者对企业产生影响的方式来划分，将其分为直接的和间接的利益相关者。直接的利益相关者就是直接与企业发生市场交易关系的利益相关者，主要包括：股东、企业员工、债权人、供应商、零售商、消费商、竞争者等，间接的利益相关者是与企业发生非市场关系的利益相关者，如中央政府、地方政府、外国政府、社会活动团体、媒体、一般公众等。Charkham（1992）按照相关群体是否与企业存在合同关系，将利益相关者分为：契约型和公众型利益相关者两种。

Wheeler（1998）从相关群体是否具备社会性以及与企业的关系是否直接由真实的人来建立两个角度，比较全面地将利益相关者分为四类：①主要的社会性利益相关者，他们具备社会性和直接参与性两个特征；②次要的社会利益相关者，他们通过社会性的活动与企业形成间接关系，如政府、社会团体、竞争对手等；③主要的非社会利益相关者，他们对企业有直接的影响，但却不作用于具体的人，如自然环境等；④次要的非社会利益相关者，他们不与企业有直接的联系，也不作用于具体的人，如环境压力集团、动物利益集团等。

（二）折叠米切尔评分法

米切尔评分法是由美国学者 Mitchell 和 Wood 于 1997 年提出来的，它将利益相关者的界定与分类结合起来。首先认为，企业所有的利益相关者必须具备以下三个属性中至少一种：合法性、权利性以及紧迫性。依据他们从这三个方面对利益相关者进行评分，根据分值来将企业的利益相关者分为三种类型：①确定型利益相关者，同时拥有合法性、权力性和紧迫性。他是企业首要关注和密切联系的对象，包括：股东、雇员和顾客；②预期型利益相关者，具备三种属性中任意两种。同时拥有合法性和权利性，如投资者、雇员和政府部门等。同时拥有合法性和紧急性的群体，如媒体、社会组织等。同时拥有紧急性和权力性的，却没有合法性的群体，比如，一些政治和宗教的极端主义者、激进的社会分子，他们往往会通过一些比较暴力的手段来达到目的；③潜在型利益相关者，他们只具备三种属性中的其中一种。

米切尔平分法，能够用于判断和界定企业的利益相关者，操作起来比较简单，是利益相关者理论的一大进步。国内一些学者也从利益相关者的其他属性对其进行了界定和划分。

万建华（1998）、李心合（2001）从利益相关者的合作性与威胁性两个方面入手，将利益相关者分为支持型利益相关者、混合型利益相关者、不支持型利益相关者以及边缘的利益相关者。陈宏辉（2003）则从利益相关者的主动性、重要性和紧急性三个方面，将利用相关者分为核心利益相关者、蛰伏利益相关者和边缘利益相关者三种类型。

三、利益相关者理论对公司治理的影响

（一）公司治理目标由“股东利益最大化”向“公司价值最大化”转变

利益相关者理论是传统的“所有与控制框架”的突破。现代企业中，公司的股票往往分散掌握在众多股东手中，公司的所有权与控制权在很大程度上分离，经营者实际控制公司运作，债权人、职工、社会也为公司提供了一定的专用性资本，并承担公司运营的风险。这些主体的利益并不总是一致，甚至经常存在冲突。股东利益的最大化不等于公司价值的最大化，甚至还会损害其他利益相关者的利益，比如恶意收购。利益相关者理论认为公司的目标也应考虑股东之外的利益相关者，如债权人、职工、供应商、顾客、政府和社区等，公司治理应当是这些利益相关者利益冲突的协调机制，平衡协调利益冲突，使所有利益相关者的利益达到最大化。

（二）公司治理主体由一元向多元转变

公司治理广泛关系到各相关者的利益，公司的存在和运行需要股东、职工、债权人、供应商等相关利益人的投入和支持。尽管他们的投入在法律性质上不同，支持的出发点也有异，但他们的共同投入和支持构成了一个动态的公司。缺少任何一方，公司都难以正常运转。玛格丽特.M. 布莱尔认为，公司应该承认利益相关者的所有权并吸收其参与公司治理。公司治理的主体已不局限于股东，而是越来越多元化。虽然如何确定相关利益主体在公司治理中的地位和作用，还远未形成完整的理论体系，但有许多实践已经在这方面做了有益的尝试。例如，职工持股计划、职工进入董事会和监事会、董事会结构的重构以及发挥机构投资者和债权人的作用等。有些措施也已得到立法上的认同与重视。比如德国的“主银行制”和日本企业的“交叉持股”。

（三）公司权力在各利益相关者的博弈过程中重新分配

现代公司的特点是所有权与控制权相分离，公司的经营者掌握了公司的实际控制权，在股东与经营者之间形成了一种委托代理关系。但是二者的利益并不一致，而且经营者由于“内部人”的地位，往往会滥用职权，损害股东利益。这样就必须建立一种对经营者有效的监督和制衡机制，随之又产生了“代理成本”问题。公司治理的主要目的就是既有效地监督和制衡经理人员，又使代理成本最小化。传统的方式有调整董事会的维度结构，增强董事会的独立性；提高股东的控制权，加强股东在公司治理中的地位；发展机构投资者，从而有效行使股东权利。但这些主张只能从一个方面部分地解决问题，难以从根本上改变公司治理的现状，要彻底解决这个问题还需另觅他径。利益相关者理论认为，公司治理改革的要点在于：不应把更多的权利和控制权交给股东，相反，公司管理层应从股东的压力中分离出来，将更多的权利交给其他的利益相关者，如职工、债权人。其中，一个重要的改革方案就是增加职工的所有权和职工对公司资产的控制权，赋予主要的利益相关者进入公司董事会和监事会的权利。实际上是每个利益主体为实现其利益最大化的载体，正是这种利益驱动机制的存在，才使公司有了直接的发展动力，各利益主体都试图在公司治理中掌握“话语权”，从而在博弈中达到一种力量的均衡，形成有效的公司治理。

（四）人力资本受到前所未有的重视

传统理论认为，向公司提供资本进行投资的人是公司的所有者，公司的目标是要维护投资者的利益。这里所说的“资本”仅限于物质资本，而不包括人力资本。如果说这种“资本强权观”在早期的机器大工业时代还具有说服力的话，那么在当今知识经济时代已经越来越不合时宜。无论是经营者掌握的经营企业的才能，还是工人掌握的先进生产技术，已经越来越多地影响着企业的生存和发展。现代的立法不仅允许投资者以技术入股，而且管制日趋放松，在高科技企业，技术等人力资本对企业的贡献更是远远超过物质资本。在公司治理中的表现为经营者地位的提升和职工参与公司治理。

四、利益相关者理论对公司绩效的影响

利益相关者理论提出的以利益相关者的共同利益最大化为目标和利益相关者共同治理的治理结构是对原“股东至上”理论的否定，所以必须对原企业绩效评价体系进行变革，以使其与新企业目标和治理结构相配套，顺应企业管理需要。建立利益相关者模式下的企业绩效评价，首先要对绩效评价的要素进行分析研究。绩效评价由评价主体、评价对象、评价目标、评价指标、评价标准和评价报告等要素组成。评价主体指评价的行为主体，评价主体决定评价目标和评价对象，评价目标决定评价指标的设计和选择，所以，评价主体是绩效评价中最活跃、最具主动的要素，而评价指标只是评价主体为实现评价目的的手段而已。评价指标不是对绩效全面、完整地反映，而是评价主体的能动行为，建立大而全的指标体系是对绩效评价的曲解。利益相关者理论下的绩效评价要素有以下特征：

（一）评价主体范围扩大

引入利益相关者，最重要的影响就是评价主体的多元化，理论上全体利益相关者都可以作为企业绩效的评价主体，但不同的利益相关者对企业所起的作用不一样，参与治理的利益相关者是企业绩效评价的真正主体。我们主张将利益相关者从评价主体的角度进行分类。按

照利益相关者对评价的主动性和重要性的不同，把利益相关者分别归入评价的实施主体和参与主体，参与主体进一步划分为重要参与主体和一般参与主体，形成以实施主体为主导，参与主体协助开展评价的工作方式。根据企业所处行业特点建立各自的利益相关者档案，区分本企业评价主体的不同层次和不同作用，根据不同评价主体关心绩效的侧重点不同加以管理。

（二）评价对象更加复杂

企业经营是参与治理的利益相关者以各自的谈判能力与其他利益相关者博弈的结果，监督的不仅仅是自己投资的那部分资源的使用情况，而是所有资源的使用情况。传统理论下的绩效评价以监督投资者即股东的物质资本为重点，利益相关理论下的绩效评价监督的是不同投资者投入的不同性质的资本，物质资本和人力资本的交织共存，专项资产绩效和企业整体资产绩效互动，评价对象更加复杂。

（三）评价目标多元化、明细化

多元评价主体势必导致多元目标，企业目标细化为参与管理的利益相关者的各自目标。绩效评价要能够促使各利益相关者协调一致又不损失自己利益，同时激励管理人员积极工作，所以，评价目标表现为各种专项评价下要实现的目标，或某种具体行为的目的，评价目标更加明确具体化，指向性更强。

（四）评价指标多样化

传统的财务指标无法独立承担复杂评价目标下的评价工作，因此要设定一个多样化指标融合的全新体系，非财务指标将作为新评价体系的主体指标。股东治理结构下的绩效评价对财务指标的研究已经趋于成熟，几乎利用了财务报表的一切数字，而 EVA 指标、反映资产质量和现金流量的指标、预警指标的补充又从不同角度对企业绩效作出了不同侧面的评价，所以新评价指标体系将吸纳各种指标的优点，从而达到以评价目的为原则能动地选择不同的指标。虽然非财务指标因难以量化不被很多学者推崇，但并不阻碍它成为利益相关者理论下绩效评价体系的主要指标。评价主体的多元化和评价目标的明细化，使评价主体真正发挥了评价工作的主导作用，这种主导作用促使评价指标摆脱财务指标体系的束缚，更多地依赖于市场，从人力资本市场、产品市场、股票市场等提供的大量信息中去粗取精，评价指标直接指向企业所在的网络中与企业生存和发展密切相关的因素，指标导向性增强。

（五）评价标准以竞争对手的绩效为主要标准

在利益相关者模式下，各个企业所处行业的特点不同，同一行业不同企业的竞争优势也不同，企业的利益相关者更不可能相同。行业比较标准因缺乏比较基础而被淡化，而与竞争对手的比较将受到前所未有的重视。

（六）评价报告个性化

评价报告将摆脱固有模式而完全取决于评价的需要，大量的评价指标和语言描述用以说明评价结果，时间、数量等不同单位将会与货币单位一同出现在同一份绩效评价报告中。

利益相关者共同治理模式下的绩效评价是更具活力和创新性的绩效评价。利益相关者共同治理有助于利益相关者之间的长期合作，各个利益相关者彼此依存，唇亡齿寒，任何以牺牲长期利益为代价的行为都会受到其他利益相关者的反对。评价主体的多元化和评价对象的复杂化使评价主体在评价工作中真正发挥主导作用，设置灵活多样的评价指标以达到不同的评价目的。为维持各利益相关者利益的均衡状态，将更多地聘请独立第三方进行评价，客观上推动了社会中介机构评价的发展，使绩效评价工作更加专业化、效率更高。从市场获取信息，又反作用于市场，加快信息流通，形成良性循环，促进市场成熟。

利益相关者理论是对企业绩效评价的又一次变革。利益相关者理论要求建立全新的企业目标和治理模式，为企业绩效评价建立了新的平台，改变了原有绩效评价体系存在种种缺陷的根源，梳理了完善原绩效评价指标体系出现的主观意愿与企业目标和企业现实的矛盾，为解决现有绩效评价存在的问题提供了新的途径。

第三节　战略管理理论

一、战略和战略管理

（一）战略

"战略（Strategy）"本来是一个军事术语，其原意是指为实现战争目的而对军事力量进行的全局性部署和指挥。最早把战略的思想内容引进管理领域的是美国管理学家切斯特·巴纳德（1886—1961年）。他在代表作《经理的职能》（1938）一书中，将企业描述为一个由物质的、生物的、个人的和社会的几个方面因素构成的综合系统。为了说明企业组织的决策机制，他开始运用战略因素这一思想对企业诸因素及它们相互之间的影响进行分析。巴纳德也是第一个提出效率与效能区分的学者。

（二）战略管理

1. 战略管理的含义

战略管理与其他管理职能不同。具体的管理职能经常是处理许多经营控制的问题，如产品的高效生产、销售人员的管理、对财务进行监控等。这些工作是在战略指导下，在相应环境状况下进行的，是企业管理的一部分。实际上，管理者大部分时间是在进行经营控制。而战略管理涉及企业的方向和目的，像如何最有效地配置资源，如何协调企业中个体的决策。

战略管理是一种高度综合的管理过程，其特点是对企业现在及未来的整体经营活动实行战略性管理。所谓的战略性是指这些活动对战略目标有直接影响并且应当纳入战略管理的支配。可以说，战略管理是现代企业管理发展的高级阶段。

全部战略管理活动的重点是制定和实施战略，制定和实施战略的关键在于企业外部环境、内部条件和企业目标三者的动态平衡，以保证实现企业的战略目标。

综上所述，企业战略管理是一个动态管理的过程。它是对企业的生产经营活动实行的总体性管理，是企业制定和实施战略的一系列管理决策与行为，其目标是使企业自身条件与环境相适应，求得企业的长期生存与发展。

2. 战略管理的内容

战略管理的研究对象是企业，它着重研究企业成功（与失败）的原因和过程，与其他工商管理学科不同，战略管理是着重从总经理的角度，把企业视为一个整体来进行研究的，而其他工商管理学科仅就企业管理的某一职能管理方面进行研究。

3. 企业战略的含义

关于战略的定义至今没有统一，不同学者与经理赋予企业战略不同的含义。有的认为企业战略应包括企业目的与目标，即广义的企业战略。有的认为企业战略不应该包括这一部分内容，即狭义的企业战略。

美国哈佛商学院教授安德鲁斯将企业战略定义为通过一种模式，把企业的目的、方针、政策和经营活动有机地结合起来，使企业形成自己的特殊战略属性和竞争优势，将不确定的环境具体化，以便较容易地着手解决这些问题。这是典型的广义的企业战略定义。

美国战略学家安索夫指出，企业在制订战略时，有必要先确定自己的经营性质。有的企业根据产品系列的特性确定经营性质，如机床公司、房地产公司；有的企业根据构成产品系列的技术来确定经营性质，如ISP服务商和B2C电子商务企业；还有的企业是根据所服务和竞争的市场确定自己的经营性质，如同城快递公司。企业不管怎样确定自己的经营性质，目前的产品和市场与未来的产品和市场之间都存在着一种内在的联系，安索夫称这种现象为"共同的经营主线"。通过分析企业的"共同的经营主线"可以把握企业的方向，同时企业也可以正确地运用这条主线，恰当地指导自己的内部管理。安索夫的企业战略定义与安德鲁斯等人的定义不同，是一种狭义的企业战略定义。

（三）战略管理过程

战略管理是在充分占有信息基础上的决策和实施过程，包括三个相关联的主要阶段，即战略分析、战略选择和战略实施。人们往往以为这三个阶段是直线顺序关系，即战略分析完成之后再作出战略选择，战略选择之后才进行战略实施。而在实际工作中，各阶段之间是相互联系和重叠的，很可能在选择和绩效评价战略时就开始战略实施了，而战略实施过程同时也包含了战略分析的工作。

1. 战略分析

战略分析是指对为保证企业在现在和未来始终处在良好状态的那些关键性影响因素形成一个概括。战略分析要了解企业的战略地位，环境正在发生哪些变化以及它们怎样影响企业和企业活动。

2. 战略选择

战略选择可分为三个步骤：

（1）战略选择的产生。在战略选择中形成各种战略方案是战略管理过程中一个很有帮助的环节。比如，在21世纪初，A公司面临着将其变成何种程度的跨国企业的决策问题；到下一个10年其内部经营范围又面临另外的选择：应当将重点集中在市场的哪个区域，在所有不同的国家之间可能保持相同的贸易基础吗？有必要通过市场集中来调整吗？在这些选择中，在产品开发和产品系列方面需要的战略方向是什么？公司应该通过内部开发沿用这些战略，还是通过收购或合资更为明智？

所有这些都很重要，都需要认真考虑。值得注意的是，在形成发展战略时，一种潜在的危险是管理者不是把所有的选择考虑在内，只考虑那些明显的选择，而最明显的不一定是最好的。

（2）战略方案的绩效评价。战略分析的过程包括检验战略方案和绩效评价优点等问题。在选择战略方案时，公司管理层可能提出一系列问题。首先，哪些方案能支持加强公司的实力，并能够克服公司的弱点？哪些方案能完全利用机会和优势，同时又使公司面临的威胁最小或者能够完全消除？这一过程称为战略匹配或适用。

第二类问题更重要。即选中的战略能发挥多大程度的作用？所需的财务资源更多吗？是否能在正确的时间、正确的地点提供足够的存货？员工能被重新培训以适应所追求的形象吗？所有这些都是可行性问题。即使这些目标都达到了，还要考虑此方案对所有者来讲是否可以被接受。

（3）战略方案的选择。最后，也许只有一个或几个战略被选中。应该指出的是，实际上不可能有真正“错误”或“正确”的选择，因为任何战略都免不了有一些缺点或危险！因此，最后选择是一个管理评价和取舍问题而不能从单一的目的或逻辑来作出判断。

3. 战略实施

战略实施就是将战略转化为行动。战略实施涉及资源计划（包括战略实施的“后勤保障”）。其中需要回答的问题有：哪些是需要完成的关键任务？组织资源混合使用时需要做哪些变动？到什么时候为止？谁对这些变动负责？不同的部门应对什么负责？需要哪些种类的信息系统来监测战略的进程？是否需要重新培训员工？等。

战略实施还要求对战略变革进行管理，这就要求管理者掌握管理变革过程的方法和技术。这些机制不仅与组织重新设计有关，而且还与组织文化和日常工作变革、克服对变革的政策阻力等有关。

如前所述，上述三个步骤之间的关系并非线性的顺序关系。在复杂的竞争环境下，企业需要通过对三个步骤的不断监控和反思，来保持对市场变动的警惕和灵活反应。针对实施阶段出现的问题，不仅要考虑调整实施方案或战略方案，更要考虑在战略分析中是否存在着假定上的重大错误。而要做到这点并不容易。当小米手机决定围绕线上销售和服务建立竞争优势之后，它的假定是线上市场将快速取代线下市场。它的战略方案忠实地体现出这一假定。而当它认识到线下市场销量的增长仍然强劲有力时，却发现调整方案转向线下渠道建设困难重重。只有当它对线下销售的前景进行重新定义之后，才有可能指导新的、成功的线下解决的战略方案。

4. 战略管理的层次结构

企业内部往往设置若干管理层次，例如最高管理层、中间管理层和基层组织。尽管战略管理的最终责任由最高管理层的人员承担，但其他管理层的管理者都要参与，甚至要制订和实施各自范围内的某种战略，这样便会在企业内形成战略管理层次。依据大型公司的特点，把战略分为总体战略、事业部战略和职能战略。要注意的是，有些中小型企业，由于内部没有相对独立的经营单位，不一定要将其战略分为三个层次。

二、战略管理理论的演进

战略管理是管理学整体理论中一门较新的学科。像其他任何一门管理学科一样，战略管理发展到今天，是从科学管理理论以及现代管理理论中汲取了营养，是在总体管理理论的基础上顺应时代的要求而逐渐发展起来的。

（一）法约尔和泰罗对企业计划理论的贡献

法国工程师、管理先驱者亨利·法约尔在他的《工业管理与一般管理》一书中指出：“管理就是实行计划组织、指挥、协调和控制。”他将计划职能前在管理五个职能的首位，并提出“管理应当预见将来”。法约尔强调指出，制订行动计划是企业领导人最重要的工作。领导者应当“指出计划的目的与规模，确定整体任务中各部门所占的份额，调整计划的各部分，使整个计划协调。总之他决定应遵循的行动路线”。

另一位管理先驱者——泰罗，其科学管理论对于“计划”的贡献，是提出了将计划职能和作业职能分开，在组织机构中单独设立计划部。

法约尔和泰罗对“计划”的认识是相当狭隘的。在他们看来，计划只是企业内部的规划。根据安索夫的观点，从20世纪初到20世纪40年代末这段时间，西方企业中所采用的管理技术和管理系统是相对简单的，主要有财务控制、短期预算、资金预算和目标管理等。

（二）企业战略管理理论的演进

1. 战略管理

这一时期开始于20世纪70年代初，持续到20世纪80年代。战略规划由长期规划思想转变而来，应用长期规划这一管理技术有两个前提：一是认为促使环境变化的主动权在于企业本身，企业对环境的变化具有很大的影响力；二是认为外部环境是可以预测的，企业总可以制订计划以应付未来的变化。进入20世纪60年代后，由于政府严格的管制和各种调节政策，企业失去了对环境的控制。外部环境的复杂性和交互作用使得企业越来越难以预测环境变化。企业要发展，必须具备能够对外部环境变化作出迅速反应的能力，这就要求企业发展出选择灵活性战略的能力。战略决策取得了比规划更加重要的地位，长期规划被战略管理所取代。

战略管理作为一种管理技术或系统，它首先对企业的外部环境进行分析，寻找出发展的趋势，发现对企业发展构成的威胁和新的发展机会，使潜在的利润最大化。战略管理帮助企业寻求外部环境和企业的最佳协调，它的侧重点是制定企业的竞争战略，以及基于竞争分析的行动方案。

在这一阶段，战略管理追求的目标是在竞争中取得优于竞争对手的绩效。因此战略管理分析的关注点包括企业对产业的选择以及竞争性定位，通过选择适当产业和市场以获得领导地位，从而帮助企业实现更高的盈利能力。以哈佛商学院迈克尔·波特为代表的学者将产业组织经济学应用于企业在不同产业和市场中的盈利能力分析，是这一阶段战略管理理论的杰出成就。

2. 21世纪的战略管理

21世纪企业面临的最为重大的挑战是创新和技术变革对现有企业冲击，特别是数字化技术所带来的影响。技术变革有可能在很短的时间内带来整个产业的更新换代，许多产业出现了“赢家通吃（借助标准与平台垄断市场）”的现象。一些新的企业在产业中以意想不到的速度崛起，同时也有一些著名企业在竞争中遭受重大挫折。

战略管理和理论对企业所面对的新问题和决策需求作出回应。颠覆性技术和加速变革意味着战略管理不得不从规划转向市场机会的发现和把握，推动战略创新，成为企业创造未来竞争优势的指导框架。由于单一企业对环境和资源的管理表现出局限性，开放和合作也成为战略管理的一个重要主题。社交媒体的出现使得企业的行为更多地曝光在公众视野中，资本化的企业行为受到严厉的批评。企业社会责任、商业伦理、可持续发展和合规成为具有战略意义的主题。

三、中国企业的战略管理

自20世纪70年代末中国重新开始推动市场经济发展，已经过去了将近40年。在这一相当长的时期中，中国企业的战略管理关注点呈现出阶段的变化。

（一）机会主义阶段

在20世纪80年代，中国企业战略管理的特点是机会主义。由于当时市场经济刚刚开始形成，企业只能有机会就上，谈不到对产业环境的深入分析和理解。同时，长期计划经济导致新产品供给不足，只要有一定特色的产品就足以实现顺利的销售。因此企业的主要战略就是寻找市场机会空间并通过具备基本功能的产品给予满足。许多乡镇企业抓住这一机会成长起来。

效率与质量阶段。大致在20世纪90年代，以引进生产线为标志的现代工业制造始兴起，耐用消费品逐渐成为居民消费的一项重点。这类产品对制造技术和管理有一定的要求，对质量和服务特别敏感。家电是这一时期最典型的企业，战略管理的重点是通过质量管理和提高生产效率来实现竞争优势。海尔、长虹、TCL这一阶段积累起适应市场竞争所需要的资源和能力。通过提升效率降低成本是主要的战略主题，同时也开始发展差异化的能力。

（二）产品与营销阶段

加入WTO后，中国企业开始直接面对国际企业的竞争，这同时也给了中国企业近距离观察和学习国际企业管理经验的机会。随着生产能力的大幅度提高，低端产品的市场竞争变得激烈。居民收入的提高使新的产品市场发展起来，为企业提供了新的成长空间。在这一阶段，企业特别重视产品和营销能力的建设。差异化产品设计有了用武之地，结合广告和服务水平大幅度提升，在房地产、饮料、家电、金融和互联网服务等众多产业中出现一批以推出特色产品形成竞争优势的企业。由于基础技术开发的能力不足，新产品在技术上通常门槛不高，也形成了中国企业特别善于价格竞争的特点。许多企业通过管理和掌握销售渠道的能力形成竞争优势，如格力、娃哈哈、苏宁等。

（三）品牌与创新

这是目前中国较为领先的企业的战略管理主题。在这一阶段，企业通过营销和销售努力实现的增长曲线变得平缓。为了争夺市场份额，获取领导者优势，企业之间展开激烈的竞争。对于市场领先企业，价格战可能损害企业的盈利能力，这就迫使企业通过技术创新、市场拓展和组织变革来实现增长。领导者企业面临的一个重大威胁是拥有技术创新能力的外部竞争对手。零售行业中的领导企业发现，在电子商务的冲击下自己的市场地位变得岌岌可危，过去赖以成功的资源和能力似乎出现了贬值。在银行业内部，为争夺银行卡市场份额的银行占用了大量的资源，但新的移动支付方式的兴起开始侵蚀传统银行卡业务，银行面临着完全不了解的竞争对手。企业之间另一个激烈竞争的对象是用户的注意力。企业开始注重非价格性因素，特别是品牌的价值和品牌形象对销售和利润的贡献。企业将资源和能力投入品牌建设，与顾客间建立起尽可能多样和密切的互动，改进顾客体验成为企业竞争的主要方法。大量的企业在创新和品牌建设方面取得成功，实现了可持续的竞争优势，如华为、小米、阿里巴巴等。

在世界500强名单上，中国企业的数量已经超过100家，但是国际知名的品牌仍然很少，在技术和市场创新方面的能力也还有很大的成长空间。未来，中国企业还面临着更多的战略管理挑战，包括：①创新与知识产权；②品牌与顾客关系；③国际化与全球合作；④企业社会责任与可持续发展；⑤员工参与战略的组织变革。

第四节 权变管理理论

一、权变管理理论的起源

权变管理理论最早提出于20世纪60年代。Joan Woodward于1965年出版《产业组织》，研究了组织设计与技术之间的关系。Jau R. Lawrence和Jay W. Lorsch1967年发表在《管理科学季刊》（ASQ）上的“复杂组织的分化与整合”一文认为，不同环境对组织有不同的要求，特别是那些市场不确定和技术变化极快的环境。Fred Fiedler通过研究领导行为有效性与情景之间的关系，于1967年提出了经典的权变领导模型。这些研究和成果都对权变领导理论的形成做出了很大贡献。Fred Luthans于1973年发表了《权变管理理论：走出丛林之路》，1976年又对权变理论进行了系统的阐释，出版了《管理导论：一种权变学说》，全面系统地介绍了权变管理理论的观点，提出要用权变理论整合和统一其他各种管理理论，标志着权变理论的形成。权变理论进而成为20世纪70年代乃至80年代管理理论的热点和焦点。

从人类的管理实践史来看，在管理中采取权变原则和权变方法具有悠久的历史，但采用科学的方法对这一原则和方法进行研究，进而将其整合成一定的管理思想的体系，形成管理的权变学说则是西方20世纪60年代才开始的。其主要来源于两大领域，一是组织结构研究，二是领导方式研究，学者们经过对这两大领域的大量案例和实证研究，形成了具有科学依据的一系列管理的权变观点。到了20世纪70年代，以美国管理学家弗雷德·卢桑斯（Fred Luthans）为代表的一批管理学者在综合前人研究的基础上，对各种权变观点和思想进行了规范化和系统化，形成了一定的理论框架，从而标志着权变管理理论的最终形成。与此同时，该理论的运用范围进一步扩展，除了最初的组织结构和领导方式研究，还在诸如战略、计划、决策等管理领域取得了丰硕的成果，成为西方在20世纪70年代至80年代具有代表性、综合性和普及性的管理理论。

（一）组织结构研究

1. 琼·伍德沃德（Joan Woodward），英国女管理学家。1953～1957年，与助手们对英国东南爱舍克斯地区的100家企业进行了广泛的调查，在此基础上，她先后发表和出版了《经营管理和工艺技术》（1958）《工业组织：理论与实践》（1965），《工业组织：行为和控制》（1970）等文章和著作。重点阐述了技术与组织结构的权变观。其主要观点包括：

（1）企业在组织结构和组织行为方面的差异，可以从企业赖以生存的环境中得到充分的解释。其中特别是工艺技术方面的因素，对于企业的经营管理活动具有关键性的影响，凡是成功的企业都具有与其技术特点相适应的组织结构。

（2）否认有某种最佳的管理方法存在，反对把管理中的原则当作普遍适用的原则看待。她认为，同一种原则在不同的环境下可以导致不同的结果。因此，必须对企业的目标和技术进行具体深入的研究。英国管理学家皮尤（D. S. Pugh）高度评价伍德沃德的研究工作，认为其具有“开拓性”，具体体现在，“第一，她进行了实际的调查研究；第二，她建立了一个崭新的思想体系。”

2. 汤·伯恩斯（Tom Burns）和斯托克（G. M. Satlker）。两人都是英国人，前者是社会学家和组织学家，后者是心理学家。代表作《改革中的管理》（1968，第二版）。他们通过对20多家企业的组织结构与技术和市场的相互关系的调查研究表明：不同类型的企业的组织结构与管理方法具有明显差别。组织结构和管理方法主要依赖于某些环境因素，特别是技术发展速度和市场变化速度。因此，他们认为，企业对组织结构的选择与变革，必须根据具体条件来进行，决不能说哪一种体制在任何条件下均优于另一种体制。“在管理上，智慧的起点就是要知道：不存在唯一的最佳管理体制。”他们的这句话已经成为管理学界用来概括权变学说的一句名言。另外，他们提出的组织是权威系统、职业系统和政治系统共同组成的开放性系统的观点，无疑极大地拓展了人们对组织的认识。他们的贡献是多方面的，与伍德沃德的研究相比，他们除了考虑技术因素，还注意到了市场变化的因素。就研究方法而言，他们采取为后来管理学研究中广泛使用的访谈法和实证研究方法，提出并描述了组织的两种“理想形态”。

3. 埃里克·特里斯特（Eirc Trist）和英国伦敦塔维斯托克研究所。埃里克·特里斯特是英国社会心理学家。他和研究所的同事一起，主要从系统论的角度对组织和管理问题进行了较为全面的研究，得出了许多具有开创性的结论。其代表作包括：《社会—技术系统》（1960）和《组织环境的非正式的结构》（1969）。特里斯特对管理理论的贡献主要集中在系统理论上，但正如下文将指出的权变管理理论同系统管理理论有着密切的关系，可以说，权变管理理论是系统管理理论在逻辑上和实践中发展的必然结果。特里斯特的研究成果包括：

（1）通过研究机械化对英国煤矿工作团体所产生的影响，提出组织是一种“开放性的社会—技术系统”。

（2）指出整个系统的最佳状态，关键在于系统内部各组成部分的相互适应，而不是某一方面处于最佳，这可能意味着“要求系统内部每个单独的方面略次于最佳状态”。

（3）指出现代企业所面临的环境正以某种加速度变化着，并变得越来越复杂。组织必须根据不断变动的环境，进行自我调整，达到组织与环境的动态平衡。值得强调的是，特里斯特不仅像伍德沃德和伯恩斯等一样注意到了技术系统对组织结构的影响，还吸取了行为学派人群关系理论的观点，充分注意到了组织成员的社会心理以及非正式组织对管理的影响，并指出组织结构和管理体制要充分考虑这两个方面的因素。这充分体现了系统观和权变观对传统管理思想的继承和融合。

4. 保罗·劳伦斯（Paul R. Lawrence）和杰伊·洛希（Jay W. Lorch）。两人是美国管理学家。管理学界公认，他们在60年代对外部环境与组织结构关系的研究为权变管理理论的形成做出了突出的贡献。1967年他们发表的《组织与环境》《复杂组织的分化和整体化》等文章为权变学说的建立提供了基本理论。他们也因此被西方学者称为“现代权变理论的创始人”和“著名代表人物”。其贡献主要集中在企业组织结构研究方面。另外，洛希与约翰·莫尔斯（John J. Morse）在文章《超Y理论》（1970）和著作《组织及其成员：权变法》（1974）中提出的“超Y理论”对权变原则进行了具体的理论化阐释，影响深远。劳伦斯、洛希通过对各种企业的比较研究表明，“没有一成不变的，最好的”组织设计。不只是不同的工业部门和不同的企业，即使同一企业的不同发展阶段，也都应因地、因时制宜，采取与环境相适应的组织结构和管理体制，才能确保企业立于不败之地。这也是权变学说的基本观点。他们还在伍德沃德和伯恩斯、斯托克等人研究的基础上，从组织结构“分化”和“整体化”的研究视角出发，提出了一套较为完整的解决企业组织结构问题的系统而有效的权变构想，从而将权变基本理论转化成了具有操作性和实用价值的具体机制。

（二）领导方式研究

1. 罗伯特·坦南鲍姆（Robert Tannenchaum）和沃伦·施米特（Warren H. Schmidt）是美国管理学家。两人在大学从事管理学教学之余，长期担任公私企业的咨询顾问工作，积累了较为丰富的研究案例。在此基础上，两人合作在《哈佛商业评论》上发表了《如何选择领导模式》一文，首次提出并运用了“领导方式的连续统一体”理论。他们认为，并不存在一种固定的理想模式，在领导者与下属的关系中，究竟应当给予下属多少参与决策的机会，是采取专制的命令型更好一些、还是采取民主的参与型更好一些，取决于多种相关因素，因而要采取随机制宜的权变态度。坦南鲍姆和施米特的研究，实际上开创了领导理论研究的权变方法先河，“很快就成为研究企业及其他各种组织问题的‘经典’，在管理思想的发展史上占据了一席永久的地位”。1973 年，他们的这一文章被《哈佛商业评论》列为“经典著作”在该权威期刊当年重新发表。两位作者也根据新的现实对自己的理论进行了修改和完善。

2. 弗雷德·费德勒（Fred E. Fiedler），美国心理学家和管理学家。从 1951 年起开始从管理心理学和实证环境分析的角度研究领导问题，他曾用 15 年时间对 1200 个组织做了调查，从 20 世纪 60 年代中期开始陆续发表文章和著作，提出了著名的“权变领导模型”，“开创了西方领导学理论的一个新阶段，使以往盛行的领导形态学理论研究转向了领导动态学研究的新轨道”。其领导权变模型在 20 世纪 70 年代末成为领导科学界的主导模型之一，引起了热烈讨论。费德勒是公认的权变领导理论的创立者，运用其独创的 LCP 衡量法，通过对大量案例的研究，他提出并论证了“领导方式取决于情境”的著名论断，即应当根据领导者的个性及其面临的组织环境之不同而采取不同的领导方式。其该方面的代表作包括：《让工作适合管理者》（1965）《一种有效的领导原理》（1967）《权变模型—领导效用的新方向》（1976）《权变模型对改进组织效果的意义》，以及 20 世纪 80 年代与加西亚合著的《领导效能新论》（1987）等。

3. 罗伯特·豪斯（Robert J. House）和特伦斯·米切尔（Terence R. Mitchell）。豪斯是加拿大组织行为学家和从事工业企业管理人员培训发展的专家；米切尔是美国管理学和心理学家，曾广泛服务于公营和私营企业界，从事咨询活动。豪斯于 1971 年发表了《有效领导的途径——目标理论》一文，发展了其同事伊文斯（M. G. Evans）于 1968 年提出的领导行为“途径——目标模式”，引进了权变因素。在此基础上，他与米切尔合作于 1974 年发表了著名论文《关于领导方式的目标——途径理论》，全面阐述了“目标——途径”的权变领导理论。

（三）一般权变理论

主要代表人物是美国行为科学家和管理学家弗雷德·卢桑斯。他在 20 世纪 70 年代发表的文章《权变管理理论：走出丛林的道路》（1973）和著作《管理导论：一种权变学说》（1976），对当时广泛出现的各种权变理论研究进行了整合，提出了一个具有较强解释力的理论框架，为权变管理理论的规范化和体系化做出了关键性的贡献，从而标志着权变管理理论的正式形成。在《管理导论：一种权变学说》一书中，卢桑斯的主要进行了以下三方面的研究：

（1）对当时的主要管理学说进行了概述、分析和评价，指出权变学说作为管理理论的最新发展，将最有希望融合其他主要学说，从而使管理理论研究走出孔茨提出的“管理理论的丛林”，走向融合。

（2）提出了权变管理理论的概念框架和基本观点，指出权变管理理论就是通过具体地研究和建立环境变量与管理变量之间的权变关系，从而使管理活动能够更有效地实现组织目标的一系列管理思想和方法的理论体系。

（3）以上述权变概念框架为基础，分析了过程学派、行为学派、计量学派和系统学派所提出了一系列管理问题，体现了权变理论的较强解释力和综合性。

二、权变管理理论的发展

（一）权变管理理论在外国的发展

权变管理理论是20世纪60年代在美国形成，20世纪80年代盛行的一种管理理论，美国著名管理学学者哈罗德孔茨等在1984年出版的《管理学》中论述“管理理论丛林”时，曾提到权变管理理论“像暴风雨般席卷着”当时的管理学学者。其特点是强调在企业管理中要根据企业所处的内外环境随机应变，认为没有什么一成不变的、普遍适用的、“最好的”管理理论和方法，针对不同的具体条件寻求不同的最合适的管理模式、方案或方法。这一理论的核心就是力图研究组织的各子系统内部和各子系统之间的相互关系，以及组织和它的输出环境之间的联系，并确定这种变数的关系类型和结构类型。该学派与经典主义学派既有紧密联系，又有不同之处。一方面，两者都注重管理环境的个别性，都不承认“通用”管理原则的存在；另一方面，经验主义学派注重具体问题具体分析，而权变理论学派则通过大量的实例和研究，把情况归类，找出相应的模型。

权变管理理论于20世纪70至80年代在美国风靡一时是有一定的时代背景的。当时，美国经历了一个动荡不安的时代，企业管理所面临的社会不安，经济混乱，政治骚乱的局面。面对这样残酷的现实，只有随机应变，灵活运用，在管理上主张个性张扬就顺理成章了。

经过四五十年的发展演变，当前该理论被广泛应用于组织结构、领导方式、企业战略、计划、策略等管理领域的理论实践和研究中，取得了丰硕的成果，并作为基本的管理原则受到管理界的普遍认可和运用。

（二）权变管理理论在中国的发展

在中国很早就有权变思想，在教育上，孔子的“因材施教”教育思想一直影响到当代的教育培训。在军事管理中，著名军事家孙武在《孙子·虚实篇》写道：“兵无常势，水无常形”，特别强调“因势利导，因变制胜”。在政治管理中，我国对于港澳台的治理政策“一国两制，和平共处”，正是权变管理理论灵活变通的应用。

从公开出版的文献来看，权变管理理论最早于20世纪80年代传入中国。最早提及该理论的是《经济管理》杂志1980年刊载的《西方管理理论中的社会系统学派》一文。但该文仅仅在介绍当代西方管理理论"丛林"时提及"权变理论学派"，似乎未对理论做更多的介绍。接着，1984 年第 10 期的《企业管理》杂志，在"企业管理现代化讲座"栏目中刊载了苏东水先生的《现代管理思想的历史发展》一文，对权变理论的主要观点作了介绍。在此之后，介绍文章和书籍开始多起来，权变管理理论也逐步在中华大地传播开来。

根据权变概念框架所表达的权变理论的核心思想，我国学者认为，所谓权变管理理论，是指以组织的系统观为基础，以组织的环境变量与管理变量之间所存在着的权变关系为研究对象，强调管理活动应与组织所处的具体环境相适应，旨在提出一定环境条件下，可采取的最适宜于实现组织目标的管理方式的一种管理理论。

当前，权变理论以其较强的现实性而获得了广泛的运用，特别是其强调的随机制宜。进入 21 世纪权变管理理论被广泛地运用于组织领导计划决策等管理领域的理论研究和实践中，取得了丰硕的成果并作为基本的管理原则受到管理界的普遍认可和运用。

另外，我国的权变思想起源很早，但仍没得到较好的运用，比如在提供公共产品的问题上，存在简便的心理，投机取巧。就像电子政务的推广，用一样的方式一样的步骤来进行，没有考虑各个地区的发展情况，各个层次公众的不同需求，所以就存在推广不开的问题，使有些地区花费巨资建立的电子政务远远没有达到服务公众的目的，资源浪费严重。如果在这个过程中，能够以真正服务的角色来提公共产品，那么政府就会自觉运用权变的管理理念，有意识的区别推广。那么，不但推广会加快，也会真正地服务于民。

三、权变管理理论的作用

目前我国大多企业在管理过程中还是运用传统管理方法和管理理念进行经营管理，而面临复杂多变的市场环境和日益激烈的市场竞争，企业很难通过传统管理理念与方式实现企业的可持续发展。为了有效提升企业核心竞争力，企业需要正确认识到权变管理理论的积极作用，并利用权变管理理论促进企业的长久健康发展。权变管理理论能发挥以下重要作用：

（一）帮助企业管理者建立正确的管理理念

目前，我国大多企业在传统经营理念和经营体制影响下，很多管理者自身管理理念都停留在传统静态层面，难以切实有效地应对复杂多变的市场环境，不利于企业的长久发展。在这样的环境下，企业管理者深入学习权变管理理论，有利于帮助管理者树立正确的管理理念，从管理思维层面积极应对多变的市场环境，促进企业的健康发展。权变管理理论是市场竞争环境巨变下的必然产物，在我国市场经济体制日渐完善过程中，企业日后的经营趋势会面临更加激烈的竞争环境，所以企业要突破自身发展瓶颈，有效应对复杂的市场环境，就要积极学习权变管理理论，利用该理论的高弹性特点奠定企业发展的坚实基础。

（二）提高员工培训成效

在市场经济环境不断变化过程中，企业面临的市场竞争将日渐激烈，在这样的环境下，企业必须加快培养新利润点，扩展经营市场，推动企业的长期稳定发展。企业要拓展经营业务，就要依靠人才的力量，积极储备集专业知识与技能于一体的员工促进业务拓展。为了实现这一目标，企业需要对现有工作人员加强新领域、新业务的培训，充分提升员工自身先进的知识储备与专业技能，进而通过提高人员绩效促进企业效益的提高。员工培训工作在企业管理中所占地位日渐重要，企业管理者需要结合实际情况，根据不同岗位的员工进行差异化的培训，制定不同的培训体系与制度。此时，就可以通过权变管理理念开展各方面培训工作，根据环境变化和员工的差异化需求，确定是讨论培训还是授课培训、脱产培训或不脱产培训，通过动态的培训体系全面提升培训效果。

（三）提升企业人力资源规划科学性

企业经营管理中运用权变管理理论，能够有效地通过科学管理支持制定正确的人力资源规划。企业进行人力资源规划，主要的目的就是为企业发展提供优质、足量的人力资源，保证企业在需要的时间内获得匹配的员工。而目前复杂多变的经济环境下，企业员工流动率相对较高，企业人力资源很难实现供求匹配。受到各方面客观条件的约束，企业可以通过权变管理理论，结合企业内部和外部劳动力市场所产生的具体变化，及时地调整人力资源规划，在对外部人员以及内部人力资源相互之间关系进行合理化测定基础上，促进人力资源规划制定得更加正确、有效。

四、权变管理理论的应用

（一）应用的中心思想

结合权变管理理论的概念，企业管理中运用权变管理就是将企业看作一个开放型的系统，系统运行的稳定性与高效性都会受到外部环境和内部管理的直接影响。基于此，企业在管理中，必须结合自身发展目标和所处环境，采取与之相符的组织管理措施，确保企业在充分适应市场环境变化前提下，促进企业强劲的发展。企业的经营管理和执行活动都是在持续变化的环境中进行并通过反馈的形式不断向发展目标靠近的过程，所以企业需要在充分考虑当时所处的环境与条件基础上，结合自身远期、中期与近期目标，依势而行的采取相应决策方式与管理对策，保证企业充分适应外部环境，促进企业顺利经营与发展。企业决策和管理功效，主要体现在企业各个要素与管理任务相互作用过程当中，所以企业在经营管理当中，需要结合企业各方面要素实际关系类型，对各要素和管理决策相关活动之间在发生相互作用时呈现出来的关系进行综合考虑，以此为前提确定与实际需求相符的决策方式和管理方法，保证企业充分适应外部环境。企业管理中运用权变管理理论，需要企业各个部门和团队科学预测市场未来变化趋势，采取合适的策略和权变手段，最大限度地利用相关资源，发挥企业最大效能。

（二）应用的特点

企业管理中运用权变管理理论，需要对企业发展任务、企业内外环境和企业经营业务等相关因素实现全面兼顾，通过具体问题具体分析的方式进行权变管理。权变管理不仅要管理和控制低级部门，还需要科学规划并优化企业发展目标。企业权变管理除了要对目前所掌握的信息加以充分利用，还要准确预测企业未来的发展。结合企业发展特点、业务类型以及组成，需要突破权变管理技术、集权技术和分权技术，在企业内部科学的建立权变管理机制，优化企业健康管理方式，提升业务规划的合理性。企业权变管理技术主要包括了各个部门管理以及控制的分权与集权。不同部门差异化的决策权，则取决于其对业务发展成功率和企业经营效益的影响指标与评价值差异。

（三）具体应用

1. 经营决策要权变

企业管理最重要的就是决策，企业兴衰直接取决于决策的正确性。基于此，企业管理者在制定经营管理决策的时候，需要对企业经营目标、内部经营条件和外部环境三个因素进行充分考虑，并保持三因素之间动态的平衡，同时对决策者个人能力与特征等相关权变因素加以考虑。权变管理理论认为在持续变化的经营环境中，难以寻找到通用的决策模式，企业管理者在经营管理过程中，经常会遇到两种问题，即程序化决策问题和非程序化决策问题，程序化决策问题是日常经营管理当中经常、重复、大量出现的问题，非程序化决策问题则是日常经营管理当中不重复出现的一些少量问题。针对此，需要企业管理者在运用权变管理理论实现经营管理的时候，正确区分程序化决策与非程序化决策，通过对内部条件和外部环境的充分考虑，结合差异化决策问题使用与之相符的决策方法实现问题的有效解决。

2. 领导方式要权变

在权变管理理论中，领导方式是不存在好坏之分的，而企业在管理中选择哪种领导方式，需要考虑多种影响因素，结合既定管理环境选择与之最匹配的领导方式。所选择的领导方式，不仅受到领导者特征和被领导者特点的影响，还会受到领导环境的严重干涉。所以，在差异化的管理环境下，企业管理者需要及时调整与改变领导方式。在企业管理中，不同的领导环境下，同一种领导方式会呈现出差异很大的管理效果。而在同一管理环境下使用同样的管理方式也会呈现出不同的管理效果，这主要是因为管理者或者被管理者在特点上存在差异。所以，结合权变领导理论，要保证领导行为的有效，就要保持领导行为和管理环境之间的相互匹配，领导者需要根据领导行为和管理环境之间具体权变系数调整领导行为。

3. 工作方式要权变

当前市场环境下的企业所面临的市场竞争会越来越激烈，而企业经营所需要面对的市场环境也瞬息万变，在此背景下，企业必须结合市场变化灵活调整工作方式，促使企业各方面工作方式能够充分满足企业发展需求，促进企业的可持续发展。企业在确定自身工作方式时，需要对分权和集权实现充分考虑，当前学界并为给分权和集权制定确定的定量标准，通常都对管理者自身精力和时间的有限性进行了充分考虑，若事事都需要管理者亲力亲为，并决策所有事情，那么将大大提高决策失误率。在此条件下，需要进行适度分权，也就是将例行管理事务交给管理者进行决策，其他非例行管理事务则可交于下属进行直接决策，以此充分调动下属工作积极性和主动性。因此，在一定管理环境下，需要适当的采取分权策略进行企业管理，以提高管理决策正确率。

第五节　组织行为理论

一、组织行为学的发展

组织行为学是在管理科学发展的基础上产生和发展起来的。1911 年泰勒的《科学管理原理》一书的出版，标志着管理学作为一门独立学科的诞生。

（一）古典科学管理阶段（1930 ~ 1985 年）

1. 泰勒的科学管理理论

泰勒是美国著名的管理学家，科学管理理论的奠基人，“科学管理学管理之父”。代表作有《计件工资制》《车间管理》《科学管理原理》。

“科学管理”理论主要包括四个方面，分别是：

（1）对工人操作的各个动作进行科学分析，用科学的操作动作代替以前不合理的操作动作。

（2）用科学的方法挑选工人，对工人进行培训，以提高工人的技能。

（3）舍弃只顾自己的思维模式，促进工人之间的互相协作，用科学方法来完成规定的工作任务。

（4）管理者和工人都必须对自己的工作负责。

2. 法约尔的组织管理理论

亨利·法约尔（Henri Fayo，1841～1925），古典管理理论的主要代表人之一，亦为管理过程学派的创始人。

法约尔的主要著作有《工业管理与一般管理》《国家在管理上的无能——邮政与电讯》《公共精神的觉醒》，其理论主要包括：

（1）从企业经营活动中提炼出管理活动。

（2）倡导管理教育。

（3）提出五大管理职能——计划、组织、指挥、协调、控制。

（4）提出十四项管理原则——劳动分工、权力和责任、纪律、统一指挥、统一领导、个人利益服从整体利益、人员的报酬、集中、等级制度、秩序、公平、人员稳定、首创精神、团队精神。

3. 韦伯的理想型行政组织理论

马克斯·韦伯（Max Weber，1864～1920），著名古典管理理论学家、经济学家和社会学家，“组织理论之父”，与泰勒、法约尔并称为西方古典管理理论的三位先驱。

韦伯的主要代表作有《新教各教派与资本主义精神》《一般经济史》《社会和经济组织的理论》，其理论主要包括：①明确分工。对每个职位上的组织成员的权力和责任都有明确的规定，并作为正式职责使之合法化。②权利体系。官员们按职务的级别和权力等级进行安排，形成一个自上而下的等级严密的指挥系统，每个职务均有明确的职权范围。③规范录用。人员的任用完全根据职务要求，通过正式的考评和教育、训练来实现。每个职位上的人员必须称职，同时，不能随意免职。④管理职业化。管理人员有固定的薪金和明文规定的晋升制度，是一种职业管理人员，而不是组织的所有者。⑤公私有别。管理人员在组织中的职务活动应当与私人事务区别开，公私事务之间应有明确的界限。管理人员没有组织财产的所有权，并且不能滥用职权。⑥遵守规则和纪律。组织中包括管理人员在内的所有成员必须严格遵守组织的规则和纪律，以确保统一性。

权力的分类包括了理性的、法定的权力；传统的权力；超凡的权力。

（二）行为科学理论阶段（1930～1960年）

行为学派产生于20世纪20年代。代表人物是梅约、马斯诺、麦格雷戈等，他们提出了著名的人际关系理论。在行为科学的发展史中被称为里程碑式的实验就是1924年开始的霍桑实验。

1. 梅奥的霍桑实验

霍桑实验是心理学史上最出名的事件之一。这一系列在美国芝加哥西部电器公司所属的霍桑工厂进行的心理学研究是由哈佛大学教授梅奥主持。

霍桑工厂是一个制造电话交换机的工厂，具有较完善的娱乐设施、医疗制度和养老金制度，但工人们仍愤愤不平，生产成绩很不理想。为找出原因，美国国家研究委员会组织研究小组开展实验研究。

2. 霍桑实验的评价

（1）贡献：第一次把研究的重点从工作和物的因素上转移到人的因素上，员工不是机器，不是工具，而是有思想、有感情、有个性的人。要提高生产效率，要注重员工的心理活动和人际关系。不仅在理论上对古典管理理论作了开辟和补充，还为现代行为科学理论奠定了基础，而且对管理实践产生深远影响。

（2）局限：

①对经济人假设的过分否定；

②对非正式组织的过分倚重；

③对感情逻辑的过分强调。

（三）当代组织行为学阶段（1960 年至今）

第二次世界大战结束后，西方国家的科学技术飞速发展，先进的手段和工具被应用到企业管理中，这时出现了强调科学技术、忽视人的心理活动的倾向。一种主要的学派是管理科学学派。代表人物有钱德勒、劳伦斯等，其主要观点是：提高效率的主要途径是运用计算机、制定数学原理和公式来进行计划、决策，并解决管理中的问题。

由于忽视了员工的心理和行为，不能预见员工的行为倾向，导致数学模型无法实施，Z 理论产生。

Z 理论是美籍日本人威廉·大内 1981 年提出来的。他发现美国式管理是以 X 理论为基础，日本式管理是以 Y 理论为基础，在美国照搬日本式管理行不通，写了一本书《Z 理论——美国企业如何迎接日本的挑战》，认为 X 理论并非一无是处，Y 理论也不一定普遍使用，应该根据企业的实际情况，灵活地运用两个理论，力求个体、组织和工作三者的最佳配合。

（四）综合性的现代管理学派阶段

这一阶段综合了前三个阶段的研究成果，把组织看作一个开放的社会模式，把管理科学和行为科学结合起来，创立了系统工程这一新的管理理论。系统工程强调系统的组织和规划，解决了多种目标的矛盾。

（五）组织行为学的发展动向

从综合性角度看，组织行为学的发展不平衡，今后需向个体行为中激励问题以外的其他课题、群体行为及组织行为的方向扩展研究。

从系统性角度看，组织行为学为克服以往管理理论中强调“人”的管理或“物”的管理的片面性，将探索一种将“人”与“物”相结合而以人的因素为主导的管理观。

在科学性方面，组织行为学的研究逐渐从静态的观点发展为从系统的、应变的观点考察组织中的行为问题；从研究方法来看，纯思辨的分析方法越来越难为组织行为学界所接受，实证的定量分析方法将日益受到重视。

在应用性方面，组织行为面临一些新课题，如高新技术条件下和全球经济一体化情况下人的行为特点和规律。

（六）我国组织行为学的发展

1979年第一机械工业部首先提出要重视行为科学的研究。

1980年一些工业部门领导人、学术界和企业界人士共同倡议，成立了“中国行为科学学会”。

1985年成立“中国行为科学学会”。组织行为学作为一门课程进入高等学校课堂，出版了一些组织行为学或管理心理学著作，形成了一支理论与实践相结合的研究队伍，开展了广泛的科学普及和应用研究工作。

二、组织行为理论的意义

国内外的实践证明，特别是最近几年我国的改革开放的实践证明，加强组织行为学的研究和应用，对于改进管理工作和提高管理水平，培养和选拔各级管理人才，改进领导作风和提高领导水平，提高工作绩效，改进干群、雇主关系，调动广大员工群众的积极性、主动性和创造性，增强企业、事业单位的活力和提高社会生产力，都具有重要的意义。

（一）有助于加强以人为中心的管理，提高人的素质

组织行为学认为人是组织的主体，在现代化的管理中，最重要的管理是对人的管理。实现管理的目标，就要实行合乎人情味的管理，建立以人为中心的而不是以工作任务为中心的管理制度。科学技术越发展，就越要重视人的因素，就越要重视提高人的素质，提高脑力劳动者的比重。据统计，体力劳动和脑力劳动的耗费比重，在机械化水平低下的情况下一般为90:10；在中等机械化水平下为60:40；在全盘自动化的情况下为10:90。特别是进入电子计算机、信息化管理时代，对脑力劳动的要求越来越高。实践证明，越是高级的脑力劳动者，就越需要实行具有人情味的管理，充分发挥其主动性和自觉性，而不能主要靠监督。

（二）有助于知人善任，合理地使用人才

组织中的每一个人均有他们各自的个性特征，有他们的不同的气质、能力、性格和兴趣。而组织行为学中的个体行为部分，通过对个性理论及其测定方法的研究以及对个人绩效考核方法的研究，使组织领导能够全面地了解每个人的性格特点和能力所长，从而安排与之相适应的工作岗位和职务，真正做到扬长避短、人尽其才、才尽其用，取得最佳的用人效益。同时，也可为我国当前的劳动人事制度的改革，为制定用人和育人政策，提供科学依据。

（三）有助于改善人际关系，增强群体的合理凝聚力和向心力

组织中的员工绝不可能孤立行事，必然在一定的工作群体中与他人协作配合，发生各种各样的关系。组织行为学对群体行为规律的研究，为改善人际关系，发挥群体的功能，提高群体绩效，提供了依据。组织行为学主张，把组织中的正式群体和非正式群体的作用结合起来。如当前的劳动优化组合的形式就是把非正式群体转化为正式群体，实行将点兵、兵择将的自由组合。由于这些人感情、志趣相投，价值观一致，容易增强群体的凝聚力和向心力，满足人们的归属感和友谊的需要。在这样和谐的人际关系下，人们心情舒畅，有利于进一步提高群体绩效。

（四）有助于提高领导水平，改善领导者和被领导者的关系

在不同的社会制度下，领导者与被领导者的关系，是具有不同的阶段性质的，所以，不

能混为一谈。但是，任何组织的领导者又是生产关系和工作任务的协调者和指挥员，他们与员工的关系，除了有一般意义上所说的生产关系一面；还有一般的社会关系的一面。马克思多次把生产关系和社会关系区别开来，他从来不认为生产关系就等于社会关系，当然社会关系的核心是生产关系。既然企业领导与群众的关系还具有一般社会关系的一面，那么西方的组织行为学中关于一个有效的领导人应具备的素质、领导艺术和如何根据不同情况采用不同的领导方式等原理原则，对于提高我们领导者水平是很有借鉴意义的。

（五）有助于组织变革和组织发展

组织变革和组织发展是组织行为学的重要课题。它要研究如何根据组织所处的环境、组织的战略目标、技术和人员素质的变化和发展，来进行组织的变革和发展，设计出更为合理的组织结构。这种研究对于我国的企业经济体制改革，特别是对于增强企业活力有许多启示。其中主要启示有下列两个：第一，应根据我国企业的规模、技术水平、产品或劳务性质、人员素质的不同，设计出不同的企业组织结构，改变改革前那种不顾企业的差别而一律采用一种僵化的组织结构的做法；第二，鉴于同一个企业或单位的环境、技术、产品、劳务和人员素质，在不同时期是不同的，有时变化很大，所以其组织结构也必须随着时间的变化而变化。

三、组织行为学的研究方法

（一）观察法

观察法指主要试验者利用人的感官和相应的仪器对研究对象的行为进行有目的、有计划的系统观察，作为收集数据的主要手段的一种研究方法。

观察法可以分为两类：参与性观察法与旁观性观察法。

参与性观察法是指主要试验者进入所观察的情景中，并参与相关活动的一类观察法。其优点是：由于主要试验者既是观察者，又是参与者，因此，被观察对象行为表现比较自然，收集到的信息比较真实可靠。

其缺点是：①参与时可能会影响观察；②观察到的数据不能马上记录而产生误差；③参与时产生的情绪会影响到观察的客观性。

旁观性感察法是指主要试验者完全不进入观测情景，以旁观者的身份进行观测的一种观察法。其优点是：①观察内容可以十分广泛；②可以连续进行观察；③较易形成新的理论。

其缺点是：①研究时间较长；②主试要经过培训；③事先准备工作要充分。

（二）访谈调查法

调查法是指在自然情景中，与研究对象进行有目的、有计划、有系统的语言沟通，以获取相关信息进行研究的一种研究方法。

调查法一般分为三种具体的调查方法：面谈法、电话调查法和问卷调查法。

面谈法的优点是信息的回收率高，调查者所得的反应丰富、确切。缺点是，因为面对面谈话往往会给人增加心理负荷，使人容易产生防御心理，另外这样的面谈较费人力和时间。

电话调查法的优点是花钱费时不多，可以调查较多的人。缺点是不像面谈那样可以采用多种方式详尽询问和解释问题，使被调查者对问题产生误解。

问卷调查法的优点是：①可以在很大范围内进行，且花钱费时不多。此外，回答问题者可能不用记名，这样被调查者就能敢于如实回答一些敏感的或关于本人的问题；②被调查者有较多的时间考虑如何回答问卷中提出的问题。问卷调查法分为书信邮寄问卷调查法和直接现场问卷调查法。前者的缺点是回收率低；而后者回收率高，但花的人力和时间又会较多。

（三）问卷法

运用标准的问卷量表对人的心理与行为进行分析与调查。问卷的形式多种多样。

其优点是：应用范围广，可以对较大规模的人的心理、行为、态度进行分析与调查，并能运用数据分析方法将定性问题定量化。

其缺点是：问卷设计要力求标准与科学，同时需要被调查者的积极配合，避免随意性。

（四）实验法

实验法是指能较严格控制无关变量，较自由地操作自变量，以发现因变量的变化，从而求得自变量与应变量之间因果关系的一种研究方法。

实验法主要分为两类：实验室实验法与现场实验法。

实验室实验法是指在实验室内进行实验的一种实验法。其主要优点是：①变量容易控制与操作；②结果较可靠，并较易重复；③较合理理论研究。

其主要缺点是：①适用范围较窄；②设计比较复杂；③较不适合应用性研究。

现场实验法是指在工作现场进行实验的一种实验法。其主要优点是：①较适合应用性研究；②适用范围较广。其主要缺点是：①变量不容易控制与操作；②结果可靠性差。

（五）案例研究法

案例研究法又称为个案研究法，是指主要试验者把某一个体、某一群体或者某一组织作为一个整体作为研究对象，收集、分析某历史资料，进而得出有普遍意义的结论的一种研究方法。

其优点是：①这种方法是体现理论与实践、知识与能力、历史与现实、教学与研究、科学与艺术五统一的极好方法；②它提供了许多研究建议，为解决未来的实践和提高研究问题的能力，做了许多准备。

其缺点是：①由于它是描述说明实况，变量很多，解决问题的方法也多种多样，所以无法证明答案的正确与否，因此研究结果的信度、效度和普遍性无法得到确切说明；②研究人员本身的主观性也会影响对案例的不同分析。

四、组织行为理论在现代管理中的运用

人本管理其精髓在于树立尊重人、依靠人、激励人、解放人的理念，其实质是坚持人的全面发展。从组织行为学角度来讲，人本管理着眼于个体、群体、组织三个层面的目标，通过激发人的潜能和塑造高素质的队伍，来促进人的全面发展，在理念和范式上廓清了现代管理的发展趋势和价值内涵。

一是个体层面主要表现为通过对个体的激励促使其发展，从而达到组织的目标。人本管理关注人的动机、需要、素质、发展，最大限度地激发人的积极性、能动性。人本管理不同于以往的管理方法只将管理看作一种制度行为，更将管理看作一种人文活动，不仅仅只关注工作的效率和贡献，而且还重视人的行为和态度。洞悉人性、把握人性，通过激励每个组织成员实现组织目标，是管理者的必备素质和技能。这涉及管理中的人性假设，即为管理中的

人性观。人性假设是管理者对被管理者实施管理的依据、管理原则、方法和手段。通过人性假设，关注个体的需要、个体的动机、个体的素质、个体的价值、个体的幸福，管理者就可以对个体实施激励。通过激励使个体的需要与发展得到满足，使个体对工作满意度得到提高，使个体的价值在为组织做贡献的过程中得到实现，从而致使组织的目标得到实现。

二是群体层面表现为以形成群体规范来协调群体各方面，促进既定目标的实现无论正式还是非正式群体，每个群体都会形成自己的规范。群体规范是指在某一群体内存在着被大家普遍接受的行为准则。规范一旦形成，便成为指导和制约群体内成员行为的强大外力，来制约、同化成员。群体规范通过建立明确的是非判断标准来影响群体成员行为。了解某个群体规范可以帮助了解及解释其成员的行为，形成稳定有效的群体规范可以使群体具有强凝聚力，为群体带来高绩效。当个体在群体中的需要得到最大限度满足的时候，群体的凝聚力和绩效就会有好的成绩，同时群体各个方面会得到协调发展。群体代写论文内部的协调与沟通，不仅有利于个体相互之间了解和满足各自需要，促进人际关系一致性因素增多，更为重要的是协调与沟通有利于成员行为的相互补充，促进既定目标的顺利实现。

三是组织层面表现为通过建设组织文化来促进组织的可持续发展组织文化是成员的共同价值观体系，它是组织特有的，它是引导和塑造成员价值取向和行为方式的有力工具。组织文化能简析组织行为学及其在现代管理中的，赢得成员的共识和支持，调动并整合各方面的积极因素。强有力的组织文化催生内聚力、忠诚感和组织承诺，决定着组织发展的核心“游戏规则”。人本管理重视培养组织文化来规范成员，使得成员能够围绕组织目标来完成组织目标、促进组织的可持续发展。所以在组织层面来说，它很重视组织文化的建设。

第六节　全面预算理论

一、全面预算理论的起源与发展

（一）西方全面预算理论的起源

预算是以货币或现金流量的形式对企业未来一定时期内的经营活动及其对财务的影响所做的计划。

早在 18 世纪，英国和美国就先后出现了预算管理方式。但当时主要是为了配合政府部门控制开支的需要，还缺乏一套科学管理的办法。直到 20 世纪初，随着标准成本会计的出现，在企业内推行预算管理有了可靠的基础。1921 年美国颁布《预算与会计法案》，进一步扩大了预算控制思想的影响。1922 年，美国著名学者麦金西的著作——《预算控制》出版，第一次系统地阐述了实行科学的预算控制方面的问题。同年，在美国全国成本会计师协会第三次会议上，以“预算的编制和使用”为专题展开研究，从而掀起 1923～1929 年全美会计师与工程师协同研究预算控制问题的高潮。据 1931 年美国全国工业会议委员会在《制造业的预算控制》一文中的统计，在 1930 年前后，美国有 162 家公司实行了预算控制，其中 80% 是 1922 年以后才实行的。如今，预算控制已成为西方企业管理的基本范畴，美国几乎所有的大型公司都运用了这一方法。

企业预算尽管形式上表现为一系列的价值指标和财务表格，但它并不仅仅是财务方面的预算，更不只是财务部门一家的预算。全面预算管理是现代企业管理的基本制度之一，管理对象包容了企业的所有部门和所有经济活动，因此，需要得到全体员工的重视。

（二）我国全面预算理论的发展

据文献记载，我国早在周王朝的官厅会计中就已经存在预算制度，当时主要是用以计划王室收支，以后这一制度为历代王朝所效仿。19 世纪 60 年代后，预算管理的做法也被广泛地应用于民族工业企业。但由于我国在相当长的一段时间内运行计划经济管理模式，预算控制思想没有得到有效的发展，企业内实施的管理方式完全不同于西方企业预算管理模式。

随着我国计划经济向市场经济的转换，越来越多的企业在不断摸索中，逐渐认识到预算管理是行之有效的企业管理模式，因而借鉴西方企业的做法，建立起预算控制制度。

二、全面预算的含义与特征

（一）全面预算的含义

全面预算（Comprehensive budget）是关于企业在未来一定时期内经营、财务等各方面的总体预算，它反映了企业在未来一定时期（一个经营周期或一年内）的全部经营活动、生产的财务计划，旨在实现企业的目标利润。它以销售预测为起点，对生产、现金收支和成本等进行了一系列的预测，并且编制了预计损益表和预计资产负债报表，从而来反映企业在未来中的经营成果和财务状况。

全面预算是由一系列预算按照其经济内容及相互关系有序排列组成的有机整体。各预算之间前后衔接、相互关联、相互制约、相辅相成、环环相扣，存在着严格的勾稽关系。各项预算共同构成一个完整的、科学的、系统的、牵一发而动全身的预算体系。从其内容上看，全面预算主要包括业务预算、专门决策预算、财务预算三大部分。

（二）全面预算的特征

全面预算通常具备以下五个基本特征：

1. 战略性

全面预算的构建以公司战略为导向，是公司战略目标的具体实施计划。主要内容就是对企业资源的组织、使用作出合理安排。其构建必须以公司战略为导向，只有符合公司战略要求，才能在企业发展中起全方位的支持和辅助作用。

2. 全面性

全面性主要表现为全员性、全程性、全方位。全员性，指全面预算涉及企业各个部门，需要从领导到员工各个层级的所有人员参与，人人有责；全程性，是预算活动从编制、执行控制、考评和奖惩均渗透到企业经营活动中的各个环节；全方位，指全面预算包括了业务预算、专门决策预算、财务预算等各个方面的预算内容。

3. 协调性

全面预算涉及企业的方方面面，要实施完整的预算，就必须将管理的触角延伸到企业的每一个部门和个人。通过企业各职能部门和生产部门对预算过程的参与，把各部门的作业计划和公司资源通过透明的程序进行配比，达到资源的有效配置和利用。

4. 系统性

具体可分为纵向和横向两个方面。纵向系统性是指全面预算的编制、执行控制、考评和奖惩各环节共同构成一个完整体系，上下环节紧密相连，共同形成预算的刚性；横向系统性是指各个部门的工作内容都是相互联系的，某部门的预算目标未完成，会影响其他部门的预算执行。

5. 反馈性

预算活动的编制、执行需要进行切实有效的控制与监督，能依据实际情况进行调整，并通过考核绩效评价不断提高预算管理的效果。

三、全面预算的功能与作用

（一）全面预算的功能

全面预算的基本功能，归纳起来大致有以下四个方面，如图 2－3 所示。

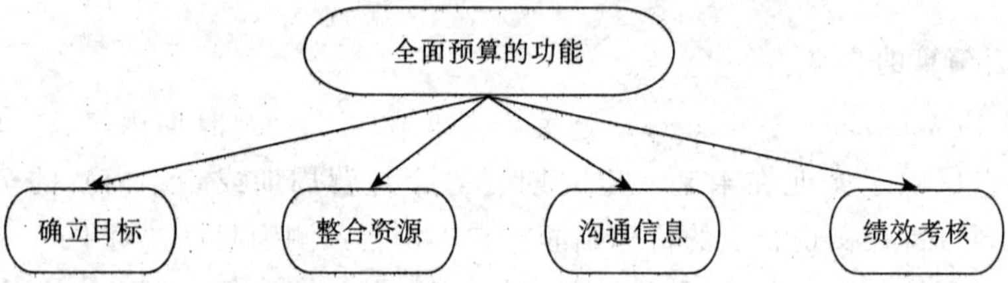

图 2－3　全面预算的功能分析

（1）确立目标。编制预算，实质上是根据企业的经营目标与发展规划制定近期（预算期）各项活动的具体目标。通过目标的建立，引导企业的各项活动按预定的轨道运行。

（2）整合资源。通过编制预算，可以使企业围绕既定目标有效地整合资金、技术、物资、市场渠道等各种资源，以取得最大的经济效益。

（3）沟通信息。预算管理过程，是企业各层次、各部门信息互相传达的过程。全面预算管理为企业内部各种管理信息的沟通提供了正式和有效的途径，有助于上下互动、左右协调，提高企业的运作效率。

（4）绩效考核。全面预算可以作为绩效考核和奖惩的依据。全面预算的编制使得企业年末考核有据可依，通过预算控制可以随时发现问题并调整，实现降低风险、减少资源浪费的目的。

（二）全面预算的作用

全面预算除了以上四方面的基本功能外，在市场经济条件下，企业实施全面预算还能发挥以下重要作用：

（1）有助于现代企业制度的建设。预算不等于单纯的预测或计划，预算管理也不是数据的简单罗列，而是与公司治理结构相适应，通过企业内部各个管理层次的权利和责任安排，以及相应的利益分配来实施的管理机制。全面预算管理对规范出资者和经营者的关系，提供了制度保障。在市场经济条件下，企业出资者、经营者和其他员工之间构成了复杂的经济关系。通过预算制约来有效地规范这三方面的关系，正是体现了现代企业制度的内在要求。在这一管理体系中，体现了公司内决策执行与监督权的适度分离，股东会和董事会批准预算实际上是对决策权的行使，管理层实施预算方案是对公司决策的执行，内审机构、审计委员会、监事会等则行使监督权，对预算实施进行事中监督和事后分析，这就理顺了决策制定与决策控制的关系。预算管理的重要环节，如预算编制、预算审批、预算协调等，还明确界定了各个层次的管理权限与责任。同时，全面预算制度也为出资者对经营者履行受托责任的考核提供了依据。

（2）有助于企业战略管理的实施。全面预算管理是现代企业战略管理的重要形式。通过预算管理，可以统一经营理念，明确奋斗目标，激发管理的动力，增强管理的适应能力，确保企业核心竞争能力的提升。

（3）有助于现代财务管理方式的实现。实施预算管理，是企业实现财务管理科学化、规范化的重要途径。全面预算把现金流量、利润、投资收益率等指标作为管理的出发点与归宿，强调价值管理和动态控制，为财务管理目标的实现奠定了坚实的基础。同时，实行全面预算管理，将成本控制和财务预算有机地结合起来，由孤立单项的从企业内部降低费用支出，转向通过市场化的方式和资源共享的方式降低费用支出，树立了成本控制的新理念。此外，健全的预算制度增强了财务管理的透明度，更好地树立了现代财务管理的形象。

（4）有助于强化内部控制和提高管理效率。在企业实施分权管理的条件下，全面预算管理既保证了企业内部目标的一致性，又有助于完善权力规制管理，强化内部控制。全面预算已成为内部控制的重要手段和依据。

（5）有助于企业集团资源的整合。集团公司一般由若干相对独立的二级单位组成，包括集团职能处室和二级经营单位。二级经营单位可以是独立法人——子公司，也可以是不具有法人资格的分公司或经营单位。集团公司管理的核心问题是将各二级经营单位及其内部各个层级、各个单位和各位员工联结起来，围绕着集团公司的总体目标而运作。整合难是集团公司的一个共性，上下级之间以及二级经营单位之间互相扯皮、互相掣肘是普遍存在的现象。实行全面预算管理对解决这个难题具有积极意义，可以有效地消除集团公司内部组织机构松散，实现各层级各单位各成员的有机整合。

四、全面预算管理的基本模式

全面预算管理连接着市场和企业内部，市场环境的不同和企业所处发展时期的不同会导致管理重点不同，以及所使用的管理模式不同。企业要根据自身所处环境选择适合的全面预算管理模式，突出不同时期的不同管理重点。全面预算管理的基本模式一般分为以下几类，如图 2－4 所示。

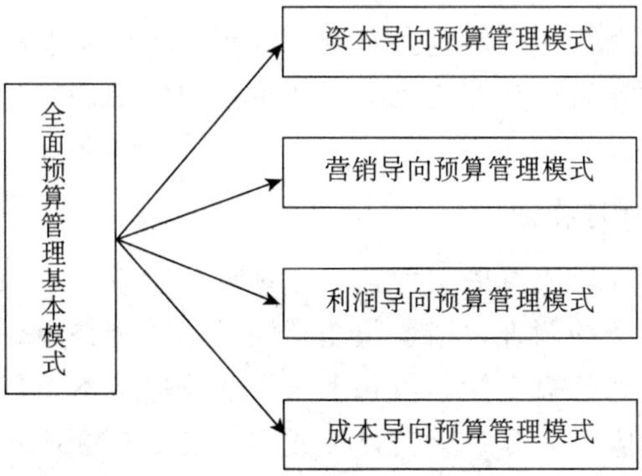

图 2－4　全面预算管理基本模式分解

（一）资本导向预算管理模式

资本导向预算管理模式是以资本投入为起点的预算管理模式。这种模式一般适用于初创期的企业。初创期的企业一般都有大规模的投资，通常将大量资金投入研发、市场研究、固定资产等，导致企业净现金流量为负，面临较大的投资与经营风险。这种大规模投资比生产经营上所需要的资金要多得多，所以投资方面的预算变得非常重要。

在资本导向预算管理模式下，企业从资本投入预算开始介入管理全过程，包括利用财务决策技术进行资本投入的项目评价，做出项目投资总预算、各期现金流出预算和融资预算；利用以上预算对实际过程进行监控或管理，评价项目实际效果。这种预算模式的优点是“量入为出”，让企业能够在不断投资的过程中由投资带动发展。

（二）营销导向预算管理模式

营销导向预算管理模式是按“以销定产”的体系，以销售为核心编制并执行预算。此模式下的预算以市场为依托，以销售预测为起点，然后再根据销售预算所考虑的期初、期末存货的变动来安排生产，最后是保证生产顺利进行的各项资源的供应和配置。在营销导向预算管理模式下，应以销售收入为主导考核指标。以销售为核心的预算管理模式的基本目标是通过预算来保证内部各部门的运作协调一致，通过满足市场需求来获取效益。

这种模式通常适用于产品逐渐被市场接受、市场占有份额直线上升，产品的生产技术较为成熟的企业。这种类型的企业，其主要管理工作就是不断开拓新的市场，以提高自己的市场占有率，增加企业销售收入。

以销售为核心的预算管理模式的缺点主要有可能会造成产品过度开发，不利于企业长远发展；可能会忽略降低成本，不利于提高企业利润；可能出现过度赊销，增加企业坏账损失。

（三）利润导向预算管理模式

在利润导向预算管理模式下，企业“以利润最大化”作为预算编制的核心，编制的起点和考核的主导指标都是利润。

利润导向预算管理模式基本与营销导向预算管理模式相同，主要包括利润预算、销售预算、成本预算、现金预算等。通常由母公司确定各子公司的利润预算数并下达给子公司，子公司与母公司协商后编制本单位预算，然后依据利润预算目标编制各项经营预算项目。

这种模式有助于企业管理方式由直接管理转向间接管理，有利于增强企业集团的综合盈利能力，但有可能引发短期行为，使企业只顾预算年度利润，忽略长远发展，以及使企业只顾追求高额利润，增加财务风险和经营风险，还可能引发虚假行为，使企业通过一系列手段虚降成本，虚增利润。

（四）成本导向预算管理模式

成本导向预算管理模式以成本控制为核心，预算编制以成本预算为起点。它在明确企业实际情况的前提下，通过市场调查，结合预期利润目标，倒挤出企业目标成本并进行量化和分类整理，然后分解落实到各级责任单位和个人，明确以成本指标完成情况为考评依据。预算编制主要包括设定目标成本、分解落实目标成本、实现目标成本三个基本环节。此过程强调目标成本的可行性与科学性、全员参与以及岗位责任制的落实。

在市场竞争激烈，资源短缺现象严重的市场环境中，企业提高经济效益的途径总体来讲无非就是“开源”与“节流”。企业通过开发市场、提高市场占有率、扩大销售额可以实现开源。而对于处于产品市场成熟期的企业而言，市场份额变动不大，产品价格比较稳定，企业的经济效益很大程度上就取决于成本控制的好坏了。因此加强成本管理，努力降低成本，对于提高企业整体经济效益是极为重要的。

（五）现金导向预算管理模式

现金导向预算管理模式是以现金流量为核心，依据企业现金流量预算进行预算管理的一种模式。现金流量是全面预算管理模式下预算管理工作的起点和关键所在。在这种模式下，预算编制通常采用先自上而下、再自下而上的多次反复的方式。一般来说，主要包括三个步骤：

（1）资金管理部门根据各单位的责任范围，下达现金预算编制的内容和格式要求；

（2）各责任部门根据资金管理部门的要求和自身的实际编制现金流量预算，并上报汇总；

（3）资金管理部门汇总各组织单位编制的现金流量预算，按照“量入为出”的原则进行统筹安排，并协商确定最终预算的调整数与下级预算编制单位。

五、全面预算管理体系

（一）全面预算管理体系的构成

全面预算管理不仅仅是企业的一项管理工作，其有效实施还依赖于一个完善的管理体系。全面预算管理体系以全面预算目标出发点，进行预算编制。依据预算目标设置预算计划，将预算计划进行具体化和量化，通过各级预算指标的编制得以体现。其中全面预算的编制进一步分为业务预算、专门决策预算、财务预算的编制；预算编制完成后，进入预算执行过程，执行过程需要进行全程控制；年度终了，依据年初设定的预算指标对各级部门、各个员工进行绩效评价与考核，最后依据考核结果实施奖惩，以保障预算目标的实现，如图2－5所示。

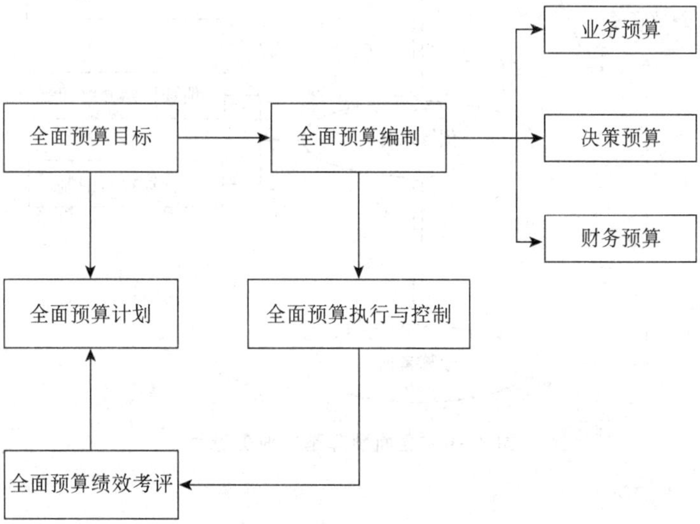

图2－5　全面预算管理体系

在全面预算管理体系中，预算的编制是一项重要的工作。预算编制过程通常涉及企业各个部门，涉及面广，工作量大。全面预算的编制通常以市场需求的研究与预测为基础，以销售预算为导向，在“以销定产”的思路下进行生产经营活动相关方面的预算，最后落实到对财务状况和经营成果的影响上，包括预计利润表、预计资产负债表及预计现金流量表。

（二）全面预算管理工作流程

全面预算管理是在企业整体目标基础上进行的一项管理工作，不同企业具体的工作方式有所不同。通常，一套完整的管理流程包含以下几个程序：

（1）企业总部作为战略规划者，根据市场环境与企业战略提出企业预算目标；

（2）采用上下结合的预算编制方式分层编制预算，此阶段强化了预算审批权的设置；

（3）二级单位完成预算编制后，由上一级单位进行审核批准，批准后开始执行；

（4）对预算执行情况进行全方位监控，此过程注重部门内部执行与外部工作的协调；

（5）对二级单位的预算执行情况进行考评与奖惩。

以上程序落实到具体业务中，通常会形成一个基本业务流程。全面预算基本业务流程一般包括预算编制、预算执行和预算考评三个阶段。这些三个阶段相互关联、相互作用、相互衔接，进而实现对企业经济活动的全面控制。企业应当结合自身情况及管理要求，制订全面预算基本业务流程，如图 2－6 所示。

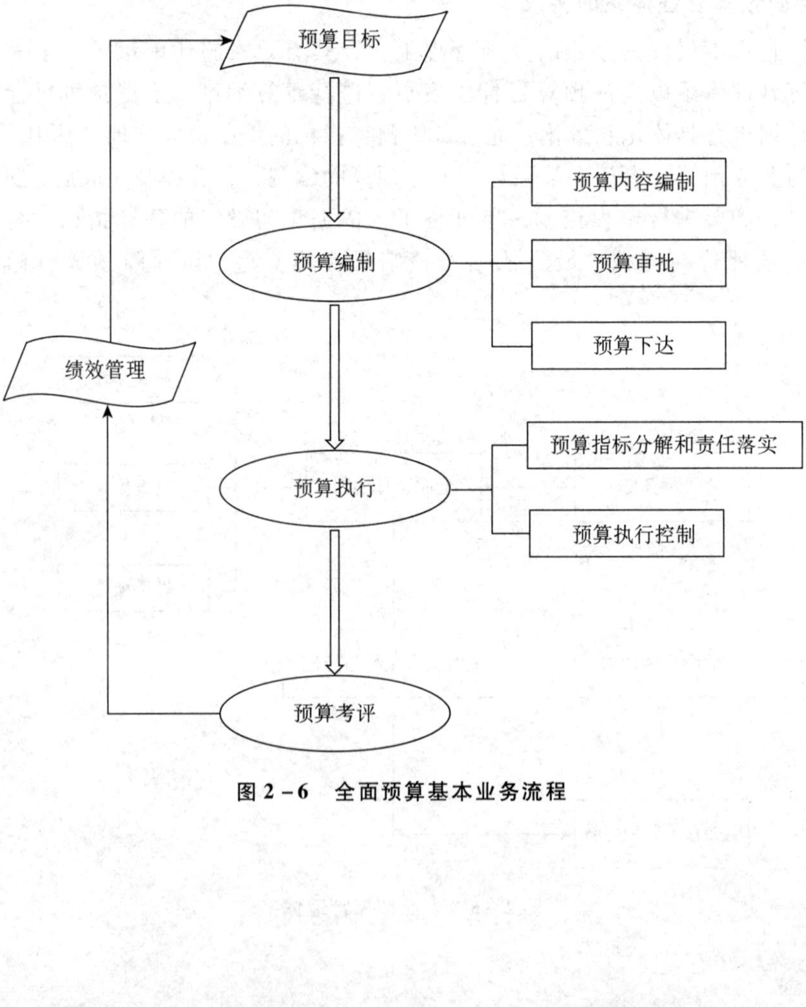

图 2－6　全面预算基本业务流程

第七节　激励理论

一、激励的概念

“激励”对应的英文是 motivation，这个词源于拉丁文 movere，意思是“动”。将“激励”这一概念用于管理，就是通常所说的调动人的积极性的问题。有效的激励手段必然是符合人的心理和行为活动的客观规律的；反之，不符合人类的心理活动客观规律模式的激励措施就不会达到调动人的积极性的目的。

激发人的动机的心理过程的模式可以表示为：需要引起动机、动机引起行为、行为又指向一定的目标。这说明，人的行为都是由动机支配的，而动机则是由需要引起的，人的行为都是由动机支配的，而动机则是由需要引起的，人的行为都是在某种动机的策动下为了达到某个目标有目的的活动。需要、动机、行为、目标，这四者之间的关系可以用图 2-7 表示。

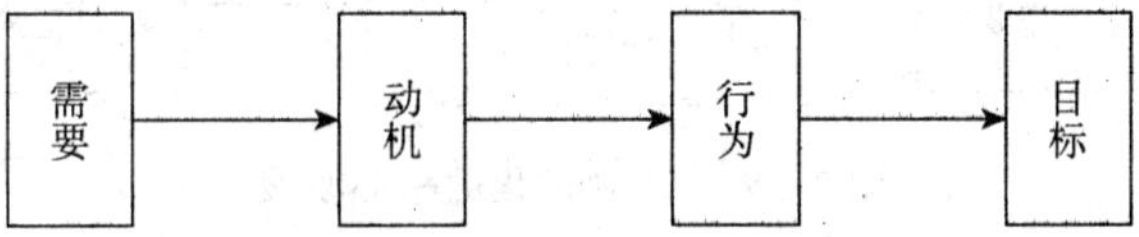

图 2-7　动机激发的心理过程模式

如果将图 2-7 改画成为如图 2-8 的形式，那么，这就是一张典型的人类行为的模式图。

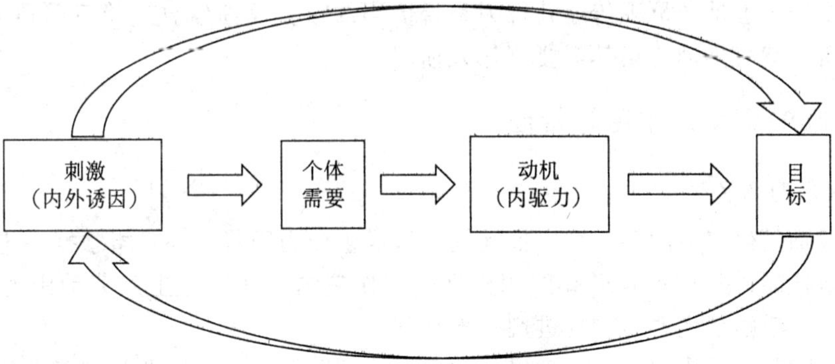

图 2-8　人类行为模式

从心理学的角度分析激励过程，实质上就是要处理好三类变量之间的相互关系。这三类变量是指刺激变量、机体变量和反应变量。

刺激变量是指对有机体的反应发生影响的刺激条件，其中包括可以变化与控制的自然与社会的环境刺激。

机体变量是指有机体对反应有影响的特性，这些都是人本身具有的特征，如性格、动机、内驱力强度等。

反应变量是指刺激变量和机体变量在行为上引起的变化。

由此分析上述两图中的需要和动机都是属于机体变量，行为是属于反应变量，外界的目标实际上是刺激变量。

人的行为的激励过程，实际上就是要使刺激变量引起机体变量（需要、动机）产生持续不断的兴奋，从而引起积极的行为反应，当目标达到之后，经反馈又强化了刺激，如此周而往复、延续不断。

关于激励过程的分析一般涉及以下三个方面：①激励的动力；②激励行为的指向；③激励行为的保持。

激励过程的核心阶段可用图 2－9 表示。

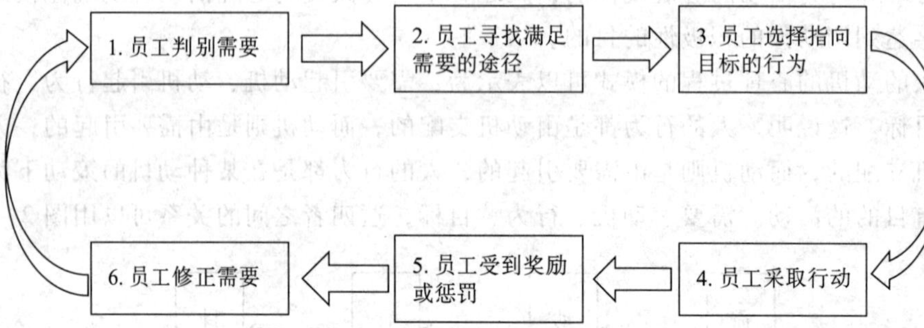

图 2－9　激励过程的核心阶段

由图 2－9 可见，激励过程起始于个体对需要的判别（第一阶段），需要是动力之源，它会使个体处于紧张状态（第二阶段），从而促使个体采取措施以减轻或消除紧张。激励是有目标指向的（第三阶段），目标是体力求达成的特定结果。力求上进的员工常常通过出色地解决组织所面临的难题而获得领导的赏识（第四阶段）。升职与加薪是组织激励个体行为的两条主要途径，也是向员工传递其行为是否恰当的重要反馈信息（第五阶段）。当员工受到奖励或惩罚，就会主动修正其需要（第六阶段）。

二、激励的意义、作用与特征

（一）激励的意义

首先，激励是生产力的促进剂、推动剂。构成生产力因素的人是指掌握一定的文化、科技知识、劳动技能，并且具有极高的积极性、工作热情，在实际生产劳动中能发挥其创造力、智慧的人。激励是生产力的促进剂、推动剂。

其次，激励是以人为中心的管理思想的主要管理职能。现代企业管理正在从以物为中心转向以人为中心，越来越突出人的作用和力量。人是管理的主体，激励是管理的核心。

总之，正确地认识激励理论、模式，不失时机地采用适当的激励方法与手段，对各级管理人员具有很大的指导作用，可以避免决策失误。

（二）激励的作用

领导的职责是把职工们的动机有效地引向组织的目标，将职工当作资源（如同物力、财政资源）加以开发，通过激励，了解动机，留住职工，激发创造性。

（三）激励的特征

（1）激励是有方向性的。积极性的方向表现为：努力完成一件事体，主观上是为了个人利益，客观上对集体、国家也有利。当然，国家、集体、个人都得到利益是最好的情形。

（2）激励是有选择性的。人的积极性有时是捉摸不定的，这是因为每个人都是根据自己的个性特征，如气质、性格、爱好、兴趣、感情等，来决定对事物的积极性的选择。

（3）激励是有时效性的。积极性不可能持续高涨，而是起伏不定的，如发奖金时，职工的积极性会高涨，过后积极性则会下降。

（4）激励的复杂性和能动性。人类的动机存在着矛盾和冲突，如一方面为了多增加收益而想加班加点，但另一方面却考虑留些时间同家人团聚。

三、两种激励理论——经济学与心理学的激励理论

（一）经济学激励理论

经济学对现代激励理论的研究是与现代企业理论的发展联系在一起的。在新古典经济学的框架内，劳动力被作为一种可变投入要素，管理者的目标就是要尽力使成本最小化。诚然，强调技术特征（生产函数）是必要的，但是这并不能完全把握企业生产的实质。按照科斯（Coas，1937）的话来说，新古典经济学将企业内部视为一个黑箱的假设虽然具有“可控性”，但缺乏“现实性”。企业理论就是为使经济假设更具有现实性而对新古典经济学进行突破的结果。科斯于 1937 年发表《企业的性质》一文，但是并没有引起多少人的注意。直到 20 世纪 70 年代，由于威廉姆森（Williamson）、哈特（Hart）、阿尔饮（Alchian）、詹森（Jensen）、阿克洛夫（Akerlof）等人的努力，现代企业理论才得以蓬勃发展。企业中的激励理论也得以迅速发展。

（二）心理学激励理论

心理学中的激励理论可分为：早期的动机激发理论；行为主义激励理论（新、老行为主义激励论，强化理论，又称为修正激励论）；综合激励理论（勒温的场动力论与波特和劳勒的综合激励模式）；认知派激励理论。

四、早期激励理论——人类动机激发的理论

（一）动机激发的感知论

这一理论，其代表人物是笛卡尔。笛卡尔是一个物质与精神二元论者，他认为，动物只有本能的应答行为，而人类则具有理性行为。人的有意识的欲望是借助理性而产生的，为了满足这一欲望要诉诸能力，而能力乃意志的体现，要想控制自己的意志，个人就要对行为负起责任。

心理学家凯利（George Alexander Kelly）进一步认为，行为不过是持续的能动，其主要问题在于选择事物。人所作出的决定，不外是他个人的构想，即依据观念、价值观，以及他对世界的态度所得出的。

这种宏观动机激发论并不能解释清楚激发动机时各个具体变量之间的相互制约性。

（二）动机激发的苦乐论

早在 2000 多年前，苏格拉底就提出激发动机的苦乐学说，认为人的动机总是求乐避苦，因而是一种功利主义的、享乐主义的模式。人们已用接近与回避行为（客观尺度）来代替主观性的苦乐尺度，认为动机激发的目标或诱因都以追求愉快为原则。

（三）动机激发的本能论

英国哲学家斯宾塞引进了达尔文的进化论，从进化论的观点出发，用本能理论来解释动机激发。他认为，人与动物的行为都是为了适应环境，生命要同环境永远适应下去，就需要进取、能动这类活动。动机激发的根本原因是人类的根本性动机——本能性动机，所以，动机激发不是靠外部影响，而是靠自身的本能行动。

（四）动机激发的动因论

动因（dive）又称驱力，或叫内驱力。心理学家伍德沃斯（Woodworth）将“驱力”概念代替“本能”概念，认为动因（内驱力）是开拓行为的直接因素，需求（need）往往处于潜在状态，而使需求变为行为的是动因。

动因有两种，一种是持续赋予行为以目标方向的行为动因，另一种是旨在开拓的行为，作为内部刺激的生理性动因。驱力的状态与人的生理剥夺的水平相关。当有机体出现缺少或过剩状态时，就会产生生理性需求，如营养枯竭会导致饥饿动因，因而产生了食物的需求，只有得到了食物才能达到新的平衡。由此，他提出了一个“守恒性”的概念，只要条件偏离正常安定状态，体内就会发生不平衡状态，而动机激发就是由守恒性的不均衡或紧张所导致的动机。

由此可见，一切行为无不依靠守恒性动因或以守恒性动因为基础的二次动因来激发动机。在此，可使动机激发区分为有原因的一次性需求与凭借经验而产生的二次性需求。

五、综合激励理论

（一）勒温的场动力论

心理学家勒温提出的场动力论是最早期的综合型激励论。行为主义的激励论强调的是外在激励的重要性，而认知派激励论强调的是内在激励的重要意义。外在激励是指用工资报酬、劳动条件、劳保福利等外部条件、刺激人的积极性。内在激励是指工作本身的兴趣、价值、成就感等也是产生激励的刺激因素。

勒温的场动力论是用以下的函数关系来表述的：

$$B = f(P \cdot E)$$

式中，B 为个人行为的方向和向量，P 为个人的内部动力，E 为环境刺激。这个公式表明，个人行为的方向和向量取决于环境和个人内部动力的乘积。

这一理论说明，任何外部刺激要成为激励因素，还要看内部动力的强度，两者的乘积才能决定人的行为方向。

勒温将外界环境比喻为只是一种导火线，是情境的力场之一，而人的需要是一种内部驱动力，人的行为方向取决于内部系统的需要的张力与外界之间的相互关系。如果内部需要不强烈，那么，再强的引线也没有多大意义。反之，内部需要很强烈，那么微弱的导火线也会引起强烈的反响。比如说，某厂星期天要加班，如果加班仅仅是为了钱的话，那么为了要结婚等钱用的青年员工就会拼命加班。但是，对于生活上非常富裕的青年员工，加不加班是无所谓的。当然，如果我们赋予星期天加班以另外的政治意义（如奉献爱心、星期天义务劳动日）作为内部驱动力，那么，即使没有钱，工人们也会积极参加的。

（二）波特和劳勒的综合激励模型

1968 年波特（L. Porter）和劳勒（E. Lawler）提出了新的综合激励理论模型图。20 世纪 70 年代时，这一模式得到进一步的考察和完善。这一模型是将行为主义激励论的外在激励和认知派激励论的内在激励综合起来的新的激励模型。图 2－10 即为这一新理论的模型图。

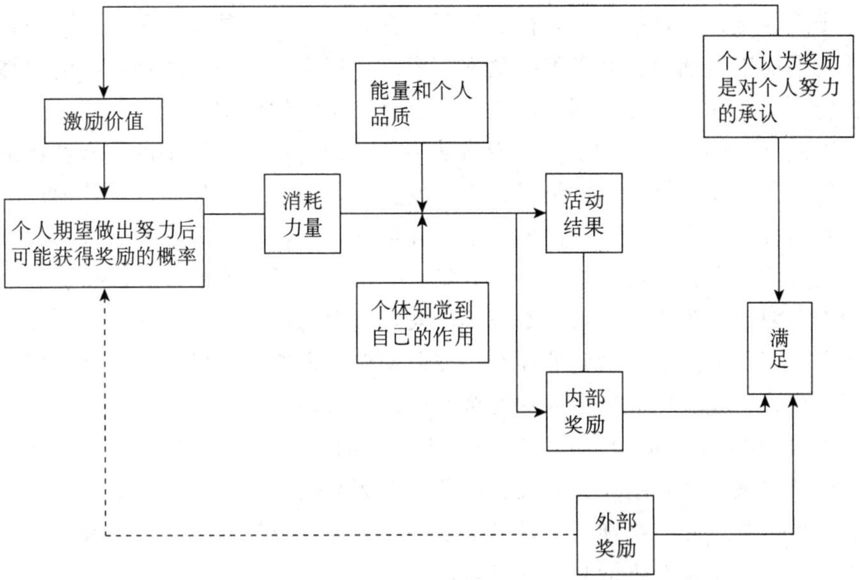

图 2－10　波特和劳勒的综合激励模型

波特和劳勒将激励分为内激励和外激励两种。内激励的内容包括劳动报酬、工作条件、企业政策等；外激励包括社会、心理特征的因素，如认可、人际关系等。

在模型中波特和劳勒将激励过程看成为外部刺激、个体内部条件、行为表现、行为结果的相互作用的统一过程。这一模型也说明了个人工作定势与行为结果之间的相互联系。

六、内容型激励理论

内容型激励理论更注重研究那些影响行为的变量的性质，但忽视这些变量影响行为的过程以及这些变量之间的交互作用。例如，它们研究人们需要什么特殊的报酬，需要满足哪些基本需要，什么样的刺激是最有效的等。“需要层次理论（Need Hierarchy Theory）”“双因素理论（Motivator－Hygiene Theory）”“成就需要理论（Need Achievement Theory）”等都属于内容型激励理论。

（一）需要理论

1. 马斯洛的需要层次论

马斯洛（Abraham Harold Maslow，1908～1970）是美国心理学家、早期曾从事动物社会心理学的研究。1940 年曾在美国社会心理学杂志上发表《灵长类优势品质和社会行为》一文，之后转入人类的社会心理学研究一书。1943 年出版《人类动机的理论》一书，1954 年出版《动机与人格》一书。1962 年又出版了《存在心理学导言》一书。

（1）需要层次论概述。美国心理学家马斯洛在其《人类动机理论》一文中，阐述了人的基本需要可以分为五个层次，简单地说，就是生理、安全、爱、尊重和自我实现。现分述如下：

①生理需要（the physiological needs）。马斯洛认为，属于基本生理需要一览表内的项目很多，如食、性、渴等。当一个人受某种生理需要支配时，他的理想的境界也可能会变化。例如，长期处于极端饥饿状态的人，他的追求目标首先是食物，为此，生活的目的被看成是为了填饱肚子。但是，一旦这种需要被满足了，它就不再是一种需要了。

生理需要是属于最低层次的人类的基本需要。在现实生活中人的正层次的生理需要是应该满足的，但决不能局限于此，而是应该去追求更高层次的需求。

②安全需要（the safety needs）。马斯洛认为，人们喜欢一个安全的、有秩序的、可以预测、有组织的世界。在那里他有所依靠，不会发生意外的、难以控制的或其他危险的事情。

安全需要的含义是广泛的，从世界和平、社会安定直至个人的安全。人们希望有一个和平、安定、良好的社会，在这个社会中，健康、正常、幸运的人的安全需要基本上可以得到满足。人们不希望受到犯罪、谋杀、专制等不安全因素的威胁。

现实社会中不安全因素仍然到处存在，交通和矿厂事故不断发生，谋杀、犯罪、偷盗等案例也不断出现，为此保障与满足人的安全需要，仍有现实意义。

③爱的需要（the love needs）。马斯洛认为，爱的需要是指个人对爱、情感和归属的需要。个人在生活中感到需要朋友、爱人、孩子，渴望与同事之间有着深情厚谊。

爱应该包括两个方面：给别人的爱和接受别人的爱。现实社会中要搞好人际关系，不能简单地就事论事，而应该有感情与爱的因素。

④尊重需要（the esteem needs）。马斯洛认为，社会上所有的人都希望自己有稳定、牢固的地位，希望得到别人的高度评价。尊重需要包括希望别人尊重自己，自己也表现出非常自重、自尊。

尊重需要分为两类：一类是希望有实力、有成就、能胜任、有信心，以及要求独立和自由；另一类是要求有名誉或威望，受到别人的赏识、关心、重视或高度评价。

现实社会中，人的自尊需要的满足会使人有自信的感情，觉得在这个世界上有价值、有实力、有能力、有用处。一旦人的自尊需要受到挫折，就会产生自卑感、软弱感、无能感，最后导致失去基本的信心。

⑤自我实现需要（the needs for self - actualization）。“自我实现”这个词是库尔特·戈德斯森因（K. Goldstein）首创的。马斯洛在使用这个词时已经有所限定。

马斯洛认为，他在说到自我实现需要时，就是指促使人的能力得以实现的趋势，这种趋势就是希望自己越来越成为所期望的人物、完成与自己的能力相称的一切事情。为此，音乐家必须演奏音乐、画家必须绘画、诗人必须写诗，这样才会使他们感到最大的快乐，是什么样的角色就应该干什么样的事，我们把这种需要叫作自我实现。

自我实现就是使人的潜能现实化，也就是说要使这个人成为有完美人性的人，成为这个人能够成为的一切。

自我实现这个概念是演绎性的，在不同的方面包括心理健康、自主性、创造性等。这说明，在人的内部存在着一种向一定方向成长的趋势或需要，这个方向一般地可以概括为自我实现或心理的健康成长。

在现实社会中，人的高层次需要应该是自我实现。人们千方百计地通过工作实践，将自己的潜能现实化。现代人应该不断地希望、向往和有所追求，使自己成为一个比较完美的自我实现的人。

（2）需要各层次间的相互关系。以马斯洛看来，人类价值体系中存在两类不同的需要，一类是沿生物谱系上升方向逐渐变弱的本能或冲动，称为低级需要和生理需要；另一类是随生物进化而逐渐显现的潜能或需要，称为高级需要。

这两类需要的关系表现为：

①这五种需要像阶梯一样从低到高，但这种次序不是完全固定的，可以变化，也有种种例外情况（人的基本需要如图 2－11 所示）。

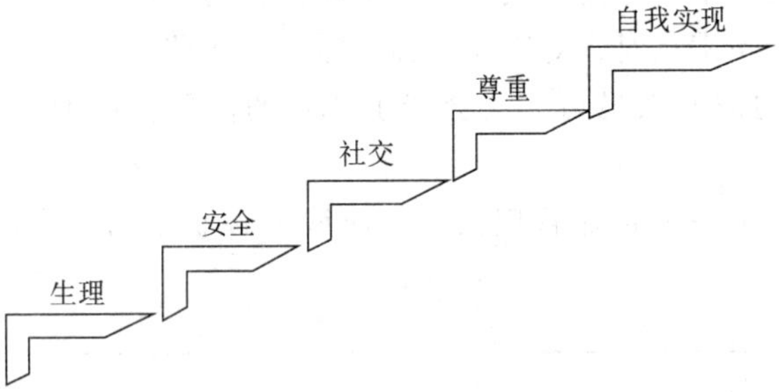

图 2－11　人的基本需要

②一个层次的需要相对地满足了，就会向高一层次发展。这五种需要不可能完全满足，越到上层，满足的百分比越少。

③同一时期内，可以同时存在几种需要，因为人的行为是受多种需要支配的。但是，每一时期内总有一种需要是占支配地位的。

④需要满足了就不再是一股激励力量。

（3）需要层次论在企业管理中的作用

据一些西方管理心理学家宣称，马斯洛的需要层次论能够帮助企业家管理好业务。表 2－2 就是一张需要层次论同管理措施密切结合的参考表。

表 2－2　需要层次论与管理措施相关表

需要的层次	诱因（追求的目标）	管理制度与措施
1. 生理的需要	薪水、健康的工作环境、各种福利	身体保健（医疗设备）、工作时间（休息）、住宅设施、福利设备
2. 安全的需要	职位的保障、意外的防止	雇用的保证、退休金制度、健康保险制度、意外保险制度
3. 归属与相爱	友谊（良好的人群关系）、团体的接纳和组织的一致	谈判制度、利润分配制度、团体活动制度、互助金制度、娱乐制度、教育制度
4. 尊重的需要	地位、名分、权利、责任、与他人薪水相对高低	人事考核制度、晋升制度、表彰制度、奖金制度、选拔进修制度、委员会参与制度
5. 自我实现的需要	能发展个人特长的组织环境，具有挑战性的工作	决策参与制度、提案制度、研究发展计划、劳资会议

2. 阿德佛的需要理论

阿德佛（Alderfer）根据对工人进行的大量调查研究的结果，认为一个人的需要不是分为五种，而是三种：生存、相互关系、成长。

他的三种基础需要理论简称为 E、R、G 理论（其中的 E 代表 existence——生存，R 代表 relatedness——相互关系，G 代表 growth——成长）。阿德佛认为：

（1）生存的需要是最基本的。生存的需要是指人在衣、食、住行等方面的物质需要。这种需要只有通过钱才能满足。

（2）相互关系和谐的需要。相当于马斯洛理论中所说的友谊、爱和归属的需要。当一个人的工资已经满足他基本生存需要之后，他就希望在与上级和同级的相互关系上处理得更好。一个人当他对工资不满意时，对归属方面的需求就小些。

（3）当相互关系的需要满足后，就会产生成长的需要。这种需要是指个人在事业上、前途方面发展的需要。

阿德佛还认为，作为一个企业管理人员，应该了解职工的真实需要。这种情况可由图 2－12 来说明。

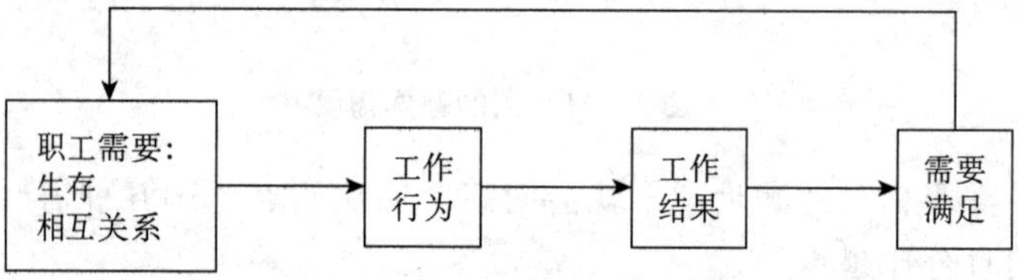

图 2－12　阿德福佛的需要与工作成果的关系图

图中职工需要可分为三类，各人有不同的需要。各人有不同的需要会导致他们工作中的不同行为表现，最终也决定了他们不同的工作结果。这些结果可能满足他们的需要，也可能不能满足他们的需要。

管理人员想要控制下属的工作行为或工作表现，首先要了解他们的真实需要，同时，通过控制工作结果（使之成为能满足下属需要的东西和报酬）来达到控制他们的工作行为的目的。如果管理人员不能控制那些对下属人员的需要起作用的工作结果，那么，他也就不能影响下属的工作行为。

3. 马斯洛理论与阿德佛理论的异同

马斯洛理论与阿德佛理论之间有如表 2－3 所示的相似和不同点。

表 2－3　　两种需要理论的相似和不同点

相似点	
马斯洛的需要理论	阿德佛的需要理论
1. 人的需要分为五类	1. 人的需要分为三类
2. 这五种需要由低到高逐步发展上升，同时也是相互联系的	2. 这三种需要一般来说是由低到高逐步发展，同时这三种需要又是相互联系的

续表

不同点	
马斯洛的需要理论	阿德佛的需要理论
1. 人类有五种需要，它们是生来就有的，是内在的、下意识的，即使小孩也是具有的	1. 人类有三种需要，这些需要不完全都是生来就有的，有的需要是通过后天学习产生的
2. 人的需要按照严格的层次，由低级向高级逐步上升。如果越级上升，那就是神经不正常的人	2. 人的需要并不一定严格地按照由低到高逐级发展的顺序，可以越级。例如，人可能在没有归属的情况下先产生自尊需要
3. 人的五种需要只存在由低到高的上升情况，不存在由高级需要后退到低级需要的问题	3. 人的三种需要，既是由低到高向上发展的，也存在一旦遇到挫折就下降的情况，如人得不到好的相互关系，就下降为生存需要

（二）双因素理论

1. 双因素理论的一般概念

双因素理论是由美国心理学家弗雷德里克·赫茨伯格（Frederick Herzberg）提出的。他曾任美国克利夫兰州西部保留大学的心理学系主任和教授。他的主要著述有：1959 年出版的《工业的激励》，1966 年出版的《工作与人的本质》，1968 年在哈佛《商业评论》上发表了《再一次：你怎样激励雇员》一文，1969 年在同一杂志上，与其他一些作者共同发表了《丰富工作内容大有好处》一文，在这些著述中他阐述了双因素理论的基本观点。

（1）双因素理论的实验基础。20 世纪 50 年代后期，赫茨伯格在匹兹堡心理研究所与其同事起，对该地区的 11 个工商业机构中的 200 位工程师和会计师进行了一次调查。调查人员要求这些人回答的问题是：他们在工作上何时感到心情舒畅。调查人员探寻他们产生这种心情的原因，要求他们回答导致他们产生这种心情的事件发生的先后顺序。调查人员把他们的回答详细分类，以便考察导致对工作满意和不满意的事件的类型。

研究的主要成果表明，导致对工作满意与不满意的事件是截然不同的。

导致满意的主要因素有五个，即成就、认可、工作本身的吸引力、责任和发展。

导致不满意的主要因素有：企业政策与行政管理、监督、工资、人际关系以及工作条件等。

赫茨伯格把这些独特的、不相同的要素与对工作满意和不满意的事件联系起来，从而得出结论认为，这两种感觉彼此并不矛盾，只是它们分别代表了人的不同的需求。

之后，赫茨伯格又对 1600 多名从属于不同地方、不同企业和组织的雇员进行了 12 次不同的调查，进而得出结论认为，对工作满意起作用的主要因素是成长与发展，而对工作不满意起作用的主要因素是环境。

（2）双因素理论的含义。双因素理论实为激励因素、保健因素理论，简称为“双因素理论”。

双因素理论认为，激发人的动机的因素有两类，一类为保健因素，另一类为激励因素。

保健因素又称为维持因素，这些因素没有激励人的作用，但却具有保持人的积极性、维持工作现状的作用。例如，上述的企业政策、工资水平、工作环境、福利和安全等，皆属于此类因素。这种因素就像卫生条件那样能保证人不生病，如对跌了一跤的人，皮肤被擦破，为此需要及时用点药水消毒，这样做可防止发炎，使伤口复原，但不能增加健康状况。在工作中，保健因素起着防止人们对工作产生不满情绪的作用。

激励因素是影响人们工作的内在因素，其本质为注重工作本身的内容，借此可以提高工作效率，促进人们进取，激发人们做到最好。激励因素像人们锻炼身体一样，可以改变身体素质，增进人们的健康，如上述的成就、认可、责任、发展等因素的存在，将给人们带来极大的满足。

关于激励因素与保健因素的相互关系问题，赫茨伯格认为，传统的满意——不满意的观点（认为满意的对立面是不满意）是不正确的。他认为，满意的对立面应该是没有满意；不满意的对立面应该是没有不满意。这种观点用图示来表示，即如图 2－13 所示。

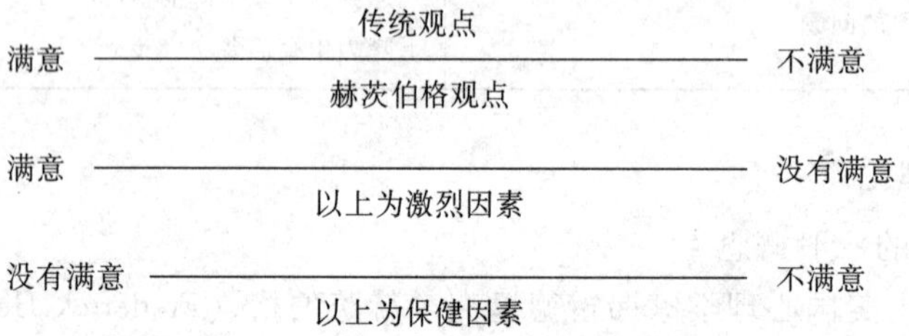

图 2－13　传统观点与赫茨伯格观点的不同

这说明，保健因素与激励因素，对于调动人的积极性都是起作用的，只是其影响的程度不同而已。

20 世纪 60 年代以来，双因素理论越来越受人关注。根据 1973—1974 年美国民意研究中心的调查，过半数的男工都认为工作的首要条件是能提供成就感。此外，把有意义的工作列为首位的人，要比把缩短工作时间列为首位的人数多 7 倍。

2. 双因素理论在我国的应用中应注意的问题

我们要调动职工的积极性，首先得注意保健因素，使职工不至于产生不满情绪，但是，更重要的是要利用激励因素去激发职工的工作热情，创造出第一流的工作成绩。因此，双因素理论在我国有着很高的应用价值。领导者是创业者、开拓者，如果只顾及保健因素，仅仅满足于职工没有什么意见，大家相安无事，是不能创造出一流的工作成绩的，这种企业的领导只能是守业者。

我们还应该强调指出，我国与国外的社会制度、国情、民族传统不同，因而在企业中，哪些因素应该属于保健因素，哪些因素应该属于激励因素，与国外的划分是会有差异的。就是同一因素，在不同时期也有可能划归不同类别，在国外认为是保健因素的内容，在我国很可能仍是重要的激励因素，如工资等。

应用双因素理论还有一个时机问题。调整职工的工资本来是一项重要的激励因素，但如果这件事放在调整物价之后进行，而所得到的反应是，增加工资是为了补偿物价的上涨，因而这项措施只起到了保健因素。

（三）成就需要论

1. 成就需要的概念

美国心理学家麦克利兰（David C. Mcclelland）是哈佛大学的教授，经过长期的研究之后，于 20 世纪 60 年代提出了成就需要的理论。

1961年麦克利兰出版了《有成就的社会》一书，1969年与另一作者温特尔（D. G. Winter）共同出版了《激励经济成就》一书，在这本书中系统阐述了成就需要的理论。

麦克利兰认为，人的基本需要有三种：成就需要、权力需要和归属需要。

成就需要是一种内化了的优越标准的成功需要。

成就需要所诱发的成就动机，是一种特殊的人类动机，在心理学上又称为“A”动机。

凡具有成就需要的人，都有以下的行为特征：

①事业心强，敢于负责，敢于寻求解决问题的途径；

②有进取心，也比较实际，甘冒一定的可以预测出来的危险，但不是去进行赌博，而是有进取心的现实主义者；

③密切注意自己的处境，要求不断得到反馈信息，以了解自己的工作和计划的适应情况；

④重成就、轻金钱，工作中取得成功或者攻克了难关，从中得到乐趣和激情，胜过物质的鼓励。报酬对人来说，是衡量进步和成就的工具。有成就动机的人，更多的是关心个人的成就，而不是成功后的报酬。

2. 成就要与企业的绩效相关

麦克利兰认为，一个企业乃至一个国家的兴旺发达，取决于具有成就需要的人的多少。据调查，英国1925年时经济情况良好，拥有高度成就需要的人数，在25个国家中名列第五；第二次世界大战后英国经济走下坡路，1950年再做调查，在39个国家中只占第27位。

企业家的责任是将成就需要转化为经济发展的动力。国外曾进行过系列的试验，检验企业家的成就需要水平与企业绩效之间的关系。

施莱奇（Schrage）的一项研究报告指出，高成就需要的企业家，会将企业引向高的利润，而低成就需要的企业家，则会将企业引向利润低的一边。这说明，只有高成就需要才能导致高绩效的行为。

威纳（I. M. Wainer）与鲁宾认为，研究和开发企业家的动机是企业成功的因素。为此，两位作者着重比较了成就需要、权力需要与归属需要的强度同企业绩效平均增长率的相关性。

本章小结

通过本章的学习，我们了解、熟悉和掌握关于绩效评价的理论基础以下内容。

（1）委托代理理论是制度经济学契约理论的主要内容之一，主要研究的委托代理关系是指一个或多个行为主体根据一种明示或隐含的契约，指定、雇佣另一些行为主体为其服务，同时授予后者一定的决策权利，并根据后者提供的服务数量和质量对其支付相应的报酬。授权者就是委托人，被授权者就是代理人。委托代理理论的中心任务是研究在利益相冲突和信息不对称的环境下，委托人如何设计最优契约激励代理人。委托代理理论的模型方法主要有三种：状态空间模型化方法、分布函数的参数化方法以及一般分布方法。只要存在委托代理关系，就会有代理成本。因此对委托代理问题研究的根本目的在于如何降低代理成本，即减少因委托人与代理人目标不一致、信息不对称引起的委托代理问题。

（2）企业的利益相关者理论的本质在于通过合理的契约安排，有效地对企业内外部资源进行配置，从而达到企业各个利益相关者的利益最大化，实现企业的价值所在。利益相关者理论的内涵主要体现在两个方面：一是利益相关者的界定；二是利益相关者的划分，只有正确认识和区分利益相关者才能真正构建和应用利益相关者理论。目前国际上对利益相关者进行分类比较通用的方法是多维细分法和米切尔平分法。利益相关者理论使公司治理目标由“股东利益最大化”向“公司价值最大化”转变；公司治理主体由一元向多元转变；公司权力在各利益相关者的博弈过程中重新分配；人力资本受到前所未有的重视。利益相关者理论下的绩效评价要素有以下特征：评价主体范围扩大；评价对象更加复杂；评价目标多元化、明细化；评价指标多样化；评价标准以竞争对手的绩效为主要标准；评价报告个性化。利益相关者理论要求建立全新的企业目标和治理模式，为企业绩效评价建立了新的平台，改变了原有绩效评价体系存在种种缺陷的根源，梳理了完善原绩效评价指标体系出现的主观意愿与企业目标和企业现实的矛盾，为解决现有绩效评价存在的问题提供了新的途径。

（3）“战略”本来是一个军事术语，其原意是指为实现战争目的而对军事力量进行的全局性部署和指挥。最早把战略的思想内容引进管理领域的是美国管理学家切斯特·巴纳德（1886—1961年）。战略管理是一种高度综合的管理过程，其特点是对企业现在及未来的整体经营活动实行战略性管理。而企业战略管理是一个动态管理的过程。它是对企业的生产经营活动实行的总体性管理，是企业制定和实施战略的一系列管理决策与行为，其目标是使企业自身条件与环境相适应，求得企业的长期生存与发展。战略管理是在充分占有信息基础上的决策和实施过程，包括三个相关联的主要阶段，即战略分析、战略选择和战略实施。战略管理是管理学整体理论中一门较新的学科，是从科学管理理论以及现代管理理论中汲取了营养，是在总体管理理论的基础上顺应时代的要求而逐渐发展起来的。

（4）权变管理理论最早提出于20世纪60年代，从人类的管理实践史来看，在管理中采取权变原则和权变方法具有悠久的历史，但采用科学的方法对这一原则和方法进行研究，进而将其整合成一定的管理思想的体系，形成管理的权变学说则是西方20世纪60年代才开始的。经过四五十年的发展演变，当前该理论被广泛应用于组织结构、领导方式、企业战略、计划、策略等管理领域的理论实践和研究中，取得了丰硕的成果，并作为基本的管理原则受到管理界的普遍认可和运用。权变管理理论的作用主要包括帮助企业管理者建立正确的管理理念、提高员工培训成效、提升企业人力资源规划科学性。在权变管理理论的应用中要准确把握应用中心思想和应用的特点，具体应用主要包括经营决策的权变、领导方式的权变和工作方式的权变。

（5）组织行为学是在管理科学发展的基础上产生和发展起来的。可以从发展的时间阶段进行分析，古典科学管理阶段由泰勒的科学管理理论、法约尔的组织管理理论和韦伯的理想型行政组织理论组成。行为科学理论阶段由梅奥的霍桑实验和对霍桑实验的评价组成。当代组织行为学阶段，指第二次世界大战后，西方国家的科学技术飞速发展，先进的手段和工具被应用到企业管理中，这时出现了强调科学技术、忽视人的心理活动的倾向。组织行为学的研究方法目前有五种，分别为观察法、访谈调查法、问卷法、实验法、案例研究法，对多几种方法的优缺点进行分析可以更好地依据实际需要选择合适的方法。组织行为学的运用，可以使企业在实际的管理中更加注重人本管理、促进人的全面发展。

（6）全面预算理论的内容由全面预算理论的起源与发展，全面预算的含义与特征、功能与作用，全面预算管理的基本模式和全面预算管理体系构成。全面预算理论首先出现在西方国家后被我国所应用。全面预算的特征包括确立目标、整合资源、沟通信息和绩效考核。全面预算的功能包括战略性、全面性、协调性、系统性和反馈性。全面预算的作用包括有助于现代企业制度的建设、企业战略管理的实施、现代财务管理方式的实现、强化内部控制和提高管理效率以及企业集团资源的整合。企业要根据自身所处环境选择适合的全面预算管理模式，全面预算管理模式主要由资本导向预算管理模式、营销导向预算管理模式、利润导向预算管理模式、成本导向预算管理模式和现金导向预算管理模式构成。全面预算管理体系以全面预算目标为出发点，进行预算编制；预算编制完成后，进入预算执行过程；最后进行绩效评价与考核。

（7）激励理论可以从心理学和经济学的角度进行分析，从不同的学科领域出发来认识激励理论，所得到的结果也会有所差异。早期激励理论是人类动机激发的理论，主要是从理性的角度来解释人类的行为，是一种宏观动机激发论，包括动机激发的感知论、动机激发的苦乐论、动机激发的本能论、动机激发的动因论。综合激励理论中勒温提出的场动力论是最早期的综合型激励论，直到 1968 年波特和劳勒提出了新的综合激励理论模型，他们将激励分为内激励和外激励两种，其中内激励的内容包括劳动报酬、工作条件、企业政策等；外激励包括社会、心理特征的因素，如认可、人际关系等。内容型激励理论更注重研究影响行为的变量的性质，但忽视这些变量影响行为的过程以及这些变量之间的交互作用。需要层次理论包括马斯洛的需要层次论和阿德佛的需要理论，以及马斯洛理论与阿德佛理论的异同。双因素理论是由美国心理学家弗雷德里克·赫茨伯格提出的，该理论包括双因素理论的一般概念以及研究需要注意的事项。成就需要理论由美国心理学家麦克利兰经过长期的研究于 20 世纪 60 年代提出，该理论指出成就需要理论的概念和成就要与企业的绩效相关。通过对激励理论的系统学习和研究可以制定的绩效更符合心理和经济的激励需求。

思考与练习

一、单项选择题

1. 下列关于委托代理理论的说法，正确的是（　　）。

A. 委托代理理论提倡所有权与经营权合二为一

B. 委托代理理论中公司的管理者为“委托人”，股东为“代理人”

C. 委托代理理论假设委托人和代理人的目标有冲突

D. 委托代理理论假设委托人想要检验、核实受托人的行为是比较容易的

2. 下列选项中，关于利益相关者理论的表述正确的是（　　）。

A. 企业追求的仅是某些主体的利益，而不是利益相关者的整体利益

B. 利益相关者是指公司股东和雇员，不包括其他者

C. 股东只是利益相关者之一

D. 利益相关者只包括股东

3. 企业的利益相关者理论的本质在于通过合理的契约安排，有效地对企业的（　　）

进行配置，从而达到企业各个利益相关者的利益最大化，实现企业的价值所在。

A. 核心资源　　B. 内外部资源

C. 外部资源　　D. 内部资源

4. 战略管理是企业（　　）管理理论？

A. 最高层次　　B. 职能管理

C. 经营管理　　D. 市场营销

5. 我国学者认为，权变管理理论是以什么观念为基础的（　　）。

A. 价值观　　B. 系统观

C. 组织观　　D. 超 Y 理论

6. 下列属于权变管理理论在企业应用中的中心思想是（　　）。

A. 把企业看作一个开放型的系统　　B. 密切关注企业内外环境

C. 明确企业发展目标　　D. 完善企业管理方式

7. 组织行为学是研究下述哪方面规律的科学（　　）。

A. 一切人的心理活动　　B. 一切人的行为

C. 一定组织中的人的心理与行为　　D. 一切人的心理与行为

8. 下列不属于全面预算管理特征的是（　　）。

A. 战略性　　B. 全面性

C. 协调性　　D. 客观性

9. 下列不属于全面预算管理功能的是（　　）。

A. 确立目标　　B. 整合资源

C. 绩效考核　　D. 控制活动

10.（　　）主张对激励进行针对性的刺激，只看员工的行为及其结果之间的关系，而不是突出激励的内容和过程。

A. 激励的强化理论　　B. 激励的过程理论

C. 期望理论　　D. 公平理论

二、多项选择题

1. 委托代理相关问题成为（　　）等理论和实证研究的热点。

A. 企业理论　　B. 博弈论

C. 信息经济学　　D. 公司治理

2.（　　）的存在决定了契约的不完全性。

A. 预见成本　　B. 缔约成本

C. 沉没成本　　D. 证实成本

3. 垄断还是竞争的市场格局直接影响企业所处行业的（　　），决定企业了战略制定。

A. 退出壁垒　　B. 进入壁垒

C. 进入成本　　D. 退出成本

4. 下列哪些选项不属于战略管理的主体？（　　）

A. 企业中层管理人员　　B. 企业基层管理人员

C. 企业所有的管理者　　D. 企业高层管理人员

5. 战略选择的步骤有哪些？（　　）

A. 战略选择的产生　　B. 战略方案的规划

C. 战略方案的绩效评价　　D. 战略方案的选择

6. 下列哪些选项不属于形成权变管理理论学说的主要来源领域（　　）。

A. 组织结构研究　　B. 逻辑结构研究

C. 领导方式研究　　D. 管理结构研究

7. 泰勒的科学管理理论主要包括（　　）。

A. 对工人操作的各个动作进行科学分析，用科学的操作动作代替以前不合理的操作动作

B. 用科学的方法挑选工人，对工人进行培训，以提高工人的技能

C. 舍弃只顾自己的思维模式，促进工人之间的互相协作，用科学方法来完成规定的工作任务

D. 管理者和工人都必须对自己的工作负责

8. 法约尔的组织管理理论主要包括（　　）。

A. 从企业经营活动中提炼出管理活动

B. 倡导管理教育

C. 提出五大管理职能——计划、组织、指挥、协调、控制

D 提出十四项管理原则——劳动分工、权力和责任、纪律、统一指挥、统一领导、个人利益服从整体利益、人员的报酬、集中、等级制度、秩序、公平、人员稳定、首创精神、团队精神

9. 下列属于全面预算管理的模式的有（　　）。

A. 资本导向预算管理模式　　B. 营销导向预算管理模式

C. 利润导向预算管理模式　　D. 成本导向预算管理模式

10. 下列不属于激励的过程理论的是（　　）。

A. 强化理论　　B. 需要层次理论

C. 期望理论　　D. 公平理论

三、判断题

1. 授权者就是代理人，被授权者就是委托人。（　　）

2. 利益相关者理论立足的关键之处在于它认为随着时代的发展，物质资本所有者在公司中地位呈逐渐强化的趋势。（　　）

3. 企业的生存和发展仅仅取决于股东。（　　）

4. 战略管理过程的三个阶段是直线顺序关系，即战略分析完成之后再作出战略选择，战略选择之后才进行战略实施。（　　）

5. 企业管理运用权变管理理论需要对企业风险实现全面兼顾。（　　）

6. 企业管理最重要的是决策。（　　）

7. 组织行为学就是在管理科学的发展的基础上产生和发展起来的。（　　）

8. 全面预算基本流程包括预算编制。（　　）

9. 全面预算的编制内容包括固定预算的编制。（　　）

10. 激励地过程主要有四个部分，即行为、需要、动机、绩效。首先是产生动机，通过激励，最后达到提高绩效的目的。（　　）

四、简答题

1. 委托代理理论的定义是什么？请举一个例子说明该理论在实际工作中的应用。
2. 在利益相关者理论中，利益相关者是如何界定及划分的？
3. 什么是战略？战略管理的过程有哪些？
4. 简述权变管理理论在企业中的作用，并举出相关的应用实例。

五、讨论题

1. 试述双因素理论的内涵。
2. 请举例说明全面预算管理工作的流程。
3. 试述激励的特征，并举例说明。

第三章　多种评价方法在组织员工个体绩效评价中的应用

学习目标

1. 了解组织员工个体绩效评价方法的内涵；
2. 理解组织员工个体绩效评价方法的优缺点；
3. 熟悉组织员工个体绩效评价方法的应用场景；
4. 掌握组织员工个体绩效评价方法的操作技能与技巧。

第一节　图解式评价法

一、图解式评价法内涵

图解式评价法在一些教材中也被称为图尺度评价法。该方法主要是运用评价尺度表，列出绩效构成要素（质量、数量或企业特质）和具有一定跨度的工作绩效评价评级（从“不太满意”到“十分优异”）。在运用该方法进行实际评价时，根据员工在每一项评价要素上找出最能符合其绩效状况的成绩进行评价，最后对分数进行汇总从而得出总体评价，详见表3－1。

表3－1　　图解式评价法示例表

姓名		岗位名称		评价日期			
上次评价日期							
评价等级：	非常不同意2	不同意4	一般6	非常好8	十分优异10	评价得分	备注
1. 工作质量——主要考察工作的准确性、全面性和技巧性							
	2：经常犯错误，工作质量有待提高	4：偶尔在工作上出错，工作全面性不强	6：工作表现兢兢业业，总体无较大缺陷	8：工作表现较好，得到同事与上司认可	10：对工作细心负责、有非常高的准确性和技巧性		
2. 工作数量——考察工作完成的数量以及完成工作所需的时间							
	2：经常无法按时完成所分派工作数量，低于最低要求	4：偶尔需要别人帮助才能按时完成所分派的任务	6：通常能按照原定计划完成所分派的任务	8：通常能比原定计划提前完成所分派的工作数量	10：通常能提前完成所分派的工作并超过既定的工作数量		

续表

评价等级：	非常不同意 2	不同意 4	一般 6	非常好 8	十分优异 10	评价得分	备注
3. 与工作相关的知识——考察完成工作所需要的知识和技能							
	2：不具备完成工作所需的知识	4：勉强具备完成工作所需的知识	6：具备完成任务所需具备的一定知识技能	8：较好地具备完成工作任务所需的知识技能	10：具有全面化的知识与技能，在工作上能熟稔于心		
4. 创造性、进取心——考察所具备的创造性完成工作的能力							
	2：基本不具备创造性完成工作的能力	4：需要在他人指导帮助下才能实现	6：基本具备创造性完成工作的能力	8：能独立完成工作并具备较强的创造力和进取心	10：创造性工作能力极强，工作进取心极高，能高效完成工作		
5. 领导力——考察其对他人的指导和影响力							
	2：不能对员工进行指导及产生影响力	4：不具备直接指导能力和影响力	6：基本具备对他人的指导和影响力	8：有能力直接影响别人并能作出指导	10：具有很强的影响力，并作出正确指导		
6. 合作精神——考察对工作的态度和别人共事的能力							
	2：不能遵守工作规章，常与同事引起摩擦冲突	4：有时不合作，与其交流合作具有一定的难度	6：基本与其他人交流合作，对工作有兴趣	8：善于合作，在避免矛盾时较为机敏	10：特别具有合作意识，勇于承担责任，工作态度好		
7. 可靠性——考察员工有效地完成工作的能力							
	2：对其工作能力无法信赖	4：勉强可以完成工作	6：工作表现基本达到期望值	8：工作能力较强，可有效完成工作	10：工作能力特别值得信赖，为人可靠		
8. 适应性——考察员工应付变化的环境能力							
	2：不能适应环境变化的情况	4：勉强具备适应环境方面的能力	6：基本具备适应环境需要的能力	8：具有较强的环境适应能力	10：对任何环境变化有很强的应变能力与适应力		
9. 出勤率——考察出勤情况及遵守时间情况							
	2：经常有早退、缺勤或迟到等现象	4：偶尔存在早退、缺勤或者因故迟到现象	6：基本能遵守工作时间并按时出勤	8：出勤率较高而且很准时	10：评价周期内无任何缺勤迟到现象		
10. 仪表风度——考察员工的仪表风度是否达到工作要求的程度							
	2：仪表风度令人失望	4：仪表风度勉强让人接受	6：衣着干净得体，仪表风度优雅	8：穿着品味较高，有风度	10：特别善于修饰自己，很有气质		

二、图解式评价法优缺点

图解式评价法的优点在于操作起来较为简洁，能为组织员工提供一种定量化的评价体系标准但其只能给出评价结果而无法提供解决方案，缺乏一个能提供具体、有效的反馈机制，因而导致图解式评价法在一定程度上准确性不高。同时由于量表上的评级没有给出具体的评价标准以及建立合理的评价体系，因而该评价主观性较强，不利于得到较为准确的评定。

第二节　交替排序法

一、交替排序法内涵

交替排序法是评价者根据某一评价维度，如工作表现，工作态度或者依据员工的总体绩效，先将被评价者最好的和最差的列出，再挑出次好的和次差的，以此类推，直至排完，该方法是基于员工与员工之间相比较的方法。

示例一：

交替排序评价表评价所依据的要素：工作质量

说明：

针对员工的工作质量，将所有员工的姓名都列出来。将评价最高的员工的姓名列在第1格中；将评价最低的员工的姓名列在第10格中（如表3－2所示）。然后将次最好的员工姓名排列在第2格中，将次最差的员工姓名排列在第9格中。依次交替进行，直到所有的员工都被列出。

表3－2　交替排序评价表

所属部门：	评价时间：
评价等级最高的员工	评价等级最低的员工
1.	6.
2.	7.
3.	8.
4.	9.
5.	10.

二、交替排序法优缺点

（一）交替排序法的优点

省时省力，便捷有效。无需评价者设计非常复杂的评价表格，只需要确定评价依据，由评价者对被评价者进行排序即可。

（二）交替排序法的不足

（1）由于没有具体的评价指标，只是被评价者之间进行交替排序，所以当两个人业绩相近时，很难确定其先后顺序。

（2）被评价者只能得到自己的排序结果，不能全面有效发现自己工作中的优点和不足。

（3）由于缺乏具体标准，无法将该方法用于同一组织中不同部门的员工中的比较。

（4）由于主要根据评价者的主观感受进行排序，而不同评价者又具有不同的倾向性，也很难避免主观感受影响，因此可能会造成排序中存在主观偏向，造成评价结果不够客观，缺乏信服力。

总结：在实践中，交替排序法一般不单独使用，尤其是在激励措施的考量上如员工升职加薪等方面，需要将交替排序法与其他方法结合使用。且排序评价法一般适用于小型企业或组织的员工评价，被评价对象通常是从事同一岗位的工作，一般用于大致考察员工整体情况，并依据该考察结果做出人才培养方案的调整等。

第三节　强制分布法

一、强制分布法的内涵

强制分布法又称为强制正态分布法，这种方法基于一个假设：企业的所有部门都同样具有优秀、一般、较差的员工。因而，在运用强制分布法进行绩效评价时，要求评价人员根据正态分布规律，即俗称“中间大、两头小”的分布规律，提前确定好评价等级以及各等级在总数中所占的比例，然后根据被评价者绩效的好坏程度将其计入其中某一等级。具体的比例可根据实际情况进行调整，但无论采用何种比例，其分布都要符合正态分布的规律，详见图 3－1 和表 3－3。

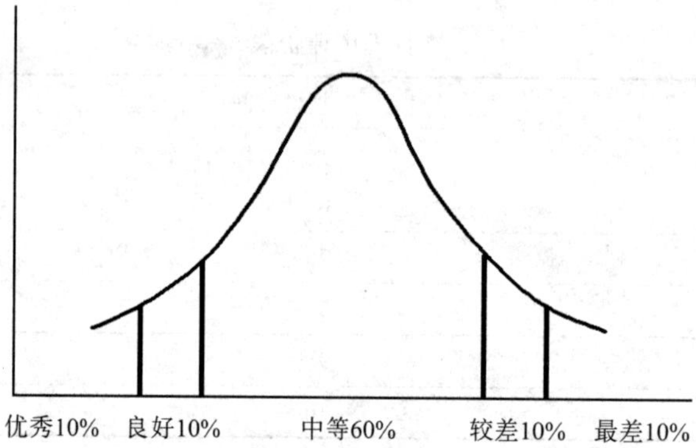

图 3－1　正态分布图

表 3－3　强制正态分布表

所属部门：　　　　评价时间：

等级	优秀 10%	良好 10%	中等 60%	较差 10%	最差 10%
姓名					

二、强制分布法的优缺点

（一）强制分布法的优点

（1）由于遵从正态分布规律，在一定程度上可以减少由于评价人员的主观性所造成的偏差。

（2）适用于被评价人员数量较多的情况，操作起来也非常简便。

（3）该方法有利于管理控制，尤其是在制定员工淘汰机制的企业中，它能明确有效地筛选出被淘汰对象，而员工担心因多次落入绩效最低区而遭淘汰，因而具有强制激励和鞭策功能。

（二）强制分布法的不足

由于该方法是基于正态分布规律而提前确定各评价等级的比例，而在现实工作中，并非每一个部门的员工业绩情况都符合正态分布的规律。可能存在某一个部门的所有员工工作绩效都很好，而使用正态分布的方法进行绩效评价所得到的结果就难以令人信服。

所以，在使用该方法时应当更为灵活，将比例规定作为对总体比例的控制，而具体到各部门时，允许一定的上下浮动。例如，有的部门仅有几个人，很难要求他严格按照比例分布来评定。另外，可以将部门的整体业绩完成情况与部门内部员工绩效等级比例联系起来。

第四节　关键事件法

一、关键事项法的内涵

关键事件法是以根据评价者在工作期间做出的能够直接影响工作绩效的重要贡献或严重过失为基础而作出评价的评价方法。要求评价人员在日常工作中要记录每个被评价者所做出的所有能够影响工作绩效的重大事件，在最终评价期根据所记录事件的重要等级来得出被评价员工的本期绩效。关键事件是指员工在工作期间做出的对其所在部门或企业有重大影响的行为，这种影响包括了积极影响和消极影响。

二、关键事件法的程序

使用关键事件法对员工进行评价时，要求管理者将员工日常工作中做出的重大贡献（如员工提出了工作改进方法、发现了重大问题等情况，或是有重大研发贡献或是在服务过程中表现极其突出，得到了顾客的高度认可等）或严重过失（如破坏了企业的生产秩序或是对破坏企业声誉，造成不良社会影响等）认真记录下来，然后在进行评价时，评价者与被评价者进行沟通，确定记录无误，根据所做的记录来决定被评价者的工作绩效。

在关键事件记录中，记录重要贡献或严重过失即表示了员工在评价周期内的绩效，若该员工重要贡献特别多，我们可以认为该员工在这个绩效周期内尽职尽责，理应获得肯定和奖励，如果员工严重过失频繁发生，我们可以认为该员工在这个绩效周期内表现不尽如人意，需要及时改正。

在评价期内员工若没有记录或很少有记录关键事件，这属于正常事件，因为在实践当中，并非每个员工在绩效周期内都有突出的表现行为，大多数员工只是按照企业的工作目标来完成自己的工作才是常态，所以这类情况只能说明他们属于标准绩效水平或平均绩效水平。

案例一：重大贡献案例

张勇是一家公司的财务人员，李康是他的老板。一天，李康在查看上个月的账本时发现上个月的纳税数额较其他月份有明显下降，于是便去财务处询问情况。张勇向老板解释，上个月政府出台新的降税补贴政策，他认真研究了新政策后，发现公司符合政策要求，便积极准备好了材料去税务局进行申请审批，获得了税务局的资格认证，所以企业上个月能够免去一部分税金。李康听完后非常满意，认可了张勇积极主动为公司做贡献的态度，并根据被免去的税金数额，发给张勇一定数额的奖金，同时向全公司公示，以示鼓励。

案例二：严重过失案例

李明是公司的销售经理，在一次和客户的酒桌上因饮酒过多导致精神不清，失言暴露了公司很多重要机密，包括公司的定价策略、与其他客户的报价情况、公司新的市场战略等，甚至还公然表达对公司内部运行的不满，被有心人记录下来，传播到社会上，对公司的社会声誉造成了极大的不良影响，并导致公司流失许多重要客户，最终被公司解约开除。

三、关键事件法的优缺点

（一）关键事件法的优点

关键事件法通常与其他评价方法配合使用，它具有如下优点：

（1）因为被评价者的关键事件是根据一定事实记录下来的，所以作为评价者向被评价者解释评价结果的重要证据，甚至为部分特别情况如约谈工资待遇、劳务纠纷等提供可靠的事实证据。

（2）通过对关键事件的记录可以使管理人员获得一份关于员工通过何种途径消除不良绩效的实际记录。

（3）因为评价者记录的是被评价者整个评价期的种种重大表现，并非只局限于短时间内的表现，所以在一定程度上可以减少近因效应所带来的评价偏差，让评价结果更加合理准确。

（二）关键事件法的不足

（1）关键事件法要求管理人员在评价期间认真记录每个员工的关键事件，这需要耗费管理人员很大的时间和精力，而在现实当中管理人员本身在公司中也负责很多工作，很难每天使用大段时间认真翔实地记录员工的每个关键事件。

（2）管理人员不一定能够将每个员工的每个关键事件认真详实地记录下来，有可能出现漏记情况。现实当中管理人员初期可能会认真执行该方法，但是到中后期因为自身工作繁忙原因就来不及记录或忘记记录，待到评价期限快结束时匆忙去补充，这样会可能造成两个后果，一是可能会夸大近期效应带来的偏差，二是员工可能不信任评价者的记录，甚至怀疑评价者捏造事实，造成该评价失去公信力。

第五节　评级量表法

一、评级量表法的内涵

评级量表法是绩效评价中最常用的方法之一。其定义主要是通过事前预先根据企业预定评价标准设计的等级量表来对员工进行绩效评价。

评级量表法是企业通过绩效评价的预期和目的对等级量表进行相对应的设立，在量表中列出具体的项目并对项目做出解释，然后根据每一项项目进行等级分类并列出每个等级所对应的分数，由指定或选出的评价者及其团队对员工的每项项目进行评级和计分，最后根据其评级和计分得出评价成果，详见表3-4所示。

表3-4　评级量表法示例表

被评价者姓名		所属部门		职务名称	
绩效评价期限	从　年　月　日到　年　月　日			评价者	
1代表未达到要求；2代表勉强达到要求；3代表基本达到要求；4代表全面达到要求；5代表超过要求					
被评价岗位：					
A. 工作责任心（权重：10%）				评价等级12345	
针对上级的指示和工作安排认真负责、落实到位，以企业的利益为核心，具有积极向上的工作态度和较高的工作热情。				评述：	
B. 市场洞察力（权重：20%）				评价等级12345	
对市场各方面情况具有一定分析与见解，能够基于市场当前状况对未来走向作出预判，并减少相应环节中可能带来的风险。对重要客户进行定期拜访，努力提高产品的市场占有率。				评述：	
C. 销售任务（权重：25%）				评价等级12345	
根据公司下达的销售任务，结合当前市场境况进行实地调研，制定出相应的销售计划与政策，将销售指标和任务合理地分配给销售部门每个员工，并定期提交销售情况进度报告，最终完成公司下达任务的指标				评述：	
D. 工作计划与组织实施（权重：15%）				评价等级12345	
根据公司的发展战略与个人实际情况相结合制定详细的工作计划、销售方案等，并将制定的实施方案与下属沟通协调，以便当市场环境发生变化时，能及时地做出合理的调整。				评述：	
E. 团队合作（权重：15%）				评价等级12345	
与协作部门保持良好的合作联系，积极参与和支持团队建设，为后续工作或人员在各方面提供最大程度的便利，促进共同成长。				评述：	
F. 内部管理（权重：15%）				评价等级12345	
制定和完善企业内部销售管理制度和岗位职责，根据公司管理方案，配以合理的促销费用并严加监控，根据内部管理制度和绩效评价对下属进行评价管理。				评述：	
评价者总评述： 总评分：　评价者签字：　日期：					
被评价者自述：					

二、评级量表法的优缺点

评级量表法之所以能被广大企业所广泛使用首先在于它易于实现且耗时少、效率高，创造了一种量化评价体系。员工绩效的评价可以用直观的方式将每个评价因素凸显出来，企业可以根据自身需要及其实际状况和行业特征对量表进行调整和修整以达到有效评价的效果。

评级量表法分为表现形式和非表现形式两种，非表现形式通常有效性更强。非表现形式的量表对每一水平特征都做出详细解读，而非简单根据量表等级评价，相较于表现形式的评级量表来看，评价者对每个要素每一水平的确定标准较为主观，因此评价结果更趋于客观和准确。

但评价量表法也是有其自身局限性的。如评价者或团队容易将评价等级趋中化，达不到真正区别员工的效果，并且大多数评价量表都是对于企业整体员工的设立，因而不具有针对性。并且因为评价者或团队为其主要负责人，评价量表法也容易将评价者个人的主观意向带入绩效评价中，对员工绩效评价的客观性会产生一定影响。

第六节　锚定评价法

一、锚定评价法的内涵

锚定评价法是关键事件法的变形，该评定方法锚定的核心在于员工的某一行为表现。使用这种方法有利于对源于关键事件中有效和非有效的工作行为进行更合理的描述。熟悉某种工作性质的人如该工作领域的行家、管理人员或是熟悉该岗位的资深员工等，能够充分识别这类工作的主要任务，然后他们对每项任务的特定行为进行分级排列，制订行为锚定等级评定表，最后依据该表对员工的行为进行评定，确定其绩效。

二、锚定评价法的原理

在行为锚定法中，不同的工作表现可以通过一张等级表进行反映，并且根据一名员工的特定工作行为被描述出来。例如，假设进行员工绩效评价所选择的一个评价要素是“客户服务能力”，那么对于这个评价要素中最高等级的评价结果可能是“能够获得客户的充分信任，并与客户建立长期稳固友好的合作关系”；而针对这个评价要素最低等级的评价结果可能是“无法解决客户需求，不被客户认可”，然后在最高等级和最低等级的层次之间可能存在其他几种层次，锚定评价法示例详见表 3－5 所示。

表 3－5　　工作态度行为锚定等级评价量表

▲7	工作态度积极上进，并带动周围同事工作效率
▲6	提前完成工作任务，主动承担职责之外的工作任务
▲5	按时完成工作任务，不抱怨上级安排的工作
▲4	无迟到早退现象，工作期间无偷懒行为
▲3	偶有迟到早退现象，精神状态一般
▲2	工作态度较为消极，不能很好的完成工作任务
▲1	无法按质按量的完成工作任务，精神涣散，工作表现糟糕

三、锚定评价法的优缺点

（一）锚定评价法的优点

（1）锚定式评价量表具有明显的指导和监督能力。行为锚定直接指出了企业期待员工哪些类型的工作表现和哪些类型的工作表现不被企业认可，有效地监督员工的日常工作，引导员工作出正确的工作表现。

（2）因为此种方法的特点是需要大量的员工参与，所以它可能会被部门主管和下属更快地接受。

（3）锚定评价法能够明确指出不良的工作行为，更有利于员工在表现不佳时进行自我反省，也有利于管理者提出改善方案。

（二）锚定评价法的不足

（1）锚定评价法评价的是员工的行为，而不是员工行为后带来的结果，在现实当中员工可能即使作出了正确的行为，也未必能够带来有利于企业的结果。

（2）评价者有时可能并不容易选出员工绩效水平等级。现实生活当中员工的绩效水平可能是介于两个等级之间，那么是选择高一等级还是低一等级只能取决于评价者的主观判断，可能会造成主观上的偏差和员工的不认同。

第七节　行为观察量表法

一、行为观察量表法的内涵

行为观察量表法的核心是评价员工行为，评价者要先强调收集关键事件，并描述每项工作的有效行为、一般行为和无效行为。

该方法首先确定员工某一行为出现的频率，然后通过给某种行为出现的频率赋值，从而计算出得分，之后将各项分数加总，得到一个综合评价结果。或是对某些特殊的工作表现设定一个等级标准进行加总，然后乘以一个重要性加权系数。

行为观察量表法与锚定评价法区别在于，前者侧重于员工日常工作行为当中的有效行为、一般行为和无效行为出现的频率，后者侧重于绩效等级的区分，评定员工行为落在哪个等级的绩效水平上。

行为观察量表法的案例如表 3－6 所示。

表 3－6　　客服人员的行为观察量表

1. 客服人员能够准确把握顾客的需求，及时提供顾客需要的信息。				
完全没有	没有	一般	有	常常有
1	2	3	4	5
2. 客服人员态度热情，语言表达清楚，顾客能够理解客服人员的意思。				
完全没有	没有	一般	有	常常有
1	2	3	4	5

续表

3. 客服人员能够完整介绍公司的业务服务内容。				
完全没有	没有	一般	有	常常有
1	2	3	4	5
4. 客服人员能够及时解决顾客的问题。				
完全没有	没有	一般	有	常常有
1	2	3	4	5

二、行为观察法的优缺点

（一）行为观察量表的优点

（1）关键行为和等级划分的设定非常清晰。

（2）与员工共同参与职责确定，加强员工对该评价方法的认同感和理解力。

（3）特定目标与重要行为相互对应，有利于员工改进未来工作。

（二）行为观察量表的不足

（1）需要花费更多时间和成本。该方法需要收集大量信息，并对信息进行筛选整理归纳，最终确定员工的评价绩效，过程耗时耗力。

（2）过多强调行为表现可能会忽视其他重要的评价要素，评价不够全面，如在实践当中，过分重视员工的行为，要求员工按照章程办事，限制了员工的自由发挥，所以在评价员工的行为同时也应当重视行为带来的结果。

第八节　360 度评价法

一、360 度绩效评价法的内涵

360 度评价法又称为“全方位评价体系法”。它是指被评价者在与自己发生工作关系的所有主体中获得关于自身绩效信息反馈的过程。以往的绩效评价主要是针对被评价者的上级对其进行评价。而 360 度评价法主要由被评价者的上级、下级、同事和顾客（包括内部顾客和外部顾客）或供应商进行评价。

二、360 度绩效评价法的优缺点

（一）优点

360 度评价法的优势首先在于打破以前的传统制度，减少了上级评价下级的个人偏见。其次，员工的绩效评价得到更客观和具体的体现，同时可以帮助评价者对被评价者基于更综合全面的视角进行衡量。再者可以减少员工的短期行为，如主要致力于与薪水评价密切相关的业绩指标、增强员工的规划意识、增进企业内员工的相互了解，进而帮助企业树立核心竞争力。最后，较为全面的评价体系有助于被评价者综合素质的提升，通过对各方面意见的吸收从而更为客观地了解其优缺点，提高其工作积极性、自我发展意识和员工满意度，进而推动企业绩效实现。同时也有利于提高企业凝聚力，提升评价结果信服力，详见图5－2所示。

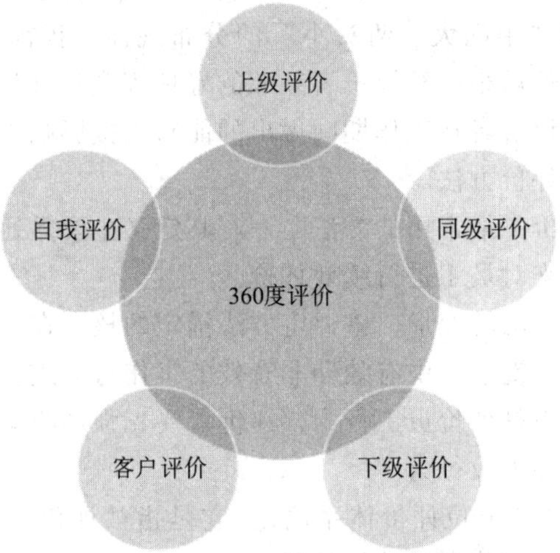

图3－2　360度绩效评价法图示

（二）缺点

全方位评价体系的缺点在于评价成本过高，从单一评价向多元评价的转变会耗费大量时间并且共同评价所带来的成本上升可能会超过单一评价所带来的效益。其次多元评价有可能会影响评价的客观性和公正性，一方面，员工和管理者可能会为了实现评价绩效而相互串通相关评价人员打高分。另一方面，某些员工可能会将个人情绪问题利用评价机会“公报私仇”，导致评价工作量加大。企业要对所有员工进行培训，因为所以员工既是评价者也是被评价者。

本章小结

企业人力资源绩效评价方法很多，主要包括图解式评价，交替排序法、强制分布法、关键事项法、评级量表法、锚定评价法、行为观察量表法和360度评价法等，评价者必须要了解员工个体绩效评价方法评价重点和应用场景，要根据企业性质、岗位性质、人员特点、评价规模等方面来作出恰当的评价方案，合理的评价方案既能够客观有效评价每个员工的实际付出，给予他们应有的回报，激励员工朝着正确的方向持续努力，也有利于公司的日常经营管理，及时发现经营过程中存在的不足，而不好的评价方案会挫伤表优异的员工的积极性，造成不良的工作风气，不利于公司的长远发展。

图解式评价法在一些教材中也被称为图尺度评价法。该方法主要是运用评价尺度表，列出绩效构成要素（质量、数量或企业特质）和具有一定跨度的工作绩效评价评级（从“不太满意”到“十分优异”）。

交替排序法是评价者根据某一评价维度，如工作表现、工作态度或者依据员工的总体绩效，先将被评价者最好的和最差的列出，再挑出次好的和次差的，以此类推，直至排完，该方法是基于员工与员工之间相比较的方法。

强制分布法又称之为强制正态分布法，这种方法基于一个假设：企业的所有部门都同样具有优秀、一般、较差的员工。因而，在运用强制分布法进行绩效评价时，要求评价人员根据正态分布规律，即俗称“中间大、两头小”的分布规律，提前确定好评价等级以及各等级在总数中所占的比例，然后根据被评价者绩效的好坏程度将其计入其中某一等级。

关键事件法是以根据评价者在工作期间做出的能够直接影响工作绩效的重要贡献或严重过失为基础而作出评价的评价方法。

评级量表法是绩效评价中最常用的方法之一。其定义主要是通过事前预先根据企业预定评价标准设计的等级量表来对员工进行绩效评价。

锚定评价法是关键事件法的变形，该评定方法锚定的核心在于员工的某一行为表现。使用这种方法有利于对源于关键事件中有效和非有效的工作行为进行更合理的描述。

行为观察量表法的核心是评价员工行为，评价者要先强调收集关键事件，并描述每项工作的有效行为、一般行为和无效行为。

360度评价法又称为“全方位评价体系法”。它是指被评价者在与自己发生工作关系的所有主体中获得关于自身绩效信息反馈的过程。

思考与练习

一、单项选择题

1. 360度绩效评价的缺点为（　　）。

A. 评价成本过高

B. 评价轻松

C. 定量的评价比重大而定性的评价比重小

D. 从不同评价渠道获得的反馈信息，时间一致

2. 通过等级评价表，将特别优良或特别恶劣绩效的叙述加以等级性量化，从而将描述性关键事件法和量化等级评价法的优点结合起来的方法是（　　）。

A. 强制分布法　　B. 关键事件法

C. 行为锚定法　　D. 交替排序法

3. GE公司的企业文化是坦率和公开，因此绩效的持续改进与提升是人们关注的重点，在绩效评价中希望将员工分类对待，实行不同的奖励方法。这种情况比较适用的方法是（　　）。

A. 强制分布法　　B. 交替排序法

C. 关键事件法　　D. 配对比较法

4. 下面方法不是相对评价法的是（　　）。

A. 强制分布法　　B. 交替排序法

C. 因素评价法　　D. 配对比较法

5. 以下关于图解式评价法的表述不正确的是（　　）。

A. 评价效标涉及的范围较大　　B. 有广泛适应性

C. 可以评价员工的品质特征　　D. 涉及难度较大

6. 在360度评价中，主观判断最强的维度是（　　）。

A. 上级评价　　B. 同级评价

C. 下级评价　　D. 自我评价

7. 360评价方法中，对从事服务行业、销售行业的员工非常重要的评价方法为（　　）。

A. 客户评价　　B. 自我评价

C. 上级评价　　D. 同级评价

8. 如果将评价结果用于选拔人才，最服众的方法是（　　）。

A. 上级评价　　B. 客户评价

C. 同级评价　　D. 自我评价

9. 绩效合约借用了（　　）的核心思想，强调员工绩效目标的实现以及员工对组织目标达成的具体承诺。

A. 目标管理　　B. 关键事件

C. 标杆管理　　D. 重要事件

10. 在评价中，确定评价等级，将员工的从"1"的顺序一直排到最后，这样的方法是（　　）。

A. 交替排序法　　B. 业绩评定表法

C. 量表法　　D. 关键事件法

11. 关键事件法的缺点是无法为评价者提供客观依据（　　）。

A. 不能贯穿评价期的始终　　B. 不能做定量分析

C. 不能了解下属如何消除不良绩效　　D. 无法为评价者提供客观依据

二、多项选择题

1. 根据绩效的多维性评价原则，一名销售人员的绩效可从（　　）等方面评价。

A. 生产量　　B. 客户投诉率

C. 销售量　　D. 原材料消耗率

E. 销售费用

2. 分析工作绩效的差距的可行方法有（　　）。

A. 行为比较法　　B. 目标比较法

C. 水平比较法　　D. 纵向比较法

E. 横向比较法

3. 评价人员在绩效评价的总结阶段必须完成的工作有（　　）。

A. 形成评价结果的分析报告　　B. 对企业现存问题的分析报告

C. 对业绩优异的员工给予奖励　　D. 提出调整和修改绩效管理体系的具体计划

E. 制定下一期绩效评价体系各方面的调整计划

4. 下列哪些方法以记录被评价者影响工作绩效的关键性行为为基础的方法（　　）。

A. 关键事件法　　B. 锚定评价法

C. 行为观察量表法　　D. 交替排序法

E. 评级量表法

5. 影响和制约员工工作绩效的原因包括（　　）。

A. 发展前景空间　　B. 个人体力条件
C. 智力　　D. 能力经历阅历
E. 性别年龄来源

6. 评价阶段关系到整体绩效管理系统运行的质量和效果，也涉及员工切身利益，要求评价者从以下方面做好评价的组织实施工作（　　）。

A. 提高评价结果的权威性　　B. 提高绩效评价的准确性
C. 保证绩效评价的公正性　　D. 保证信息及时传达
E. 保证绩效评价的平等性

7. 评价过程中，评价形式可分为（　　）。

A. 上级评价　　B. 自我评价
C. 同级评价　　D. 下级评价
E. 客户评价

8. 绩效反馈应当遵循的原则是（　　）。

A. 经常性　　B. 强调具体行为
C. 反馈只针对工作不针对个人　　D. 把握反馈的良机
E. 确保理解

9. 绩效改进的程序步骤为（　　）。

A. 达成关于绩效问题的共识　　B. 分析绩效问题的原因
C. 绩效评价　　D. 确定改善的目标
E. 绩效反馈

10. 为保证绩效评价过程中的可操作性及评价结果的客观公正性，绩效评价指标应满足的基本要求有（　　）。

A. 词意清晰　　B. 内涵明确
C. 独立性　　D. 针对性
E. 可操作性

三、判断题

1. 运用关键事件法进行评价时，主要是通过预先设计的不良事故清单对员工行为进行考核以确定员工的绩效水平。（　　）

2. 绩效主要是指员工的劳动结果，因此绩效评价不对员工的劳动态度、行为表现进行评价。（　　）

3. 从目标管理看，被评价的对象不应该是该员工完成工作的程度，而是把他与其他员工相比较。（　　）

4. 绩效评价标准对一定时期员工努力方向和积极性有着重要的影响，标准一般不用数量表示。（　　）

5. 在绩效评价方法的选择上，用管理的标准评价，“交替排序法”优于“行为锚定评价法”。（　　）

6. 关键事件法一般不和其他评价方法联合使用，而是单独使用。（　　）

7. 绩效评价的职能是衡量员工工作情况与标准的差距，所以在员工培训与发展的领域中非常重要。（　　）

8. 个人发展计划是指根据员工有待发展提高的方面，包括一定时期内完成的有关工作绩效和工作能力改进与提高的系统计划，也是绩效管理的一种应用方式。（　）

9. 绩效评价必须制定客观合理的标准，作为分析评价员工的尺度，可分为绝对标准和相对标准。（　）

10. 绩效评价评定的方法要不至于使员工每项要素都达到满分或都偏低。一般情况下，应该多数都在及格线附近，这样能使员工更严格地要求自己。（　）

11. 绩效评价标准是基于工作者而不是基于工作。它和绩效评价的目标是不一样的，目标是针对个人的实际情况而设定的，但是标准都只有一套。（　）

四、简答题

1. 请简述绩效评价方法与技术的发展趋势。

2. 请简述绩效评价方法的种类。

五、讨论题

1. 某公司为跨国广告公司 M，它的核心价值观是“尊重每一个员工”。公司每年会进行 1 次绩效评价，采取的方式是 360 评价。评价由人力资源部组织，评价的主要内容包括：工作技能、工作配合、沟通能力、发展潜力、工作指导等。员工的评价由员工的上级，同事和下级进行评价。评价前，人力资源部会组织对大家培训。评价时，评价人填写相关表格。最后，人力资源部汇总评价评分。如果你是人力资源部绩效评价主管，怎么设计评价方案？

2. 某汽车有限公司为了提高公司的效益，树立公司形象，形成文明礼仪风气，准备对公司的售票员从以下几方面进行评价：①能有效保证票款的收取；②微笑服务，礼貌用语；③注意仪表，形象良好；④熟悉相关线路的中转情况；⑤熟悉沿途重要设施的分布情况。请根据以上内容为售票员设计一张行为观察量表，以评选出公司优秀的员工。设计方案时需考虑各权重因素的不同。

第四章　关键绩效指标法在企业群体绩效评价中的应用

学习目标

1. 了解关键绩效指标的内涵与外延；
2. 熟悉关键绩效指标的体系构成和设计程序；
3. 掌握关键绩效指标的确定原则和支持体系。

第一节　关键绩效指标法

公司想要通过绩效评价员工时，运用“绩效指标”是很有效的，它在此充当一个指挥棒的作用。实际上绩效指标所反映的是企业所看重的内容，换句话说就是公司的绩效指标体系是在向员工传达一个信息，这个信息就是企业所在意的、所期望的内容。所以绩效指标体系对员工的行为往往具有一个引导性的作用，那么能够反映企业预期的这种绩效指标体系是非常重要的。关键绩效指标是在企业当中被普遍使用的绩效指标体系设计方法，也就是我们通常说的 KPI。

关键绩效指标的含义是指无论是个人层面的绩效管理，还是团队层面和组织层面的绩效管理，其具体运作都涉及选择何种指标体系对绩效进行测度的问题。而关键绩效指标法就是解决这一核心问题的有效方法。

一、关键绩效指标的含义

关键绩效指标（key performance indicators）简称为 KPI，是指合理地运用组织内部的某个输入、输出端的关键参数进行一系列的编辑、取样、计算、分析，最终用来这个组织内部绩效的指标。它不仅是一个目标式量化的管理指标，而且是一个能把企业的战略目标分解成可以运作的远景目标的工具。简单来说，关键绩效指标就是体现企业某一个业务方面的关键点或者是能够对企业战略目标的达成起到重要作用的关键要素。在理解 KPI 时需要知道以下几个方面：

首先，它实际上是对组织运作过程中的关键因素进行的提炼与归纳，是对组织成员或部门起战略导向作用的绩效考评指标体系。也就是说，在提炼关键绩效指标时，首先要考虑企业的关键成功因素是什么，企业在运作的过程当中哪一些方面对于企业来讲是重要的，哪一些方面对于企业的生存和发展是必不可少的，那么这些方面就有可能成为企业的关键绩效指标。

其次，KPI 并不是能对组织各个层面的绩效状态做出系统而精细的描述，而是集中反映对组织整体战略的关键绩效状态，是能够反映对组织整体战略具有杠杆作用的“关键绩效”状态。KPI 只是涵盖了那些对企业战略目标实现有关键意义的部分，而其他的细枝末节部分并不是 KPI 所要涵盖的内容，而是一个反映关键绩效状态的指标。

最后，KPI 在指标数量上体现为“少而精”，一个 KPI 体系数量上不会特别多，尤其是在组织的战略层面上，它不会有几十个甚至上百个，它一定是一个“少而精”的原则。而从指标性质上讲，KPI 实际上会体现为基于企业的战略愿景、与关键成功要素相连接。所以 KPI 在数量上少而精，在质量上要体现企业战略目标实现的关键点。

因此，企业在设计具体的绩效指标之前必须要解决以下三个方面的问题：

第一，企业为何会取得如此的成功？企业哪些方面是成功的？企业能够一直顺利的运营和发展，它的核心要素是什么？

第二，成功的关键又是什么？企业要解决在过去成功的关键要素当中，哪些因素是持续使企业获得成功的因素？哪些因素过去使企业成功了，但是现在甚至是未来会使企业成功的脚步受到阻碍？

第三，面向未来，企业会面临什么样的障碍和机遇？未来大概预期是什么样？企业未来可能会面临的障碍和机遇是什么？如果企业还要持续发展，它的关键因素是什么？

以上三个方面的问题回答直接会决定 KPI 指标体系能不能明确反映企业的战略目标。

二、关键绩效指标体系的构成

在学习绩效管理基础时学过目标管理，在目标管理中提到，企业战略的分解，最后会形成一个目标链，这个目标链就是一个目标体系，这不仅仅是一个组织层面的目标，而最终要落实到个人层面，所以这个目标链是遍布在企业各个层级的一个目标体系。一般而言，公司的关键绩效指标应该由三个层级构成。

第一个层面是公司级关键绩效指标，它由公司的战略目标演化而来的。在这个层面上，它主要是提炼出公司的战略目标的几个主要方面。

第二个层面是部门级关键绩效指标，它的确定要基于公司级的关键绩效指标，同时还要结合部门的职责。比如说财务部的关键绩效指标，就是要根据组织整体层面的关键绩效指标，结合财务部的职能来明确自己部门的绩效指标。那么人力资源部、营销部、物流部、后勤部等，他们的关键绩效指标的确定都是同样的原则，一定要基于公司层面的关键绩效指标来做。

第三个层面是个人级关键绩效指标，它是在部门级关键绩效指标确立的基础上来确定的。只有当部门级的关键绩效指标确定了，员工才有可能依据部门级的目标，结合自己所从事的岗位核心职责来确定个人的关键绩效指标。

总体来说，公司级关键绩效指标要从公司的战略目标演化而来，部门级关键绩效指标是公司级关键绩效指标的一个具体落实，个人关键绩效指标是它所在部门关键绩效指标的一个具体化。

第二节　关键绩效指标设计程序

通常来讲，一个较为理想的关键绩效指标体系应该符合以下几个方面的要求：首先，能够描述产出。绩效考评对象的工作增值产出能够通过 KPI 清晰地描述出。增值工作产出就是能够给企业、个人或者是团队带来价值增值的这部分工作产出，而不是所有的工作产出。比如质量的提升、时效的缩短、效率的提高或者是创新性的增加；其次，要能提取标准。这个 KPI 体系能够很清晰地提取绩效指标和相应的标准；再次，要确定权重。绩效指标体系要有一个权重体系，每一项工作产出的相对重要程度要确定下来，因为多项工作产出的重要程度是不一样的，然后通过权重表现出来；最后，要能追踪绩效。绩效指标体系能够追踪绩效考评对象的真实绩效水平，在我们实际运用的过程当中，能够比较客观地反映被考评者的绩效水平，在考评时把考评对象的真实表现与绩效标准进行对照。那么到底需要遵循什么样的程序来设定关键绩效指标体系呢？从图 4－1 中可以看出关键绩效指标设计程序流程分别是：确定工作产出、建立考评指标、设定考评标准和审定关键绩效指标。

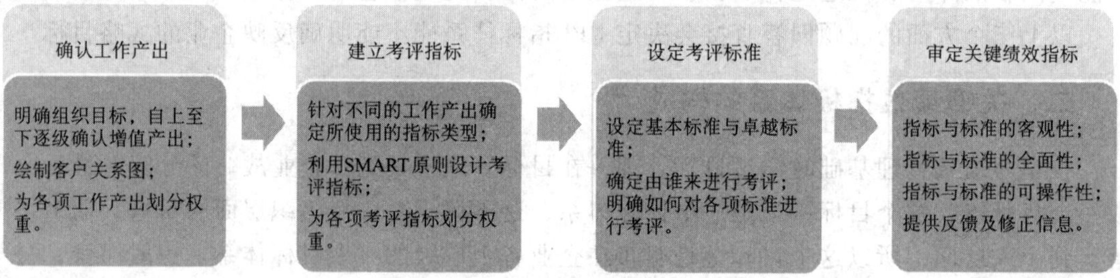

图 4－1　设计关键绩效指标体系的程序

在每一个环节当中，有不同的工作要点。比如确定工作产出的时候，要明确组织目标，自上而下逐级的确认增值产出，也就是从公司级一直到个人级。然后绘制客户关系图，为各项工作产出按照占比划分权重。在确定工作产出后要建立考评指标体系，针对不同工作产出类型，确定所使用的主要指标类型。而指标至少分为两大类：数量型、质量型。可能还有时间型等其他的类型，但是总体来说，要用哪种类型的指标要根据工作阐述的性质来决定。然后要利用 SMART 原则来设计考评指标并划分权重。当指标体系建立起来就要设定考评标准，设定考评标准时要注意每一项指标的基本标准是什么、卓越标准是什么。卓越标准和基本标准的作用不一样。在考评的时候使用比较多是基本标准，但是卓越标准榜样识别的作用是不容忽视的。

另外，确定由谁来进行考评，谁作为考评的主体，明确如何对各项标准进行考评。最后，审定关键绩效指标。审定的要点是什么，要看 KPI 体系的客观性，还包括每一个指标对应的标准，它的客观性、全面性、可操作性这三个方面确认之后还要及时提供反馈，必要时还要进行纠正。

程序一：确定工作产出

关键绩效指标体系是一个自上而下层层分解的一个指标体系，所以在确定工作产出时也要注意包括组织层面、团队层面和个人层面具有增值作用的这种工作产出。无论确定哪一个层面的增值工作产出都要遵循以下四个原则：第一个是增值产出原则。不是所有的产出都能带来关键影响，需要能够产生关键影响的增值性产出；第二个是客户导向原则，之前一再强调要从客户的角度出发考虑这种指标的建立，所以在确定工作产出是否有增值性时，还要考虑到客户期望产出的是什么；第三个是结果优先原则。需要考虑最终结果是什么样的，它和增值产出是相对应的，要先确定组织所期望的结果是什么；第四个是设定权重原则。需要确定不同的增值产出的权重是什么样、重要性是什么样。

那么在确定产出过程中可以运用一个非常有用的工具——客户关系图。它是通过图示的方式表现出对组织内外客户的工作产出。因为这种图示的方法绘制出来以后，不论是对内、对外的关系或者是个体、团队，通过客户关系图都可以非常明确地表示出来。以某销售部秘书的客户关系图为例，如图 4－2 所示。

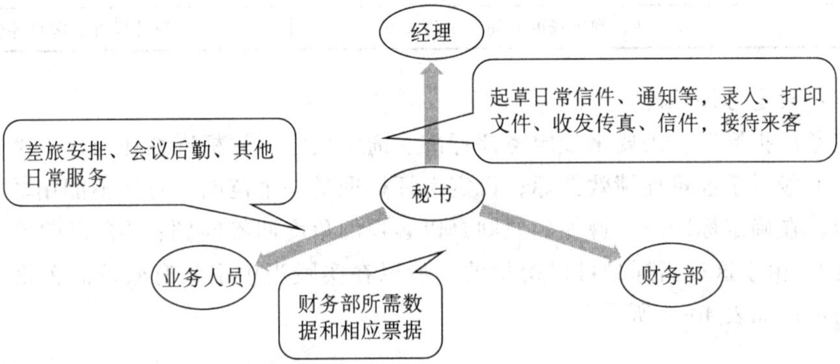

图 4－2　客户关系图

从以上客户关系图 4－2 中可以看到秘书这个职位位于中间，首先它的工作联系是经理，对于经理要负责起草日常信件、通知、录入、打印文件、收发传真、信件和接待来客等，这就是秘书要辅助经理做的事情；对于业务人员来讲，秘书要负责差旅安排、会议后勤和其他日常服务；对于财务来说，秘书要给财务部提供所需的数据和相应票据。所以通过这样一个客户关系图，就可以把秘书最关键的产出确定下来。图 4－2 中列出了所有的工作产出，具体哪一个产出是核心的，是带有增值性的，需要根据企业的实际情况和部门的实际情况以及岗位的实际情况提炼出来。

通过图 4－2 明确工作产出有以下优点：

（1）可以通过工作产出确定的方式，把个体或者团队的工作绩效和组织与组织内其他个体和团队的绩效联系起来，能够体现出组织内部团队个人之间的工作关系，从而增强彼此的客户服务意识。这样可以知道彼此的客户是谁，相互间的服务与协作意识就容易增强。

（2）可以明确地看到各自对组织的贡献。做出客户关系图后，就可以显示出个体或者团队在组织当中的地位。

（3）用这种方式比较直观，不容易出现较大的遗漏。

程序二：建立考评指标

确定增值产出后就需要确定考评指标，进一步划分从什么角度来衡量各个方面的工作产出。但是并不是每一项评价指标都可以量化，如果说这个指标能够量化是比较理想的，因为量化的指标比较容易核算，比较容易说服员工，也比较方便员工或者团队之前进行横向比较。所以在设立指标的时候有一个非常重要的原则：指标是可衡量的。不管用描述也好，用数字也好，这个指标一定要可衡量，不能衡量的指标称作无效指标。

关键绩效指标一般把它分为两大类：定量和定性。在提取关键绩效指标的时候，通常可以把关键绩效指标的主要类型划分为四种：数量、质量、成本和时限（如表4-1所示）。以下指标都是可以衡量的。

表4-1　关键绩效指标示例表

指标类型	举例	证据来源
数量	产量、销售额、利润	业绩记录、财务数据
质量	破损率、独特性、准确性	生产记录、上级评价、客户评价
成本	单位产品的成本、投资回报率	财务数据
时限	及时性、到市场的时间、供货周期	统计评价、客户评价

程序三：设定考评标准

建立完考评指标后，需要来设定考评标准。通常设定考评标准往往与建立考评指标是一起完成的。一般对于数量性绩效指标，设定考评标准是一个范围；对于不能用数字描述的非数量性指标，在确定标准时，遵循的原则是以客户的角度回答问题："客户期望被考评者完成什么程度?"由于这种指标是可以衡量的，所以在实践当中也是有效的。关键绩效指标与绩效标准的示例如表4-2所示。

表4-2　关键绩效指标与绩效标准

工作产出	指标类型	具体指标	绩效标准
销售利润	数量	年销售额 税前利润百分比	年销售额在20万—25万元 税前利润率18%—12%
竞争对手分析	质量	全面性 数据的价值	覆盖了所有已知竞争对手的所有产品提供的数据包括对产品的详细描述，如产品的成本广告费用、回头客的比例
	时限	预定的时间表	能在指定的时限之前提供关于竞争对手的分析数据
销售费用	成本	实际费用与预算的差距	实际费用与预算相差在5%以内

程序四：审核关键绩效指标

设立完绩效指标和绩效标准后要进入关键绩效指标的审核阶段。对审核关键绩效指标的目的是确定能否全面、客观地反映被考评对象的工作绩效、是否具有可操作性，从而合理地调整工作产出和成功完成绩效考评所需的信息。

在把关键绩效指标的审核运用到考评实践中时，要注意以下审定关键绩效指标要点：工作产出是否为最终结果。这反映了产出的确定是不是准确；关键绩效指标是否是可以证明和可观察，这与是否具有可衡量性有关系；不同考评者对相同绩效指标进行考评，结果能否一致，这个涉及指标的信度和效度的问题。如果不同的人来考评结果都是一致的，表明这个指标的设定就是准确的；这些指标的总和是否可以解释被考评者80%以上的工作目标，这体现了“二八法则”原理，20%的关键因素往往会决定80%以上的工作产出。所以在确定指标时，判断是否具有关键性，就要看能否解释被考评者80%以上的工作目标；判断这些关键绩效指标是否可以操纵；有没有为以后的绩效提升留下空间。从目标设置理论来讲，如果把标准定得过高，就缺乏了对员工的引导作用和激励作用。员工达不到标准可能会选择放弃，所以在设置标准时，对于基本标准和卓越标准的设定要谨慎。卓越的标准只有一小部分员工可以达到，那么这种情况下，可能会挫伤大部分员工的积极性，所以要留下一个超越的空间。

第三节 关键绩效评价指标设计原则与程序

一般说来，在确定增值工作产出以及确立考评指标这两个环节中，需优先认真进行关键绩效指标的原则的确定与分析，且确定关键绩效指标的原则后必须严格地遵循。在遵循具有战略导向性质的原则时，应从战略目标的要求出发，从而考虑以下几个问题：

1. 组织奉行的核心价值观和基本宗旨是什么？
2. 组织的战略目标是什么？
3. 驱动组织成功的核心力量或关键因素是什么？
4. 究竟应该怎样具体定义组织的“关键绩效”？
5. 在绩效战略管理中应该主要处理的矛盾和问题是什么？
6. 如何兼顾长期绩效与短期绩效、财务绩效与非财务绩效？
7. 怎样监控绩效形成过程中的行为表现与成果变量？

在企业中，关键绩效指标主要用于反映一些能够促进组织实现战略目标的关键要素。确定增值工作产出以及KPI的前提，即是明确组织的战略目标与愿景。同时，在绩效战略管理中可能遇到的矛盾及问题也是需要考虑的，因为它可能会对组织的健康发展及战略目标的达成造成影响。再有，若仅仅考虑短期绩效和财务绩效，势必会影响企业的可持续性发展，因而必须考虑KPI的设定如何兼顾长期绩效与短期绩效、财务绩效与非财务绩效。总归而言，尽管KPI是成功导向的重要工具，但是成果的收获离不开行为的表现，所以，在提取KPI的过程中必须注意如何平衡行为与结果之间的关系，这就是战略导向的原则。

一、确定关键绩效指标的第一个原则

80/20原则，又名二八法则，在管理学中的许多领域，二八法则都会发挥重要作用。二八原则即为“抓大放小”原则，在KPI确立的时候，需要找到具有80/20效应的关键点，也就是实现80%绩效任务的20%关键环节，并确定其中业务流程和员工群体是哪些。以此为基础和依据建立起来的KPI体系才是真正的“关键”指标体系。

二、确定关键绩效指标的第二个原则

SMART原则，是五个要素的首字母缩写（如表4－3所示），即：

S：Specific 具体的

M：Measurable 可度量的

A：Attainable 可实现的

R：Realistic 现实的

T：Time - bound 有时限的

该原则要求：指标必须是具体的，指标必须是可度量的，指标必须是可实现的，指标必须是现实的，指标必须是有时限的。

表 4-3 **SMART 原则表**

原则	正确的做法	错误的做法
Specific 具体的	直点目标，明确是什么事 适度细化，程度分明 随情景变化	抽象的，令人无法理解为何事 笼统的，诸如“尽力”“做到最好” 复制其他情景中的目标
Measurable 可度量的	数量化的，行为化的，即可以描述出来的数据或信息具有可得性	主观判断 非行为化描述，即无法描述清楚的数据或信息无从获得
Attainable 可实现的	在付出努力的情况下可以实现 在适度的时限内实现	过高或过低的目标 实现所需时间过长
Realistic 现实的	可证明的 可观察的	假设的 不可观察和证明的
Time - bound 有时限的	使用时间单位 关注效率	不考虑时效性 模糊的时间概念

三、运用关键绩效指标的支持体系

在确定了关键绩效指标之后，这些指标能否很好地得以应用，能否很好地反映企业核心的关键方面，不仅仅取决于指标本身，还取决于企业中是否建立有一套完善的支持体系，以此让 KPI 更好地发挥作用。

（一）企业必须要有明确而清晰的战略目标

企业的战略目标是 KPI 体系建立的起点和基础。没有明确而清晰的战略目标，KPI 体系的建立将失去依据，运用 KPI 考评也就失去了意义，因为没有明确的战略目标，便没有明确的依据来建立 KPI。

（二）以绩效为导向的企业文化

KPI 考评是典型的结果管理手段，会产生激烈的竞争，在此环境下，员工必须具备敢于竞争、敢于创新突破的品质，在不断实现自我的同时追求超越自我。因此，企业必须通过营造一种绩效导向的企业文化，来形成追求优异绩效的核心价值观。通过企业文化来约束员工行为，建立绩效导向的组织氛围，同时通过企业文化来化解绩效考评过程中的矛盾与冲突，使员工接纳 KPI，受益于 KPI。

（三）各级管理者承担起绩效管理的任务

不可将绩效管理仅仅视为人力资源部的工作，各级管理者也必须承担绩效管理的责任，由管理者来分解与制定关键绩效指标，人力资源部在这个过程中则更多是提供专业咨询与服务的功能。一个良好的管理系统，要求管理者转化他的观念，必须从一个高高在上的指挥者转变为一个尽心尽力的教练角色，辅导员工，为员工提供需要的支持。

（四）针对绩效考评的激励与约束体系

激励体系主要表现在绩效考评结果，与价值分配挂钩。实践表明，二者挂钩程度越紧密，绩效考评的效果越明显，但是考评结果和员工报酬的挂钩程度要视情况而定，若不考虑其余方面，员工报酬完全与考评结果挂钩，有可能会促使员工更多地去采取短期的行为，以此获得高报酬。

约束体系主要包括员工的绩效考评投诉机制，考评结果的比例控制，上级审核和主管负责的二级考评体制等。当考评结果有偏差或让员工产生了不公平感，员工必须要有一个申诉的渠道。

（五）保证绩效沟通的制度化

在关键绩效指标的分解与制定过程中，制度化的沟通是重要的一环，因为关键绩效指标不仅仅是自上而下下达的，还是自下而上承诺的，只有如此，才能保证关键绩效指标为员工所认可，成为其努力的方向。

本章小结

关键绩效指标（key performance indicators）简称为 KPI，是指合理地运用组织内部的某个输入、输出端的关键参数进行一系列的编辑、取样、计算、分析，最终用来这个组织内部绩效的指标。它不仅是一个目标式量化的管理指标，而且是一个能把企业的战略目标分解成可以运作的远景目标的工具。简单来说，关键绩效指标就是体现企业某一个业务方面的关键点或者是能够对企业战略目标的达成起到重要作用的关键要素。

一般而言，公司的关键绩效指标应该由三个层级构成：

第一个层面是公司级关键绩效指标，它由公司的战略目标演化而来的。在这个层面上，它主要是提炼出公司的战略目标的几个主要方面；

第二个层面是部门级关键绩效指标，它的确定要基于公司级的关键绩效指标，同时还要结合部门的职责。比如说财务部的关键绩效指标，就是要根据组织整体层面的关键绩效指标，结合财务部的职能来明确自己部门的绩效指标。那么人力资源部、营销部、物流部、后勤部等，他们的关键绩效指标的确定都是同样的原则，一定要基于公司层面的关键绩效指标来做。

第三个层面是个人级关键绩效指标，它是在部门级关键绩效指标确立的基础上来确定的。只有当部门级的关键绩效指标确定了，员工才有可能依据部门级的目标，结合自己所从事的岗位核心职责来确定个人的关键绩效指标。

关键绩效指标设计程序流程分别是：确定工作产出、建立考评指标、设定考评标准和审定关键绩效指标。

关键绩效评价指标原则包括八二原则和 SMART 原则。

在确定了关键绩效指标之后，这些指标能否很好地得以应用，能否很好地反映企业核心的关键方面，不仅仅取决于指标本身，还取决于企业中是否建立有一套完善的支持体系，以此让 KPI 更好地发挥作用。

思考与练习

一、单项选择题

1. KPI（关键绩效指标）的理论基础是（　　）。

A. 晕轮效应　　B. 手表定理

C. 二八法则　　D. 马太效应

2. 不同考评者对相同绩效指标进行考评，结果能否一致，这个涉及指标的（　　）问题。

A. 信度　　B. 效度

C. 信度和效度　　D. 信度或效度

3. 提高绩效的有效途径是进行（　　）。

A. 绩效评价　　B. 绩效管理

C. 绩效计划　　D. 绩效沟通

4. 下列对 SMART 解释错误的是（　　）。

A. S——代表目标要具体、明确

B. M——代表制定的目标要可以测量和评价

C. A——代表此目标经过员工地努力我可以达到

D. T——代表所制定的目标具有可实现性和可操作性

5. 确认工作绩效的不足和差距，查明形成的原因，制定并实施有针对性的改进计划和策略，不断提高竞争优势地过程被称为（　　）。

A. 绩效改进　　B. 绩效计划

C. 绩效策略　　D. 提高绩效

6. 在制定绩效管理方案时，合理地进行方案设计，并对绩效管理方案进行可行性分析应根据（　　）。

A. 绩效管理目标　　B. 绩效管理方法

C. 绩效管理程序　　D. 绩效管理对象

7. 关键绩效指标管理的最终目的是（　　）。

A. 确定员工奖金　　B. 决定员工升迁

C. 确定培训人选　　D. 提升员工绩效

8. 在关键绩效指标管理中，反馈的信息应该“去伪存真”，这体现了有效信息反馈所具有的（　　）。

A. 针对性　　B. 及时性

C. 主动性　　D. 真实性

9. 绩效管理实施的前提不包括（　　）。

A. 有可操作性的企业发展目标

B. 内部客户和外部客户对岗位要求是清楚的

C. 组织成员对自己下级工作目标有清晰的把握

D. 岗位责任说明书对于各岗位职责有明确的把握

10. 绩效的优劣受多种因素的影响，员工的主观性影响因素是（ ）。

A. 激励、环境 B. 激励、技能

C. 个性、动机 D. 技能、环境

二、多项选择题

1. 在评价绩效时应综合考虑以下哪些因素（ ）。

A. 时间 B. 类别

C. 行为 D. 结果

E. 方式

2. 在制订关键绩效指标改进计划时，绩效改进计划要（ ）。

A. 切合实际 B. 有明确的时间性

C. 具体 D. 获得认同

E. 长期

3. 战略导向的 KPI 体系与一般绩效评价体系的区别主要为（ ）。

A. 前者以战略为中心，后者以控制为中心

B. 前者结合财务和非财务指标，后者以财务指标为主

C. 前者有助于形成团队合作精神，后者有助于控制管理成本

D. 前者来源于组织的战略目标与竞争的需要，后者与组织战略的相关度不高

E. 前者是组织内部自上而下对战略目标的层层分解，后者根据以往的绩效产生

4. 确定关键绩效指标的原则包括（ ）。

A. 明确性原则 B. 相关性原则

C. 可测性原则 D. 可达性原则

E. 时限性原则

5. 关键绩效指标绩效评价应考虑员工的因素包括（ ）。

A. 工作能力 B. 工作态度

C. 工作业绩 D. 工作节奏

E. 工作经验

6. 关键绩效目标值的设定应遵循的原则有（ ）。

A. 定量准确 B. 先进合理

C. 突出特点 D. 简介扼要

E. 公平民主

7. 常用的关键绩效指标类型包括（ ）。

A. 数量 B. 质量

C. 成本 D. 时限

E. 工作经验

8. 关键绩效指标的证据来源包括（ ）。

A. 上级评价 B. 统计评价

C. 客户评价 D. 财务数据

E. 网络评价

9. 关键绩效指标体系的程序流程有（ ）。

A. 确定工作产出　　B. 建立考评指标
C. 设定考评标准　　D. 审定关键绩效指标
E. 建立内部控制制度

10. 以下哪些是关键绩效指标需要的支持体系（　　）。
A. 企业拥有明确的战略目标
B. 以绩效为导向的企业文化
C. 企业拥有针对绩效考评的约束与激励体系
D. 完善的内部控制制度
E. 上下级相处关系融洽

三、判断题

1. 可以将绩效管理仅仅视为人力资源部的工作。（　　）
2. 在确定 KPI 的时候，需要找到具有 80/20 效应的关键点。（　　）
3. 确定增值产出后不需要确定考评指标。（　　）
4. 关键绩效指标体系是一个自上而下层层分解的一个指标体系。（　　）
5. 激励体系主要表现在绩效考评结果，与价值分配挂钩。（　　）
6. 关键绩效指标是反映那些能促使或者能够推动组织实现战略目标的一些关键要素。（　　）
7. 企业的战略目标是 KPI 体系建立的起点和基础。（　　）
8. 设定完考评指标后，需要设定考评的标准。（　　）
9. 从目标设置理论来讲，若把标准定得过高，就缺乏了对员工的引导作用和激励作用。（　　）
10. KPI 的设定需要兼顾长期绩效与短期绩效、财务绩效与非财务绩效。（　　）

四、简答题

1. 简要解释如何理解关键绩效指标的含义。
2. 设立关键绩效指标的原因。
3. 设立关键绩效指标时常见的问题和解决办法。

五、讨论题

1. 由于市场经济环境差，深圳某游戏软件行业 A 公司，考虑到目前的人工成本已经超过了公司预期，优势准备优化人员结构，保留核心骨干员工，辞退部分不合格员工。经过总经理办公会议讨论，人力资源部考虑从评价的角度去进行人员评价，把业绩优秀的员工和业绩差的员工区分出来，进而达到优化员工队伍的目的。在实施的过程中，工作遇到了很大抵触。绩效评价差的人员的否认评价结果，认为评价不过是公司变相裁员的手段。请结合本案例分析，如何通过绩效评价，达到优化人员结构的目的？

2. 由于商务部在客户来访接待中的准备工作不足，M 公司的重点合作单位表示不再与公司合作。近期商务部连续三次工作严重失误，总经理非常生气，要求人力资源部通过绩效评价，扣发商务部人员当月的绩效工资，开除不胜任的商务人员。人力资源部和商务部经理沟通，商务部经理表示，员工工作不够认真，导致工作失误，应该承担责任，但是不应该开除员工。由于定位不清，商务部的工作也很难开展，一年时间已换了两批人了。一方面，总经理已给出了明确要求。另一方面，换人肯定也无法解决当前的问题。请结合本案例分析，部门工作表现不好，绩效差，如何做好绩效改进？

第五章　平衡计分卡在企业整体绩效评价中的应用

学习目标

1. 了解平衡计分卡的历史渊源和基本思想；
2. 明确平衡计分卡的主要特点和优缺点；
3. 理解平衡计分卡的应用操作流程；
4. 掌握平衡计分卡在实际案例中的分析和应用能力。

第一节　平衡计分卡

一、历史渊源

平衡计分卡是20世纪90年代初由哈佛商学院的罗伯特·卡普兰（Robert S. Kaplan）和诺朗诺顿研究所所长（Nolan Norton Institute）、美国复兴全球战略集团创始人兼总裁戴维·诺顿（David P. Norton）所研究的“未来组织绩效衡量方法”，是一种绩效评价体系。当时该计划的目的，在于找出超越传统以财务量度为主的绩效评价模式，以使组织的“策略”能够转变为“行动”而发展出来的一种全新的组织绩效管理方法。平衡计分卡自创立以来，在国际上，特别是在美国和欧洲，很快引起了理论界和客户界的浓厚兴趣与反响。平衡计分卡被《哈佛商业评论》评为75年来最具影响力的管理工具之一，它打破了传统的单一使用财务指标衡量业绩的方法，在财务指标的基础上加入了未来驱动因素，即客户因素、内部经营管理过程和员工的学习成长，在集团战略规划与执行管理方面发挥了非常重要的作用。

（一）平衡计分卡的萌芽时期（1987～1989年）

在Robert S. Kaplan和David P. Norton研究平衡计分卡之前，Analog Devices（简称：“ADI”）公司最早于1987年就进行了平衡计分卡实践尝试。

ADI是一家半导体公司，主要生产模拟、数字及数模混合信号处理装置，其产品广泛应用于通信、计算机、工业自动化领域。同其他大多数公司一样，ADI每5年进行一次战略方案调整，在制订新的战略方案的同时检讨原方案的执行情况。但是，如同管理者们经常遇到的战略问题一样，“制订战略方案”被当作一项“任务”完成后，形成的文件便被束之高阁，并不能在公司的日常生产经营工作中得以执行。

在1987年，ADI公司又开始了公司战略方案的调整。与以前所不同的是，这次的战略方案制订，公司决策层意识到战略不仅要注重制订过程的本身，还要注意战略的实施。他们希望通过面对面与公司员工的交流与沟通，使他们充分理解并认同公司战略。同时公司高层还希望将战略紧密落实到日常管理中来推动战略的执行。此次 ADI 公司的战略文件在形式上发生了重大的变化，他们屏弃了以往那种长达几十甚至几百页的战略文件，将全部的战略文档资料精简到几页纸的长度。在制订战略的过程中，ADI 公司首先确定了公司的重要利益相关者为股东、员工、客户、供应商和社区，然后 ADI 公司在公司的使命、价值观与愿景下，根据上述利益相关者的“利益”分别设定了战略目标并明晰了 3 个战略重点。

为了确保战略目标特别是 3 个战略重点目标的实现，ADI 推行了一个名为“质量提高”的子项目，简称 QIP（Quality Improvement Process）。在该项目进行的同时，ADI 公司继续将战略目标实现的关键成功要素转化为年度经营绩效计划，由此衍生出了世界上第一张平衡计分卡的雏形。

在 ADI 公司实施全面质量管理的过程中，公司为了推行作业成本法（ABC）特地邀请了一部分管理学者参与，哈佛商学院的教授 Robert S. Kaplan 就是其中的一位，他本人是这样描述他是如何发现 ADI 公司计分卡过程的：“在参观和整理案例的过程中，也将一个公司高层用来评价公司整体绩效的计分卡加以文本化。这个计分卡除了传统的财务指标外，还包括客户服务指标（主要涉及供货时间、及时交货）、内部生产流程（产量、质量和成本）和新产品发展（革新）。”

在帮助 ADI 公司推行 ABC 的过程中，Kaplan 发现了 ADI 的平衡计分卡，并认识到它的重要价值。尽管 Kaplan 与 Nolan – Norton 在后期又做了学术上的深化，并把它推广到全球的企业中，但是 ADI 公司对平衡计分卡的贡献仍是不能回避和忽视的。

（二）平衡计分卡的理论研究时期（1990～1993 年）

在 Robert S. Kaplan 教授发现 ADI 公司的第一张平衡计分卡后面的日子里，他与复兴全球战略集团（Nolan – Norton）总裁 David P. Norton 开始了平衡计分卡的理论研究。

平衡计分卡的研究者首先是从公司绩效考核开始的。1990 年美国的复兴全球战略集团 Nolan – Norton 专门设立了一个为期一年的新的公司绩效考核模式开发，Nolan – Norton 的执行总裁 David P. Norton 任该项目的项目经理，Robert S. Kaplan 担任学术顾问，参加此次项目开发的还有通用电气公司、杜邦、惠普等 12 家著名的公司。项目小组重点对 ADI 公司的记分卡进行了深入的研究并将其在公司绩效考核方面扩展、深化，并将研究出的成果命名为“平衡计分卡（Balanced Score card）”。该小组的最终研究报告详细地阐述了平衡计分卡对公司绩效考核的重大贡献意义，并建立了平衡计分卡的四个考核维度：财务、顾客、内部运营与学习发展。

1992 年初，Kaplan 和 Norton 将平衡计分卡的研究结果在《哈佛商业评论》上进行了总结，这是他们所公开发表的第一篇关于平衡计分卡的论文《平衡计分卡——驱动绩效指标》，在论文中 Kaplan 和 Norton 详细地阐述了 1990 年参加最初研究项目采用平衡计分卡进行公司绩效考核所获得的益处。该论文发表后 Kaplan 和 Norton 很快就受到了几家公司的邀请，平衡计分卡开始得到企业界的关注。

平衡计分卡理论研究的第二个重要里程碑：1993 年 Kaplan 和 Norton 将平衡计分卡延伸到企业的战略管理之中。在最初的企业平衡计分卡实践中，Kaplan 和 Norton 发现平衡计分卡能够传递公司的战略。他们认为平衡计分卡不仅仅是公司绩效考核的工具，更为重要的是它还是一个公司战略管理的工具。Kaplan 和 Norton 为此发表了在《哈佛商业评论》的第二篇关于平衡计分卡的重要论文《在实践中运用平衡计分卡》，在这篇文章中他们明确指出企业应当根据企业战略实施的关键成功要素来选择绩效考核的指标。

（三）平衡计分卡的推广应用时期（1994 年至今）

1993 年 Kaplan 和 Norton 将平衡计分卡延伸到企业的战略管理系统之后，平衡计分卡开始广泛得到全球企业界的接受与认同，越来越多的企业在平衡计分卡的实践项目中受益，同时平衡计分卡还延伸到非营利性的组织机构中。

以美国为例，有关统计数字显示，到 1997 年，美国财富 500 强企业已有 60% 左右实施了绩效管理，而在银行、保险公司等所谓财务服务行业，这一比例则更高，这与美国企业在 20 世纪 90 年代整体的优秀表现不能说毫无关系。再看一看政府方面，BSC 在 20 世纪 90 年代初提出，到了 1993 年美国政府就通过了《政府绩效与结果法案》（The Government Performance and Result Act）。今天，美国联邦政府的几乎所有部门、各兵种及大部分州政府都已建立和实施了绩效管理。

平衡计分卡首先是在美国的众多企业得到实施，现已推广到全球很多国家的企业。在行业上，平衡计分卡几乎涉足各个行业，全球各个行业的企业（甚至包括一些非营利性机构）对平衡计分卡的需求每年也以成倍的速度增长。平衡计分卡在美国乃至全球的企业得到广泛地认同，标志着平衡计分卡已经进入了推广与应用的时代！但是在平衡计分卡推广与应用的过程中，其理论的体系也在不断地丰富与完善。

1996 年，Kaplan 和 Norton 继续在《哈佛商业评论》上发表第三篇关于平衡计分卡的论文，他们一方面重申了平衡计分卡作为战略管理工具对于企业战略实践的重要性；另一方面从管理大师彼得·德鲁克《目标管理》中吸取精髓，在论文中解释了平衡计分卡作为战略与绩效管理工具的框架，该框架包括设定目标、编制行动计划、分配预算资金、绩效的指导与反馈及连接薪酬激励机制等内容。同年，他们还出版了第一本关于平衡计分卡的专著《平衡计分卡》，该著作更加详尽地阐述了平衡计分卡的上述两个方面。

2001 年随着平衡计分卡在全球的风靡，Kaplan 和 Norton 在总结众多企业实践成功经验的基础上，又出版了他们的第二部关于平衡计分卡的专著《战略中心组织》。在该著作中，Kaplan 和 Norton 指出企业可以通过平衡计分卡，依据公司的战略来建立企业内部的组织管理模式，要让企业的核心流程聚焦于企业的战略实践。该著作的出版又标志着平衡计分卡开始成为组织管理的重要工具。

我国企业引入平衡计分卡的时间较晚，但平衡计分卡同样为我国诸多企业的发展提供了重要的帮助。同时我国对平衡计分卡的研究也收获颇丰。岳金燕（2011）基于平衡计分卡的相关理论从财务层面、客户层面、内部流程层面以及学习与成长层面出发设计企业绩效评价体系，把企业战略目标与绩效考核相结合，并对其应用给出了合理化建议。林佳聪（2017）以烟草公司为例，通过分解公司战略目标设置具体绩效考核指标，分析绩效管理中存在的问题，提出了绩效管理体系改进方案，保证公司战略目标的落地。今天实施过平衡计分卡项目的中国企业的高级经理们在一起沟通谈及战略与绩效管理时，他们都非常称赞平衡计分卡对其实践所做出的巨大贡献。

二、基本思想

平衡计分卡的基本思想是：以财务为核心的思想，从而实现了绩效评价与财务目标的结合。平衡计分卡的基本内容包括四个方面：财务角度、顾客角度、内部经营流程、学习和成长。这几个角度分别代表企业三个主要的利益相关者：股东、顾客、员工，每个角度的重要性取决于角度的本身和指标的选择是否与公司战略相一致。其中每一个方面，都有其核心内容。

（一）财务层面

财务业绩指标可以显示企业的战略及其实施和执行是否对改善企业盈利做出贡献。财务目标通常与获利能力有关，其衡量指标有营业收入、资本报酬率、经济增加值等，也可能是销售额的迅速提高或创造现金流量。财务性绩效指标可显示出企业的战略及其实施和执行是否正在为最终经营结果（如利润）的改善做出贡献。但是，不是所有的长期策略都能很快产生短期的财务盈利。非财务性绩效指标（如质量、生产时间、生产率和新产品等）的改善和提高是实现目的的手段，而不是目的的本身。财务面指标衡量的主要内容：收入的增长、收入的结构、降低成本、提高生产率、资产的利用和投资战略等。

（二）客户层面

在平衡计分卡的客户层面，管理者确立了其业务单位将竞争的客户和市场，以及业务单位在这些目标客户和市场中的衡量指标。客户层面指标通常包括客户满意度、客户保持率、客户获得率、客户盈利率，以及在目标市场中所占的份额。客户层面使业务单位的管理者能够阐明客户和市场战略，从而创造出出色的财务回报。平衡计分卡要求企业将使命和策略诠释为具体的与客户相关的目标和要点。企业应以目标顾客和目标市场为导向，应当专注于是否满足核心顾客需求，而不是企图满足所有客户的偏好。客户最关心的不外于五个方面：时间、质量、性能、服务和成本。企业必须为这五个方面树立清晰的目标，然后将这些目标细化为具体的指标。客户面指标衡量的主要内容：市场份额、老客户挽留率、新客户获得率、顾客满意度、从客户处获得的利润率。

（三）内部经营流程层面

在这一层面上，管理者要确认组织擅长的关键的内部流程，这些流程帮助业务单位提供价值主张，以吸引和留住目标细分市场的客户，并满足股东对卓越财务回报的期望。建立平衡计分卡的顺序，通常是在先制定财务和客户方面的目标与指标后，才制定企业内部流程面的目标与指标，这个顺序使企业能够抓住重点，专心衡量那些与股东和客户目标息息相关的流程。内部运营绩效考核应以对客户满意度和实现财务目标影响最大的业务流程为核心。内部运营指标既包括短期的现有业务的改善，又涉及长远的产品和服务的革新。内部运营面指标涉及企业的改良/创新过程、经营过程和售后服务过程。

（四）学习与成长层面

它确立了企业要创造长期的成长和改善就必须建立的基础框架，确立了未来成功的关键因素。平衡计分卡的前三个层面一般会揭示企业的实际能力与实现突破性业绩所必需的能力之间的差距，为了弥补这个差距，企业必须投资于员工技术的再造、组织程序和日常工作的理顺，这些都是平衡计分卡学习与成长层面追求的目标。如员工满意度、员工保持率、员工培训和技能等，以及这些指标的驱动因素。学习与成长的目标为其他三个方面的宏大目标提供了基础架构，是驱使上述计分卡三个方面获得卓越成果的动力。面对激烈的全球竞争，企业今天的技术和能力已无法确保其实现未来的业务目标。削减对企业学习和成长能力的投资虽然能在短期内增加财务收入，但由此造成的不利影响将在未来对企业带来沉重打击。学习和成长面指标涉及员工的能力、信息系统的能力与激励、授权与相互配合。

平衡计分卡中的目标和绩效评价指标来源于组织战略，它把组织的使命和战略转化为有形的目标和衡量指标。BSC 中客户方面，管理者们确认了组织将要参与竞争的客户和市场部分，并将目标转换成一组指标，如市场份额、客户留住率、客户获得率、顾客满意度、顾客获利水平等。BSC 中的内部经营过程方面，为吸引和留住目标市场上的客户，满足股东对财务回报的要求，管理者需关注对客户满意度和实现组织财务目标影响最大的那些内部过程，并为此设立衡量指标。在这一方面，BSC 重视的不是单纯的现有经营过程的改善，而是以确认客户和股东的要求为起点、满足客户和股东要求为终点的全新的内部经营过程。BSC 中的学习和成长方面确认了组织为了实现长期的业绩而必须进行的对未来的投资，包括对雇员的能力、组织的信息系统等方面的衡量。组织在上述各方面的成功必须转化为财务上的最终成功。产品质量、完成订单时间、生产率、新产品开发和客户满意度方面的改进只有转化为销售额的增加、经营费用的减少和资产周转率的提高，才能为组织带来利益。因此，BSC 的财务方面列示了组织的财务目标，并衡量战略的实施和执行是否为最终的经营成果的改善做出贡献。BSC 中的目标和衡量指标是相互联系的，这种联系不仅包括因果关系，而且包括结果的衡量和引起结果的过程的衡量相结合，最终反映组织战略。

实际上，平衡计分卡方法打破了传统的只注重财务指标的业绩管理方法。平衡计分卡认为，传统的财务会计模式只能衡量过去发生的事情（落后的结果因素），但无法绩效评价组织前瞻性的投资（领先的驱动因素）。在工业时代，注重财务指标的管理方法还是有效的。但在信息社会里，传统的业绩管理方法并不全面，组织必须通过在客户、供应商、员工、组织流程、技术和革新等方面的投资，获得持续发展的动力。正是基于这样的认识，平衡计分卡方法认为，组织应从四个角度审视自身业绩：学习与成长、业务流程、顾客、财务。其中，平衡计分卡包含以下五项平衡：

1. 财务指标和非财务指标的平衡

企业考核的一般是财务指标，而对非财务指标（客户、内部流程、学习与成长）的考核很少，即使有对非财务指标的考核，也只是定性的说明，缺乏量化的考核，缺乏系统性和全面性。

2. 企业的长期目标和短期目标的平衡

平衡计分卡是一套战略执行的管理系统，如果以系统的观点来看平衡计分卡的实施过程，则战略是输入，财务是输出。

3. 结果性指标与动因性指标之间的平衡

平衡计分卡以有效完成战略为动因，以可衡量的指标为目标管理的结果，寻求结果性指标与动因性指标之间的平衡。

4. 企业组织内部群体与外部群体的平衡

平衡计分卡中，股东与客户为外部群体，员工和内部业务流程是内部群体，平衡计分卡可以发挥在有效执行战略的过程中平衡这些群体间利益的重要性。

5. 领先指标与滞后指标之间的平衡

财务、客户、内部流程、学习与成长这四个方面包含了领先指标和滞后指标。财务指标就是一个滞后指标，它只能反映公司上一年度发生的情况，不能告诉企业如何改善业绩和可持续发展。而对于后三项领先指标的关注，使企业达到了领先指标和滞后指标之间的平衡。

三、平衡计分卡的优缺点

（一）优点

平衡计分卡反映了财务与非财务衡量方法之间的平衡，长期目标与短期目标之间的平衡，外部和内部的平衡，结果和过程平衡，管理业绩和经营业绩的平衡等多个方面。所以能反映组织综合经营状况，使绩效评价趋于平衡和完善，利于组织长期发展。

平衡计分卡方法因为突破了财务作为唯一指标的衡量工具，做到了多个方面的平衡。平衡计分卡与传统评价体系比较，具有如下优点：

1. 平衡计分卡为企业战略管理提供强有力的支持

随着全球经济一体化进程的不断发展，市场竞争的不断加剧，战略管理对企业持续发展而言更为重要。平衡计分卡的评价内容与相关指标和企业战略目标紧密相连，企业战略的实施可以通过对平衡计分卡的全面管理来完成。

2. 平衡计分卡可以提高企业整体管理效率

平衡计分卡所涉及的四项内容，都是企业未来发展成功的关键要素，通过平衡计分卡所提供的管理报告，将看似不相关的要素有机地结合在一起，可以大大节约企业管理者的时间，提高企业管理的整体效率，为企业未来成功发展奠定坚实的基础。

3. 注重团队合作，防止企业管理机能失调

团队精神是一个企业文化的集中表现，平衡计分卡通过对企业各要素的组合，让管理者能同时考虑企业各职能部门在企业整体中的不同作用与功能，使他们认识到某一领域的工作改进可能是以其他领域的退步为代价换来的，促使企业管理部门考虑决策时要从企业出发，慎重选择可行方案。

4. 平衡计分卡可扩大员工的参与意识

传统的绩效评价体系强调管理者希望（或要求）下属采取什么行动，然后通过评价来证实下属是否采取了行动以及行动的结果如何，整个控制系统强调的是对行为结果的控制与考核。而平衡计分卡则强调目标管理，鼓励下属创造性地（而非被动）完成目标，这一管理系统强调的是激励动力。因为在具体管理问题上，企业高层管理者并不一定会比中下层管理人员更了解情况、所作出的决策也不一定比下属更明智。所以由企业高层管理人员规定下属的行为方式是不恰当的。另外，企业绩效评价体系大多是由财务专业人士设计并监督实施的，但是，由于专业领域的差别，财务专业人士并不清楚企业经营管理、技术创新等方面的关键性问题，因而无法对企业整体经营的业绩进行科学合理的计量与评价。

5. 平衡计分卡可以使企业信息负担降到最少

在当今信息时代，企业很少会因为信息过少而苦恼，随着全员管理的引进，当企业员工或顾问向企业提出建议时，新的信息指标总是不断增加。这样，会导致企业高层决策者处理信息的负担大大加重。而平衡计分卡可以使企业管理者仅仅关注少数而又非常关键的相关指标，在保证满足企业管理需要的同时，尽量减少信息负担成本。

（二）缺点

1. 实施难度大

平衡计分卡的实施要求企业有明确的组织战略；高层管理者具备分解和沟通战略的能力和意愿；中高层管理者具有指标创新的能力和意愿。因此，管理基础差的企业不可以直接引入平衡计分卡，必须先提高自己的管理水平，才能循序渐进地引进平衡计分卡。

2. 指标体系的建立较困难

平衡计分卡对传统绩效评价体系的突破就在于它引进了非财务指标，克服了单一依靠财务指标评价的局限性。然而，这又带来了另外的问题，即如何建立非财务指标体系、如何确立非财务指标的标准以及如何评价非财务指标。我们知道财务指标的创立是比较容易的，而其他三个方面的指标则比较难以收集，需要企业长期探索和总结。而且不同的企业面临着不同的竞争环境，需要不同的战略，进而设定不同的目标，因此在运用平衡计分卡时，要求企业的管理层根据企业的战略、运营的主要业务和外部环境加以仔细斟酌。

3. 指标数量过多

指标数量过多，指标间的因果关系很难做到真实、明确。平衡计分卡涉及财务、顾客、内部业务流程、学习与成长四套绩效评价指标，按照 Kap – klan 的说法，合适的指标数目是 20—25 个。其中，财务角度 5 个，客户角度 5 个，内部流程角度 8—10 个，学习与成长角度 5 个。如果指标之间不是呈完全正相关的关系，我们在评价最终结果的时候，应该选择哪个指标作为评价的依据；如果舍掉部分指标的话，是不是会导致绩效评价的不完整性。这些都是在应用平衡计分卡时要考虑的问题。

平衡计分卡对战略的贯彻基于各个指标间明确、真实的因果关系，但贯穿平衡计分卡的因果关系链很难做到真实、可靠，就连它的创立者都认为“要想积累足够的数据去证明平衡计分卡各指标之间存在显著的相关关系和因果关系，可能需要很长的时间，可能要几个月或者几年。在短期内经理对战略影响的评价，不得不依靠主观的定性判断”。而且，如果竞争环境发生了激烈的变化，原来的战略及与之适应的评价指标可能会丧失有效性，从而需要重新修订。

4. 各指标权重的分配比较困难

要对企业业绩进行评价，就必然要综合考虑上述四个层面的因素，这就涉及一个权重分配问题。使问题复杂的是，不但要在不同层面之间分配权重，而且要在同一层面的不同指标之间分配权重。不同的层面及同一层面的不同指标分配的权重不同，将可能会导致不同的评价结果。而且平衡计分卡也没有说明针对不同的发展阶段与战略需要确定指标权重的方法，故而权重的制定并没有一个客观标准，这就不可避免地使得权重的分配有浓厚的主观色彩。

5. 部分指标的量化工作难以落实

尤其是对于部分很抽象的非财务指标的量化工作非常困难，如客户指标中的客户满意程度和客户保持程度如何量化，再如员工的学习与发展指标及员工对工作的满意度如何量化等。这也使在评价企业业绩时，带有主观因素是不可避免的。

6. 实施成本大

平衡计分卡要求企业从财务、客户、内部流程、学习与成长四个方面考虑战略目标的实施，并为每个方面制定详细而明确的目标和指标。在对战略的深刻理解外，需要消耗大量精力和时间把它分解到部门，并找出恰当的指标。而落实到最后，指标可能会多达 15—20 个，在考核与数据收集时，也是一个不轻的负担。并且平衡计分卡的执行也是一个耗费资源的过程。一份典型的平衡计分卡需要3—6个月去执行，另外还需要几个月去调整结构，使其规范化。从而总的开发时间经常需要一年或更长的时间。

第二节 平衡计分卡应用条件和操作流程

一、应用条件

虽然平衡计分卡在很多实践中都验证了其成果，但这一工具并不是对所有企业都适用，对于一个企业来说，想要使用平衡计分卡使之达到预计效果需要具备以下几点条件：

（1）在企业之间竞争日趋激烈的环境下，只有那些能够及时意识到竞争压力的企业管理者才能把压力转化为动力，创新管理手段，把竞争意识层层深入到员工中，使每个人都置身其中，实现共同进步。

（2）平衡计分卡的应用要求企业必须明确自身的未来发展方向以及发展战略，从而制定具体的任务并及时反馈结果。因此只有那些明确自己战略目标和发展任务的企业，才能具备长远的眼光，不被眼前利益所迷惑而改变自己的管理模式。

（3）运用平衡计分卡的企业需要管理人员充分重视每一个员工在管理工作中的参与度，在对员工严格控制的基础上充分激发员工自我管理的能力，使员工在企业发展过程中起到激励效果，把平衡计分卡层层落实到具体部门中。

（4）传统企业对于产品成本通常只注重功效及性能，忽略客户的购买需求以及所能 承受的价格范围，平衡计分卡通过引入与之相适应的成本管理模式，让众多管理者清楚地 认识到顾客在企业创造利润中起到不可替代的作用。

二、操作流程

（一）确定平衡计分卡项目的目标

建立一个成功的平衡计分卡，首先必须在高级管理层内部就为什么要建立平衡计分卡的问题达成共识并获得支持。许多管理者一接触平衡计分卡，就会被它的概念所吸引，他们深知财务指标的局限性，所以无需别人说服他们就会同意开发一套比较平衡的管理方法。但是，平衡计分卡在概念上的吸引力，并不足以作为实施平衡计分卡的充分理由。在推出平衡计分卡之前，高级管理层应该对这个方案的主要目的有所认识并全力支持。制定平衡计分卡方案的目标有助于：

（1）指导平衡计分卡目标和指标的构筑。

（2）取得方案参与者的承诺。

（3）阐明平衡计分卡构筑之后实施和管理的流程框架。

（二）选择适当的业务部门

经过与高级管理层商榷之后，设计师必须确定适合建立高水平平衡计分卡的业务单位。大多数公司多元化程度较高，因此很难一开始就建立公司层级的平衡计分卡。第一个平衡计分卡流程应该在一个战略业务单位中进行，最理想的业务单位应能从事跨越整个价值链的创新、经营、营销、销售和服务等活动。该业务单位应该拥有自己的产品和客户、市场和分销渠道、生产设施，也应该比较容易构筑总括性的财务业绩指标，而不涉及与其他业务单位之间复杂的（和争议大的）产品与服务成本分摊和价格转移。

确定并选择了战略业务单位之后，设计师应该认识该单位同其他业务单位、分公司以及总公司之间的关系。

（三）就该部门的战略目标达成共识

设计师除了要准备有关平衡计分卡的背景资料外，还要准备公司和战略业务单位的远景、使命和战略等内部文件，然后将这些资料交给业务单位的每位高级管理者（通常为6—12人）。设计师还需要获得战略业务单位的产业和竞争背景资料，包括市场规模和成长的重大趋势、竞争对手和竞争产品、客户偏好和技术发展等。

设计人员通过对部门的全面了解，帮助部门管理人员理解企业的战略目标并了解他们对平衡计分卡的绩效评价手段的建议，解答他们提出的问题。在充分交流的基础上，确定企业的战略目标。确定战略目标是一个重复的过程，通常需要经过反复的讨论才能最终确定。

（四）选择和设计绩效评价指标

为平衡计分卡选择具体指标的根本目的，是确定哪些指标最能传达战略的真正意图。既然每个战略都是独特的，那么每个平衡计分卡也应该与众不同且包含几个独特的指标。该阶段主要包括以下要点：对于每个目标设计能够最佳实现和传达这种目标意图的绩效评价指标；对每一种绩效评价指标，找到必要的信息源和为获得这种信息而采取必要的行动；对每一目标的评价体系之间的相互影响以及与其他目标的评价体系的影响进行绩效评价。下面一些核心的结果指标通常都会出现在不同的平衡计分卡上：

（1）核心财务指标：投资报酬率/经济增加值；获利率；收入成长/收入组合；成本降低率。

（2）核心客户指标：市场份额；客户获得率；客户保持率；客户获利率；客户满意度。

（3）核心学习与成长指标：员工满意度；员工保持率；员工生产率。

（五）制订实施计划

以实施平衡计分卡目标部门的下属部门为单位，成立实施小组。各实施小组确定平衡计分卡的目标并制订实施计划。该计划包括如何把绩效评价指标同数据库和信息系统联系起来，负责在企业内部传播平衡计分卡，并帮助下属部门制订实施计划，直至完全建立一个全新的执行信息制度。

（六）通过最终的实施计划，把平衡计分卡融入企业的管理制度并发挥作用

制定平衡计分卡一般需要3个月的时间。在制订过程之中，主管人员可以有充分的时间考虑平衡计分卡与战略、信息制度以及最重要的管理过程之间的关系。制订平衡计分卡的过程，也就是企业目标在组织中进行传播的过程。如果能够让企业的各级员工参与到计分卡的制定上来，将有助于战略目标的推广和得到员工的认同。

三、注意问题

平衡计分法不仅强调短期目标与长期目标间的平衡、内部因素与外部因素间的平衡，也强调结果的驱动因素，因此平衡计分法是一个十分复杂的系统。其实施的过程中一定会遇到一些问题需要我们加以注意。国外平衡计分卡的七八年的实践也证实了这一点。

（一）指标的创建和量化方面

财务指标创立与量化是比较容易的，其他三个方面的指标就需要企业的管理层根据企业的战略及运营的主要业务、外部环境加以仔细斟酌。列出的指标有些是不易收集的，这就需要企业在不断探索中总结；有些重要指标但很难量化，如员工受激励程度方面的指标，需要收集大量信息，并且要经过充分的加工后才有实用价值，这就对企业信息传递和反馈系统提出了很高的要求。

（二）平衡计分法要确定结果与驱动因素间的关系

大多数情况结果与驱动因素间的关系并不明显或并不容易量化。这也是企业实施平衡计分法所遇到的又一个困难。企业要花很大的力量去寻找、明确业绩结果与驱动因素间的关系。

（三）实施的成本方面

平衡计分卡要求企业从财务、客户、内部经营过程、学习和成长四个方面考虑战略目标的实施，并为每个方面制订详细而明确的目标和指标。它需要全体成员参加，使每个部门、每个人都有自己的平衡计分卡，企业要付出较大代价。

四、举例说明

某企业的平衡计分卡资料如表 5－1 所示。

表 5－1　　某企业的平衡计分卡指标数值表

维度	指标	权重	指标值	实际值
财务（60%）	资本报酬率	18.0%	7%	7.8%
	销售利润率	18.0%	10%	12.2%
	成本降低率	18.0%	5%	4.6%
	新市场的增长率	3.0%	10%	11.3%
	原有市场的增长率	3.0%	6%	7.5%
客户（10%）	市场占有率	5.0%	20%	21%
	客户满意度	2.5%	80%	85%
	经销商获利率	2.5%	10%	10.5%
内部流程（10%）	优质供应商比率	4.0%	85%	82%
	产品质量优良率	3.0%	90%	92%
	环境友好指数	3.0%	8.5	9.1
学习与成长（20%）	员工士气调查	10.0%	88%	90%
	战略技能得分	7.0%	8.8	7.8
	战略信息准备度	3.0%	4.6	3.9

要求：计算该企业平衡计分卡评价的综合得分。

解：具体计算过程见表 5－2。

表 5－2　某企业的平衡计分卡指标计算表

维度	指标	权重	指标值	实际值	实际值与标准值的比值	指标得分
财务（60%）	资本报酬率	18.00%	7%	7.80%	111.43%	20.06
	销售利润率	18.00%	10%	12.20%	122.00%	21.96
	成本降低率	18.00%	5%	4.60%	92.00%	16.56
	新市场的增长率	3.00%	10%	11.30%	113.00%	3.39
	原有市场的增长率	3.00%	6%	7.50%	125.00%	3.75
客户（10%）	市场占有率	5.00%	20%	21%	105.00%	5.25
	客户满意度	2.50%	80%	85%	106.25%	2.66
	经销商获利率	2.50%	10%	10.50%	105.00%	2.63
内部流程（10%）	优质供应商比率	4.00%	85%	82%	96.47%	3.86
	产品质量优良率	3.00%	90%	92%	102.22%	3.07
	环境友好指数	3.00%	8.5%	9.1%	107.06%	3.21
学习与成长（20%）	员工士气调查	10.00%	88%	90%	102.27%	10.23
	战略技能得分	7.00%	8.8%	7.8%	88.64%	6.20
	战略信息准备度	3.00%	4.6%	3.9%	84.78%	2.54
合计		100.00%				105.36

第三节　平衡计分卡在企业绩效评价中的应用

本节以 B 企业应用平衡计分卡评价其财务绩效为例，了解平衡计分卡在企业绩效评价实务中操作流程。

一、B 公司简介及其绩效评价现状

（一）B 公司简介

B 公司成立于 2013 年，总部位于 G 省 N 市。经过几年的迅速发展，目前形成集畜牧、家禽、水产养殖等农产品和农业观光为一体的科技农业公司。B 公司重视科技的力量，已经和××大学、农科院等建立了长期合作关系，通过科技为企业的农业生产助力。除自身发展之外，B 公司还积极承担社会责任，积极响应国家的扶贫号召，与多地的贫困户开展合作，积极帮助贫困户脱贫，2017～2018 年，公司已分红给贫困村集体 143 万元，为贫困户发放劳务报酬 300 万元。经过几年的成长，B 公司目前在 G 省已经成为享有一定社会声誉的明星企业。

市场表现方面，与淘宝、京东商城、微信、今日头条等平台合作，建立电商销售网络，“一起同柑”沃柑（特级果），正在国内多个一线城市火热销售中，2018 年 12 月订单发出量达 10 万件，已销售到香港大都市国际大超市，最远销到中东迪拜等国家。

品牌方面，荣获 GX 富硒农产品认定、获得了国家级“星创天地”、××县农业科技园区、G 现代特色农业核心示范区（四星级）、被评为××市农业龙头企业。

厂房设备方面，拥有500平方米研发技术中心，5500平方米选果仓储生产车间并配套法国迈夫高端选果生产线1条，25000平方米温室育苗大棚及200亩育苗基地。

研发技术方面，公司研发出独具特色的山地高密度生态种植技术，依托生物有机无机特种肥的强大肥效特点，实现山地、高密度、生态、早产、高产、高质、低成本的沃柑新型特色种植，实现2年挂果、3年高产的核心技术竞争力。

B公司目前的组织结构如图5－1所示。

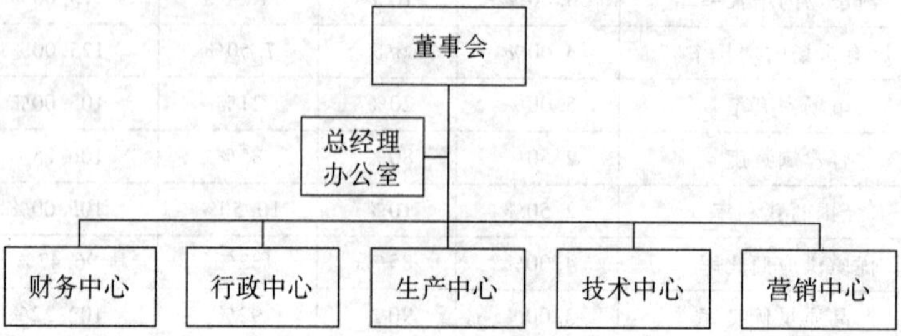

图5－1　B公司组织结构

（二）B公司绩效评价现状

通过电话与网络，对B公司高管人员、行政中心负责人进行访谈，列出B公司目前具体的绩效考核体系如表5－3所示。

表5－3　B公司绩效评价指标

一级指标	二级指标	权重	标准
财务指标（60%）	营业收入	10%	每年年初制定
	净利润	10%	
	总资产	10%	
	会计年度利润率	20%	
	净资产	10%	
项目指标（20%）	项目资金到位率	5%	90%
	项目成本节省率	5%	80%
	项目资金到位及时率	5%	90%
	项目按时完工率	5%	85%
社会形象（10%）	公益投入	5%	达到净利润的5%
	合法合规	5%	重大通报少于三次
客户服务（10%）	客户满意度	5%	客户打分不低于80分

考核对象：B公司各部门绩效。考核周期：公司以月度进行考核，每月末进行一次。考核负责部门：行政中心人员。考核目的：了解和评价部门的工作绩效，提高公司的管理水平；改进员工的工作效率，提高工作绩效；加深公司员工对工作职责的了解，增加团队协作意识。考核流程：各个部门汇总当月工作情况，并结合公司绩效评价指标进行考核。考核结果：划分为优秀、良好、基本合格（达标）、不合格（未达标）四等，均与不同奖金挂钩。

尽管B公司在近几年内取得飞速发展，但是各方面的管理还存在一些问题。由于B公司在发展至今的几年内，仅重视业务的拓展和农业科技的发展，对管理方面的重视不够，因此各方面管理水平还跟不上业务的扩张。这就导致B公司在管理的各方面规范性不够。在过去的几年里，B公司经历了迅速扩张，目前的绩效评价侧重于财务指标，绩效评价整体不均衡，问题比较突出。B公司目前的绩效评价指标大致可以分为财务达标率、客户满意度、社会形象、项目完成率四个方面，具体占比如图5－2所示。

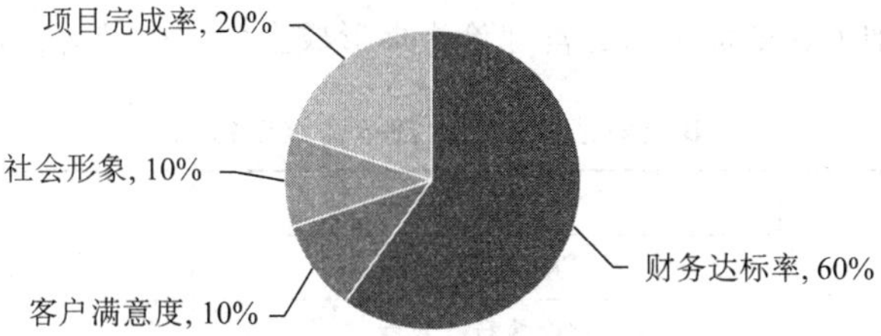

图5－2　B公司目前绩效评价指标占比情况

B公司目前的绩效评价指标较少而且占比不均衡，此外，绩效评价的结果也没有得到很好地应用，仅用于当年年度利润和奖金的分配，没有全面反映公司运营情况，部门管理者不能有效总结经验用于指导下一次绩效评价，因此绩效评价的结果没有得到充分应用。

二、基于平衡计分卡的B公司的绩效评价体系设计

基于平衡计分卡的B公司的绩效评价体系内容包括：

（一）财务维度

尽管B公司目前在绩效评价体系中财务指标占比过大，但是不可否认的是，财务是企业经营过程中一个重要的部分。因此，财务指标始终应该得到重视。参考同类型企业和B公司目前的财务评价指标，并考虑到生态农业的季节性因素，可以制定出新的财务评价维度，见表5－4。

表5－4　B公司绩效评价财务维度指标

<table>
<tr><th>一级指标</th><th colspan="2">二级指标</th><th>评价标准</th></tr>
<tr><td rowspan="8">财务维度</td><td colspan="2">项目资金到位率</td><td>实际资金/计划资金</td></tr>
<tr><td colspan="2">项目成本节省率</td><td>项目资金未超出预算</td></tr>
<tr><td colspan="2">项目资金到位及时率</td><td>实际时间/计划时间</td></tr>
<tr><td colspan="2">会计年度利润率</td><td rowspan="5">每年年初制定</td></tr>
<tr><td rowspan="4">会计指标</td><td>营业收入</td></tr>
<tr><td>净利润</td></tr>
<tr><td>总资产</td></tr>
<tr><td>净资产</td></tr>
</table>

（二）客户维度

客户对于企业的经营发展有至关重要的作用，因此应该加强客户这一维度在绩效评价体系中的重要程度。因此在现有基础上增加客户维度的评价指标，见表5－5。

表 5 – 5 **B 公司绩效评价客户维度指标**

一级指标	二级指标	标准
客户维度	社会形象	公益投入/当年利润
	客户满意度	随机 40% 的客户打分

（三）内部运营维度

企业的内部运营流畅度影响企业的后续发展，强调协调合作，因此应该充分重视内部运营。在 B 公司原有基础上，增加内部运营评价指标形成全面的内部运营评价体系，见表 5 – 6。

表 5 – 6 **B 公司绩效评价内部运营维度指标**

一级指标	二级指标	标准
内部运营维度	协调配合程度	随机 40% 员工打分
	制度执行有效性	制度执行效果
	案防专项的通报次数	重大通报少于三次
	项目立项规范性	项目符合法律法规
	项目生态环保	项目对环境有益

（四）学习与成长维度

学习与成长是针对企业的员工，企业为了发展应该注重对员工的培养。目前 B 公司并没有建立健全的培训体系，因此应该重视对员工学习与成长的培养，见表 5 – 7。

表 5 – 7 **B 公司绩效评价学习与成长维度指标**

一级指标	二级指标	标准
学习与成长维度	培训计划完成率	实际培训/计划培训
	员工保持率	上年度员工数/本年度员工数

确认完 B 公司的绩效评价指标后，需要采取科学的方法确定权重，权重的确定采用问卷调查方式，参与者管理层 1 名，财务中心负责人 1 名，行政中心负责人 1 名，着重参考管理层的意见，并且参考相关文献中有相同研究的案例，最后得到各项绩效评价指标的权重，见表 5 – 8。

表 5 – 8 **B 公司绩效评价体系**

<table>
<tr><th>一级指标</th><th>一级指标权重</th><th colspan="2">二级指标</th><th>权重</th><th>标准</th></tr>
<tr><td rowspan="8">财务维度</td><td rowspan="8">38.9%</td><td colspan="2">项目资金到位率</td><td>5.4%</td><td>实际资金/计划资金</td></tr>
<tr><td colspan="2">项目成本节省率</td><td>4.6%</td><td>项目资金未超出预算</td></tr>
<tr><td colspan="2">项目资金到位及时率</td><td>4.5%</td><td>实际时间/计划时间</td></tr>
<tr><td colspan="2">会计年度利润率</td><td>12.7%</td><td rowspan="5">每年年初制定</td></tr>
<tr><td rowspan="4">会计指标</td><td>营业收入</td><td rowspan="4">11.7%</td></tr>
<tr><td>净利润</td></tr>
<tr><td>总资产</td></tr>
<tr><td>净资产</td></tr>
</table>

续表

一级指标	一级指标权重	二级指标	权重	标准
客户维度	21.4%	社会形象	11.2%	公益投入/当年利润
		客户满意度	10.2%	随机40%的客户打分
内部运营维度	24.8%	协调配合程度	5.2%	随机40%员工打分
		制度执行有效性	5.6%	制度执行效果
		案防专项的通报次数	4.3%	重大通报少于三次
		项目立项规范性	5.6%	项目符合法律法规
		项目生态环保	4.3%	项目对环境有益
学习与成长维度	14.9%	培训计划完成率	5.1%	实际培训/计划培训
		员工保持率	9.8%	上年度员工数/本年度员工数

三、基于平衡计分卡的B公司的绩效评价应用

利用B公司最近三年的各项指标数据（略），并结合指标得分标准，将进行加权汇总，可以得到B公司在现行绩效评价体系下最近三年的得分情况，见表5-9。

表5-9　B公司绩效评价结果

年份	总分	指标	指标得分
2017年	81	财务维度	86
		客户维度	78
		内部运营维度	76
		学习与成长维度	79
2018年	84	财务维度	87
		客户维度	80
		内部运营维度	81
		学习与成长维度	82
2019年	85	财务维度	86
		客户维度	82
		内部运营维度	81
		学习与成长维度	82

从近三年B公司绩效评价的得分可以看出，B公司财务方面的表现一直都很出色，但是2017年的绩效评价仅在财务方面表现较好，其他方面都有一些问题，整体发展不太均衡。2018年、2019年B公司逐渐走向全面发展，公司在客户、内部运营以及学习与成长维度都有所改善，绩效评价的得分稳步提升。但是整体而言，发展还是不够均衡。总体还是呈现出“重财务，轻经营”的问题。

四、提高 B 生态农业开发有限公司绩效的建议

（一）建立清晰战略目标

战略目标能够为企业在一段时期内的发展提供方向，因此 B 公司想要提升绩效就应该明确自身的战略目标，清楚自己在市场中的定位，能够帮助 B 公司更有动力的发展。

B 公司明确自身的战略目标后，经营管理各个方面都应该围绕战略目标进行。根据战略目标的指导，进一步开展自己的业务。B 公司目前的战略目标是“百年企业，生态传承”，因此企业在经营过程中注重长远可持续发展，在绩效评价的帮助下综合发展。

（二）全面发展协同合作

B 公司想要提升自身的绩效，并不仅仅是财务一方面的问题，而是应该全面发展。在新的绩效评价体系的指导下，B 公司应该协同自身实力，整个公司上下齐心协力，共同为了提升绩效而努力。不仅应该团结自身的力量，而且可以充分利用周围环境中的力量。比如加强和省内外的农业、科技力量，共同为了 B 公司的发展合作。

（三）重视绩效评价结果

绩效评价的过程并不是一条单行线，而是一个循环往复的过程。绩效评价的结果应该更好地指导公司未来一段时期内的发展。根据绩效考核的结果，公司能够明确自身在哪方面做的不足，也就是未来努力的方向。公司应该根据绩效评价的结果明确自身的长处和短板，扬长避短，实现长远的发展。具体而言，每次绩效评价结束以后都应该积极组织绩效评价的总结会议，对绩效评价反映出的公司发展的问题进行反思，并且改善整个绩效评价的流程。

本章小结

本章介绍了平衡计分卡的主要概念和平衡计分卡在企业绩效评价中的实际应用问题，并结合案例对平衡计分卡实际解决公司绩效评价问题进行了分析。平衡计分卡的基本内容包括四个方面：财务角度、顾客角度、内部经营流程、学习和成长。平衡计分卡中的目标和绩效评价指标来源于组织战略，它把组织的使命和战略转化为有形的目标和衡量指标，打破了传统的只注重财务指标的业绩管理方法。平衡计分卡能为企业战略管理提供强有力的支持，提高企业整体管理效率，防止企业管理机能失调，提高企业激励作用，使企业信息负担降到最少。但同时平衡计分卡实施难度大，指标体系建立较困难，指标数量过多，各指标权重的分配比较困难，部分指标的量化工作难以落实。平衡计分卡实际操作流程需要进行绩效管理建设前期准备，明确公司的愿景和战略，建立平衡计分卡绩效指标系统，实施平衡计分卡绩效管理系统，建立健全考核体系，保证平衡计分卡在企业绩效评价中的重要作用。

思考与练习

一、单项选择题

1. 在平衡计分卡业绩衡量方法中，下列哪一项属于潜在的领先指标（　　）。

A. 新客户开发率　B. 盈利率
C. 投资回报率　D. 质量
2. 下列哪一项不属于战略分析中的外部环境分析 PESTEL（　）。
A. 政治分析　B. 经济分析
C. 企业财务分析　D. 法规分析
3. 从平衡计分卡的角度组织 SWOT 矩阵，其中“W”是指（　）。
A. 优势　B. 劣势
C. 机会　D. 威胁
4. 从平衡计分卡的角度组织 SWOT 矩阵，其中“T”是指（　）。
A. 优势　B. 劣势
C. 机会　D. 威胁
5. 下列哪一项不是平衡计分的战略执行要素（　）。
A. 战略地图　B. 平衡计分卡
C. 目标客户　D. 战略中心型组织
6. 支持单元计分卡的流程角度通常会有三个主题，以此来实现财务和客户角度的目标，下列哪一项主题除外（　）。
A. 处理外部客户的关系　B. 降低运营及服务的成本
C. 处理内部客户的关系　D. 支持单元对业务单元的战略性支持
7. 下列哪一项不属于行动方案管理模型的流程（　）。
A. 选择战略性行动方案　B. 选择战略性主题
C. 提供战略性资金　D. 建立责任制
8. 下列哪一项不是战略管理办公室的角色定位（　）。
A. 战略管理流程的构建者　B. 流程管理者
C. 流程整合者　D. 流程决策者
9. 下列哪些不是细化愿景目标角度的是（　）。
A. 财务角度　B. 客户角度
C. 流程角度　D. 技术角度
10. 下列不是平衡计分卡创始人的是（　）。
A. 彼得·德鲁克　B. 罗伯特·卡普兰
C. 戴维·诺顿　D. 史蒂芬·安德森
11. 下列哪一项不是战略制定的流程（　）。
A. 明晰使命、价值观和愿景　B. 进行战略分析
C. 制订战略　D. 战略升级
12. 战略方向描述包含三个组成部分，下列哪一项不是战略方向描述（　）。
A. 战略目标　B. 渐进式与转型式战略调整
C. 要做好的事　D. 首要衡量指标
13. 下列哪一项不是战略转型的激发因素（　）。
A. 外部宏观环境的变化　B. 新领导的任命
C. 公司盈利能力持续提高　D. 技术进步

14. 下列关于价值创造的管理思想中，哪一项表述不正确（　　）。

A. 组织的最终目标是为股东和利益相关者创造长期价值

B. 组织的价值来源于满足客户的价值定位

C. 无形资产驱动关键流程绩效的提高，并为客户和股东带来价值

D. 组织流程改造的意义在于其长期价值

15. 战略转化为行动，在于战略性行动方案的执行，下列哪一项不是建立战略性行动方案的要素（　　）。

A. 对行动方案的描述　　B. 制订战略

C. 期望的效果　　D. 所需资源、成本和时间

16. 有效的战略执行需要员工的积极参与，从而帮助达成公司战略。下列表述错误的是（　　）。

A. 向员工传授和沟通战略

B. 协同个人培训和发展计划，培养员工执行战略所学的知识、技能和能力

C. 将员工的个人目标和激励与战略相链接

D. 强调员工的执行力，以执行代替沟通

17. 预算管理是当前大多数公司的核心管理体系，下列哪一项不是其主要功能（　　）。

A. 预测未来的收入和支出，并用以财务计划和协调管理

B. 促使管理人员为预算结果而负责

C. 通过预算减少企业开支

D. 授权管理人员在预算范围内使用费用

18. 下列哪一选项表述不正确（　　）。

A. 运营回顾会议重点在于检验近期的部门、职能和财务绩效，提出需要马上解决的问题

B. 在战略执行和调整会议上应重点讨论短期的运营和策略问题

C. 战略回顾会议则重点在于检验各个单元平衡计分卡的指标和行动方案完成情况，绩效评价战略实施的进展情况，存在哪些阻碍和风险

D. 战略检验和调整会议则重点讨论当前的战略是否可行

19. 下列对于链接战略规划与资源能力计划和运营预算的步骤描述中，表述不准确的是（　　）。

A. 运用基于驱动因素的收入计划来获得未来的销售预测

B. 把高层的销售预测转化为详细的销售计划

C. 把销售和运营计划以及预期的流程效率整合到时间驱动的作业成本模型中，用以预测对资源的需求

D. 通过静态预测（预算）得出运营性支出和资本性支出。

20. 战略管理办公室具有整合者的职能，必须将各种管理流程与战略整合和协同，下列哪一项不是战略整合者的职能（　　）。

A. 规划战略

B. 链接战略与财务资源规划和预算

C. 协同重要职能支持部门的计划与资源

D. 管理战略行动方案

21. 公司推行经济活动的合同化，以下哪一项不是公司合同条款应的原则（　　）。

A. 合法性　　B. 公平性

C. 合规性　　D. 合理性

22. 公司的薪酬分配原则是（　　）。

A. 劳动力价格与市场接轨　　B. 劳动力价格高于市场价格

C. 劳动力价格与绩效考核相结合　　D. 劳动力价格与市场接轨结合绩效考核

23. 下列哪一项不是公司的组织管控原则（　　）。

A. 民主集中　　B. 逐级授权

C. 书面确认　　D. 信息公示

二、简答题

1. 平衡计分卡的主要特点有哪些？

2. 运用平衡计分卡在企业绩效评价中应注意哪些问题？如何去防范？

3. 简述平衡计分卡在实际运用时的操作流程。

三、讨论题

S 先生是某大型国有企业 P 公司的人力资源总监，他在国外培训的时候接触到了平衡计分卡，并被这一新型管理工具深深地吸引，认为它能给公司带来全新的局面。回国后，S 先生在公司里力主实施平衡计分卡，他的想法得到公司高层的认可。于是在公司行政力量的推动下，P 公司于 2001 年开始实施平衡计分卡。经过几个月的辛苦工作，人力资源部全体员工深入二级单位和各部门调研、协商、沟通，制定了较为完整的 4 大考核指标体系——财务、客户、业务流程和学习创新。人力资源部还为此制作了大量表格下发到各单位，并对相关人员进行了培训。但随后，麻烦便接踵而至。公司虽然建立了基于平衡计分卡的考核指标，但由于指标分解制定得不科学，无法建立行之有效的监控体系，而对于如何制定科学有效的考核指标，S 先生也是一脸茫然。各部门与员工因此大为不满，抱怨与抵触情绪愈演愈烈。最终，一年都没到，P 公司的平衡计分卡绩效评价体系就不了了之，各部门仍旧沿用过去的以财务指标为核心的考核体系开展工作。

要求：请分析 P 公司为什么失败？

第六章　多种评价方法在企业财务绩效评价中的应用

学习目标

1. 了解综合绩效评价法的历史渊源和基本思想；
2. 明确综合绩效评价法的主要特点和优缺点；
3. 理解综合绩效评价法的应用操作流程；
4. 掌握综合绩效评价法在实际案例中的分析和应用能力。

第一节　企业财务绩效评价

一、企业财务绩效评价

财政部认为：企业财务绩效是指一定经营期间的企业经营效益和经营者绩效。企业经营效益水平主要表现在盈利能力、资产营运水平、偿债能力和后续发展能力等方面。经营者绩效主要通过经营者在经营管理企业的过程中对企业经营、成长、发展所取得的成果和所做出的贡献来体现①。

企业财务绩效评价就是按照企业目标设计相应的评价指标体系，根据特定的评价标准，采用特定的评价方法，对企业一定经营期间的经营绩效做出客观、公正和准确的综合判断②。我国企业财务绩效评价的现状是以工商企业为主体，分别从四个不同角度关注绩效：一是企业的偿还债务能力状况；二是经营运转能力状况；三是投资回报能力状况；四是发展能力状况③。通过四个角度的综合分析对企业财务绩效有了全面的了解和综合的判断。

二、企业财务绩效评价理论基础

企业财务绩效评价理论基于利益相关者理论基础上，在市场经济条件下，股东权益最大化和公司价值最大化理论也被作为企业绩效评价的理论依据④。企业所有者为了达到市场目标在特定期间根据两大理论的核心思想来建立有效的绩效评价制度进而进行绩效评价研究。所有者在充分理解企业绩效评价目标的基础上设计绩效评价体系，对其三个理论依据的解释

---

① 财政部统计评价司．企业效绩评价问答［M］．北京：经济科学出版社，1999.

② 刘俊勇．企业绩效评价与激励机制［M］．北京：中国人民大学出版社，2013.

③ 赵立雨．公司财务绩效评价——基于 EVA 和研发投入视角［M］．北京：经济管理出版社，2019.

④ 赵立雨．公司财务绩效评价——基于 EVA 和研发投入视角［M］．北京：经济管理出版社，2019.

如下：

（一）股东权益最大化理论

在企业中，拥有并控制企业的是出资者，出资者由于享有企业的所有权，因此也要承担相应的风险，并享有企业的剩余价值；企业中的投资方式分别有债务投资和所有者直接投资，即企业的股东和相关债权人以及被雇用的劳动者；由此可见，承担剩余价值最大风险的受体是企业的股东，相关的债权人和被雇用劳动者只需承担一定范围内的风险和报酬，因此，在企业的经营管理层设计绩效评价体系时，必须能保障企业的股东收益免于受损并以股东权益最大化为核心目标。

（二）公司价值最大化理论

传统的观点是以企业利润最大化为目标来衡量企业的绩效，而以公司价值最大化理论为核心逻辑来衡量企业的绩效评价所具有的优势：其一，把资本的时间价值考虑在内，使其能进行科学、可靠、准确地计量，做出符合企业目标的决策；其二，规避了企业盲目追逐利润的错误行为，若不顾风险一味追逐利润，企业将无法可持续发展，因此全面考虑投入与报酬，使企业能进行良好的可持续发展；其三，公司价值最大化理论不仅考虑到过去和当下的利润会给企业带来影响，也考虑了利润的未来价值会给企业带来的影响，较为全面地弥补了传统的利润最大化理论观点的缺陷。

（三）企业利益相关者价值最大化理论

企业利益相关者包括企业股东、债权人、经营者、客户、供应商、员工、政府等，在确定企业财务管理目标时，不能忽视这些相关利益群体的利益。企业利益相关者价值最大化理论强调企业股东的首要地位同时关注企业风险与报酬的均衡，将风险限制在企业可接受的范围之内，更加强调对企业经营者的监督和控制，建立企业有效的激励机制，关心企业一般职工的利益和客户长期利益，不断改善企业与债权人的关系，加强与企业供应商合作，保持与政府部门的良好关系。其目的是促进企业长期稳定发展，实现企业经济效益和社会效益的统一，较好地兼顾企业各利益主体的利益，达到企业前瞻性和可操作性的统一目标。

三、企业财务绩效评价指标与标准

（一）企业财务绩效评价指标

企业财务绩效评价的衡量依赖于指标，绩效评价的依据就是指标①。首先，企业财务绩效评价指标具有多层次性，如公司、分公司、分厂和部门的指标。其次，企业财务绩效评价指标具有多角度性，如财务指标、经营指标和技术经济指标。最后，企业财务绩效评价指标具有多方位性，如采购、库存、生产、运输、销售等方面的指标。企业财务绩效评价指标体系所包含的评价指标显然复杂于会计制度、会计法规等单一的财务评价指标。

1. 企业财务绩效评价指标分类

（1）相对指标和绝对指标。在企业财务绩效评价中，采用相对指标还是绝对指标，在一般意义上指的是采用比率指标或总量指标的选择。例如，在对投资中心评价时，选择使用投资报酬率指标还是剩余收益指标。

---

① 刘俊勇．绩效评价与激励机制［M］．北京：中国人民大学出版社，2021.

在企业全面预算管理中，预算目标与指标选取密切联系。如果选择绝对指标，那么在制定各部门预算目标时是假定目标总量不变，采用切块分解方法确定预算目标；如果选择相对指标，就是假定消耗率（或单位收入）不变，根据业务量变化确定预算目标。我们在实际中看到这两种确定预算目标的做法都存在。

不少企业的管理费用预算采取绝对指标分解的做法。先用预计市场销售量和预计价格减去必须发生的各种固定费用，倒推允许发生的变动费用（可控费用），然后根据以往的经验，按一定比例得到各项费用的总额，再切块到各部门。例如，某公司预计下一年维修加班费共 60 万元，分解到下属 10 个生产部门包干使用，但是由于实际年度生产装置非计划停工维修的时间低于预期，抢修和维修工作量明显减少，加班支出应该低于预算，但是到年底各单位为了明年的基数不降低，各显神通，最后各家都略有超支。而另一家公司的加班费采取相对指标控制，与劳动生产率（人均产值）指标挂钩，当劳动生产率高于预定的标准后，按照预先核定的单位产值加班费定额控制该项费用支出，取得了较好的效果。

但是相对指标使用中也有问题。例如某企业对除材料之外的制造成本采用费用率的方法评价，由于制造费用中固定成本的存在，当生产任务不饱满时，完成评价指标很困难，而生产量大时完成预算任务比较容易。所以各生产部门都希望加大生产任务，卖不出去也不管。如果上级强制限产，则把完不成任务的责任全都推到产量上；如果产销挂钩进行评价，有的单位会通过增加应收账款的做法虚增收入和利润。

从理论上说，面对上述问题，只需区分成本（收入）的性态是变动还是固定的，相应采用相对或绝对指标评价即可。但是在实际中区分变动或固定成本（收入）并不容易，即使判断出它们的性态，确定其变动的“动因”也非易事，需要仔细权衡。

（2）定量指标和定性指标。在企业财务绩效评价中人们一般比较重视定量指标，因为它比较容易计算，是看得见的指标。但是，有时定量指标受定性指标影响，忽视“定性指标”可能会降低“定量指标”评价的效果。如某绿化管理机构实行预算管理，对栽培、灭虫等各项作业都规定了工作量和标准工时消耗定额，但由于对工作质量缺少评价手段，仅从经费上评价，导致有些部门采取诸如减少喷药次数或降低药水浓度的方法降低消耗。又如某制造企业，装置设计时要求采用高品质材料，生产部门多年来材料消耗一直处于先进水平。近来由于高品质材料市场价格居高不下，产品利润空间大大降低，技术部门认为可以通过装置改进换用低品质材料，大大降低成本，但生产部门的材料消耗量预算指标将会突破，并失去自己消耗率指标的先进地位，因而生产部门极力抵制换用低品质材料。

这些例子说明在企业财务绩效评价指标的确定中，必须考虑对企业整体发展的影响，考虑它引起的行为是否符合企业要求。

2. 企业财务绩效评价指标设计原则

企业财务绩效评价指标设计原则是人们从长期的经济活动中总结来的，具有普遍的适用性，集中体现了企业财务绩效评价活动的共性。将企业战略目标转化为具体财务绩效评价指标时，必须遵循以下几条原则[①]：

（1）与企业目标一致或正相关。

（2）兼顾短期和长期利益。

① 刘俊勇．绩效评价与激励机制［M］．北京：中国人民大学出版社，2021.

（3）财务指标与非财务指标达成平衡。

（4）基本客观，便于计量。

（5）反映管理层的关键行动和作业。

（6）受到管理者和员工行为的影响。

（7）容易为员工所理解。

（8）保持一贯并合乎规律。

（9）成本效益原则。

（二）企业财务绩效评价标准

企业财务绩效评价是通过一系列的评价指标来进行的，评价指标实际值必须与一定的标准值进行对比，才能判断企业经营业绩的好坏。因此，选择评价指标的判别标准，便成为一个十分重要的问题。企业财务绩效评价标准通常划分为“内部决定”业绩标准（如历史标准和预算标准）和“外部决定”业绩标准（如外部标准）①。前者直接受到管理层当前或上年行动的影响，后者却不容易受到影响。

1. 历史标准

历史标准是企业根据过去的业绩制定的标准。在进行企业财务绩效评价时，历史标准的具体运用方式有三种，即与上年实际比较、与历史同期实际比较、与历史最高水平比较。在与历史数据进行对比时，要注意剔除因物价变动、会计核算方法变更等带来的一系列不可比因素，以便合理评价企业经营业绩。历史业绩标准提供的信息可能符合财务会计的可靠性要求，但它对于企业经营管理者来说，相关性是不足的。具体表现为：在前后两个阶段的经营期内，经营环境可能已经发生变化，而历史业绩标准难以捕捉，并且历史业绩中可能含有不合理因素，以此为依据实际上认可了企业过去的不足，并将其不足作为合理成分延续到今天乃至今后。历史业绩标准表现出的“惯性定律”在竞争环境日益激烈、经营环境日趋变化的今天，很难维持有效性。

2. 预算标准

预算标准是企业力争达到的业绩标准。企业事先确定的目标、计划、预算、定额、标准等都可以看作是预算标准。通过与预算标准对比，可发现实际业绩与目标业绩之间的差距。预算标准的优点在于预算是从合理性出发，实际业绩与预算业绩的差异表明了公司某种工作中的不足，说明企业经营业绩未达到预期目标，它便于深入分析其背后的原因。不足之处在于预算编制的主观性太强，未能适时监控外部经营环境的变化。20 世纪 90 年代以后，预算的作用日益削弱。许多跨国公司认为，预算具有淡化战略意识、难以促进企业业绩持续改善的缺陷。同时编制预算又要耗费很多时间和财力，对公司的实际价值也不大。

3. 外部标准

外部标准是以其他企业业绩为评价依据。从同行业中挑选具有效率的可比企业作为业绩标准，事实上并非易事。第一，从哪里可以得到众多企业的资料供选择？第二，从何种角度认定它是可比对象？第三，各企业有各自的经营方式与理财方法，如果事先不对同业的财务资料内容深入了解，则究竟哪些企业才能作为比较对象，实在难以选择。鉴于此，外部标准通常以行业标准来表示。

---

① 刘俊勇．绩效评价与激励机制［M］．北京：中国人民大学出版社，2021.

行业标准就是以企业所在行业的特定指标数值作为企业财务绩效评价的标准。在实际工作中的具体做法包括本企业的业绩指标与同行业公认的标准指标对比；与同行业的先进水平指标对比；与同行业的平均水平指标对比。通过行业标准指标比较，有利于揭示本企业与同行业的差距。

第二节 杜邦分析法在企业财务绩效评价中的应用

一、杜邦分析法的定义

杜邦分析法是 1919 年由杜邦公司皮埃尔·杜邦和唐纳德提出的综合性财务绩效分析方法。该方法以净资产收益率为主要指标，可以将其分解为三个指标：销售净利率、总资产周转率和权益乘数。通过对这三个指标之间的关系进行系统分析，能够全面掌握与绩效评价企业的财务绩效。

二、杜邦分析理论

（一）基本原理

净资产收益率是杜邦分析法的理论框架的中心指标，它可以有效地正面反映出企业规划和管理其他方面的能力以及所有者投入企业的资本获利能力。为了分析能够进行到下一步，可将净资产收益率表示为总资产净利率与权益乘数乘积的形式，总资产净利率表示为销售净利率与总资产周转率乘积的形式，从上两者的关系推理得出，净资产收益率是由销售净利率、总资产周转率以及权益乘数三者相乘计算得出。

企业的销售收入状况是借助销售净利率这一指标呈现出来，销售收入与总额资产的比率是总资产周转率，在分析对这一指标的变动趋势时，可以看出企业资产运转效率是否有所提高，通常以固定资产周转率、应收账款周转率、存货周转率等指标为出发点进行分析。权益乘数作为财务杠杆系数之一，反映的是财务杠杆在企业规划和管理过程中的运用程度。一般来说，企业负债经营程度越高，相伴随的往往是高回报与高风险，而企业负债经营程度的水平则取决于企业的商业模式。权益乘数越高也就意味着依赖负债的经营程度越高，相对应的则是高风险。杜邦分析流程图如图 6 - 1 所示。

（二）杜邦分析法主要指标分析

（1）在杜邦分析法中，净资产收益率是衡量上市公司总收入和盈利能力的重要指标，该指标不仅可以反映企业盈利水平，还可以反映公司资产运营和筹备资金活动的效率。进一步分析，净资产收益越大，投资回报越高；净资产收益越小，投资回报越低。从这个角度来看，净资产收益率可以反映自有资本投资的收益。

企业的资产，通常来源于外来资产和以前年度的留存收益，还有投资者投入的资本，即所有者权益。从企业角度出发，为了达到提高资本使用效率，企业一般会借助于财务杠杆，但过高的杠杆程度引起过高的风险也是企业注意到的问题。具体公式如下：

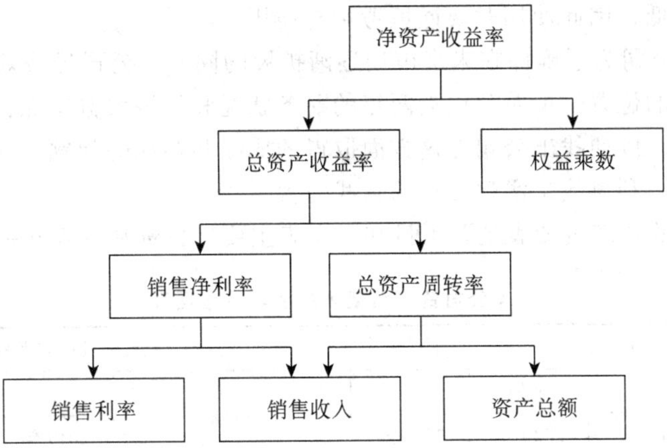

图 6-1　杜邦分析流程图

净资产收益率 = 净利润/股东权益 = 销售净利率 × 资产周转率 × 权益乘数

（2）资产净利率是反映企业资产综合利用效果的系统性较强的财务指标，也是与净资产收益率相关的指标。在需要确定总资产净利率时，离不开总资产周转率与销售净利率这两个指标，总资产周转率与销售净利率变化将决定资产净利率的大小。其中，总资产周转率有效地反映企业销售能力的强弱，销售净利率能反映企业的销售收益的大小，企业经营成本的减少、销售收入的提升，都将影响企业的销售净利润与资产周转率。

在评价企业财务绩效时，采取分解总资产和收益率数据指标的方法。从投资者角度来看，在洞察利润目标时，他们关注的是投资回报的大小，所以每股收入、净资产收益率这两个指标更是投资者们的中心注意点。对于实践而言来分析，总资产的收入比率，对企业管理人员绩效评价企业的综合实力以及将来发展状况起到很大的作用。具体公式如下：

总资产净利率 =（净利润/总资产）×100% = 销售净利率 × 资产周转率

销售净利率 = 净利润/营业收入

资产周转率 = 营业收入/总资产

（3）总资产周转率是衡量企业资产运营效率的一项指数，它反映了企业所有资产的质量管理和利用率，也反映了企业整体的经营能力。通过对该指标的比较分析，观察到企业经营效率和总资产的变化，从而进一步推出企业与同类企业在资产利用率之间的差距。面对资产利用率之间的差距，企业可以通过低利低价卖出商品的销售策略来增加总收益，加快资产周转，促使利润的增加。具体公式如下：

总资产周转率 = 销售收入/总资产

（4）权益乘数与资产权益比率相反，它是由资产和负债决定，表示为总资产与股东权益的商。权益乘数越大，表明企业的负债多，一般会导致企业财务杠杆率较高，财务风险大。相反，这也表明可以更加保护企业债权人的权益不受企业侵害，具体公式如下：

权益乘数 = 资产总额/股东权益总额

权益乘数越大，企业债务越大，这往往会导致企业的杠杆比率越来越大，从而引起更大的财务风险。对于公司的运营和管理，它寻求优化资产结构并将其作为公司取得最大化利润的基础。例如，如果企业的利润超过了借贷资本的价值，则可以在纳税前保留贷款资本，以获得债务利息。此时，企业的财务杠杆与盈利能力也随之增加，企业破产的可能性增加，企业的价值性也将降低，因此使用时要谨慎考量与使用。

【例 6-1】 A 公司为了确保在未来市场逐渐扩展的同时，公司经济效益稳步上升，使自己维持行业排头兵的位置，拟对公司近两年的财务状况和经济效益情况，运用杜邦财务分析方法进行全面分析，以便找出公司在这方面取得的成绩和存在的问题，并针对问题提出改进措施，扬长避短，以利再战，实现公司的自我完善。

A 公司近三年的资产负债表主要项目和利润表主要项目资料见表 6-1 和表 6-2。

表 6-1　A 公司资产负债表主要项目数据表　　金额单位：千元

资产				负债及所有者权益			
项目	金额			项目	金额		
	2019 年	2020 年	2021 年		2019 年	2020 年	2021 年
流动资产合计	398400	1529200	1745300	流动负债合计	395000	493900	560000
长期投资	14200	68600	20900	长期负债合计	31400	86200	128300
固定资产净值	313200	332300	473400	负债总计	426400	580100	688300
在建工程	21510	31600	129500				
其他资产			6900				
无形及其他资产		147500	155500	所有者权益合计	320910	1629100	1843200
资产总计	747310	2209200	2531500	负债及所有者权益合计	747310	2209200	2531500

表 6-2　A 公司利润表主要项目数据表　　金额单位：千元

项目	金额		
	2019 年	2020 年	2021 年
一、营业收入	881000	948800	989700
减：营业成本	316400	391000	420500
税金及附加	95300	99600	89000
二、产品销售利润	469300	458200	480200
加：其他业务利润			
减：管理费用	164900	107000	97200
销售费用	9900	52700	43500
财务费用	13400	3600	18500
三、营业利润	281100	294900	321000
加：投资收益			
营业外收入			
减：营业外支出			
四、利润总额	281100	294900	321000
减：所得税费用	84330	88470	96300
五、净利润	196770	206430	224700

要求：计算该公司 2020 年和 2021 年的净资产收益率，并确定 2021 年较 2020 年的差异。

解：

（1）2020 年净资产收益率

=206430÷[(320910+1629100)÷2]=206430÷975005=21.17%

（2）2021 年净资产收益率

=224700÷[(1629100+1843200)÷2]=224700÷1736150=12.94%

（3）权益净利率 2021 年较 2020 年总差异=12.94%-21.17%=-8.23%

计算结果表明 A 公司 2021 年较 2020 年净资产收益率下降了 8.23%

第三节　经济增加值在企业财务绩效评价中的应用

一、经济增加值原理

（一）经济增加值的含义及特点

经济增加值（EVA），属于绩效度量的指标，是指税后净营业利润扣除企业资本成本之后的剩余价值，若剩余价值为正数，则说明管理者为股东创造了价值；反之即为价值受到了损失。经济增加值（EVA）是 20 世纪 80 年代初美国斯腾思特公司创立的一套进行业绩绩效评价和管理的理论与操作体系，自推行以来，理论界和工商界给予了很高的评价，在社会上也引起了很大的反响。EVA 是一个反映企业经营管理绩效的指标，该指标的特点主要是给予了股权资本足够的重视，且把量化后的股权资本成本与企业并购绩效评价结合了起来，改善了传统评价指标的缺陷，着重体现了股权资本的实际回报效果，迫使企业不再只是片面地考虑年报上单一的财务指标。同时 EVA 评价指标能够对会计科目进行金融调整，这将极大地减小了会计政策以及人为操纵数据对绩效评价的影响。

（二）EVA 的计算公式

EVA 的经济本质是衡量所获利润与所耗资本成本之间的差距，其计算公式如下：

EVA=NOPAT-WACC*TC

其中：

NOPAT 为税后净营业利润；

WACC 为加权平均资本成本；

TC 为资本总额。

EVA 值的大小随着 NOPAT、WACC 和 TC 的变动而变动，因此应调整这三个因素，进而求得 EVA 值。方法展开如下：

（1）NOPAT 的计算公式如下：

NOPAT=(净利润+利息+所得税)×(1-税率)+少数股东损益+本年商誉摊销+递延税款贷方余额的增加额-递延税款借方余额的增加额+各种准备金余额的增加+研发支出费用-研发支出费用在本年的摊销

因为 NOPAT 体现了企业真实的获利情况，并且它和资本结构没有关联，因此在计算过程中需要做以上调整。

（2）TC 的计算公式如下：

债务资本（D）=短期借款+一年内到期的长期借款+长期借款+应付债券

权益资本（E）=普通股权益+少数股东权益

投资资本调整额（E）=坏账准备+存货跌价准备+短期投资跌价准备+长期投资减值准备+固定资产减值准备+无形资产减值准备+递延税款贷方余额-递延税款借方余额+累计商誉摊销+研发支出费用

调整后资本总额（TC）=债务资本+权益资本+投资资本调整额-在建工程净值

TC 是指企业占用的资本，而那些没有进入企业运营的资产以及不用支付成本的负债在计算时需要予以扣除。

（3）WACC 的计算公式如下：

$WACC = (E/V) \times Rs + (D/V) \times Rd \times (1 - T)$

其中：

Rs 为股本成本；

Rd 为税前债务成本；

E 为权益资本；

D 为债务资本；

V 为 E+D；

T 为公司的实际税率。

WACC 是指企业使用各项资本的总成本，它是债权人及股东对其注入资本的机会成本所要求的补偿。债务资本成本是企业占用有息债款所需要支付的成本。股权资本成本即企业因获取投资而必须支付给股东的报酬，本节选取 CAPM 模型核算股权资本成本，计算公式如下：

$Rs = Rf + \beta \times (Rm - Rf)$

其中：

Rf 为无风险利；

β 为上市公司股票的市场风险系数，反映了公司股票相对于整个市场的系统相关性；

Rm-Rf 表示预期的市场风险溢价，反映了整个证券市场相对于无风险收益率的溢价。

【例 6-2】某企业 2020 年税后净利润为 500 万元，资产总额为 10000 万元，本年研发费用 400 万元做费用化处理，该企业计算经济增加值的调整规则为研发费用分 5 年摊销，未摊销部分调增资产总额，所得税税率为 25%，该企业加权平均资本成本为 5%。

由于 2020 年 NOPAT=500+400-80=820（万元）

调整后资本总额（TC）=10000+320=10320（万元）

因此该公司 2020 年 EVA =820-5%×10 320=304（万元）

二、EVA 的优缺点分析

（一）EVA 的优点

EVA 与传统的财务指标相比，反映的是企业的经济利润，更为真实。因为企业的资本成本其实并不是股东免费提供的，而其在计算时扣除了资本成本，正是将资本认识为有价成本。当获益大于资本成本时，才能说明管理者为企业提供了价值，反之亦然。

（1）EVA 有利于企业的可持续发展。利用传统的财务指标进行绩效评价具有滞后性的缺点，其因为过于重视企业的短期效益会减少在无形资产方面的投入，如培训费、研发支出等，但 EVA 会对这些方面进行调整，从而使管理者会乐于加大对培训等方面的支出，员工能进步，企业也会因此得到更好的发展。

（2）EVA 可对管理者进行有效激励。传统的固定薪资会让管理者消极怠工，而 EVA 的加入使管理者需要考虑股东的权益，当 EVA 值越大时，管理者得到的利益也越多，不仅调动了积极性，也因此促进了企业的发展，最终实现双方共赢。

（3）EVA 有利于实现企业价值最大化。EVA 将管理者、股东与员工的利益目标进行了统一，将股东权益与企业的经营进行了捆绑，从而使企业投资的未来利润朝着大于资本成本的方向逐渐扩大，最终实现企业价值最大化。

（二）EVA 的不足

（1）EVA 没有涉及非财务指标。客户满意度和技术创新程度等非财务指标对企业的发展也是很重要的，只有财务指标与非财务指标相结合的绩效评价体系才能更完整。

（2）EVA 调整复杂，具有滞后性。EVA 涉及会计调整值，是以会计报表为基础的，为了使调整的结果达到理想的状态，需要调整多项数值，计算过程相对麻烦，也有可能存在利润操纵的行为，资本成本率也难以估算精准。并且这些调整都是在历史会计数据的基础上进行的，不能对企业未来的情况进行分析。

（3）EVA 无法激励基层员工。EVA 普遍应用于管理者，对于员工无法进行考核，当员工的绩效无法进行评价时，其工作的积极性也无法进行调动。而一个公司，创造价值的主体本质为普通员工，只有当绩效评价渗入到基层员工时，才能提高企业的生产经营效率。

三、经济增加值的绩效评价应用

经济增加值是一种广义上的财务指标，只不过是对严格意义上的财务指标进行了适当的调整。它的调整依据是公司的财务数据，这就保证了评价数据的易获得性。此外，由于经济增加值采用了单一评价标准，从而回避了业绩评价系统中最为困难的问题——权重。作为一种基于战略管理的业绩评价方法，经济增加值也强调非财务指标在沟通和联系中的作用，它将非财务指标作为部门和员工易于理解的价值创造动因，由于权益资本成本难以确定，因而也可能会影响经济增加值的应用①。

从评价主体角度来看，经济增加值不仅可以作为投资者评价企业整体业绩以及高层管理者业绩的评价指标，而且可以作为高层管理者评价内部各部门及相应管理者业绩的评价指标。也就是说，经济增加值不但可以作为外部评价指标，也可以作为内部业绩指标。

EVA 可以提供一种最可靠的尺度来反映管理行为是否增加了股东财富，以及增加股东财富的数量。一般来说，EVA 大于零，意味着从经营利润中减去整个公司的资本成本后股东投资得到的净回报。EVA 的值越大，表明管理者的业绩越好。企业 EVA 持续增长意味着公司市场价值不断增加和股东财富增长，从而实现股东财富最大化目标。

有了 EVA 之后，所有的财务决策（包括业绩评价）都能够用一种统一度量指标来建立模型、监测、绩效评价、沟通和补偿，从而为所有经营单位和职能部门的员工提供一种共同

---

① 刘俊勇．绩效评价与激励机制［M］．北京：中国人民大学出版社，2021.

语言。用一个指标作为一切决策的依据，这是所有其他财务管理系统无法做到的。用一种共同的语言来沟通，将使所有员工为创造价值这样一个目标而共同奋斗。并且，从公司战略到日常业务决策，都将以它们对 EVA 的影响来加以考虑，从而消除了以往的冲突和迷惑。

第四节　综合评价法在企业财务绩效评价中的应用

综合评价法包括综合指数法和综合评分法，即通过计算企业经营业绩综合指数或综合分数来反映企业总体经营业绩水平的高低。综合评分法就是通过一定的数学模型（或算法）将多个绩效评价指标值“合成”为一个整体性的综合绩效评价值。考虑到如何从综合评分上体现绩效问题，本书采用加权平均法和功效系数法进行综合评分，即对目标、产出与结果两个层次采用加权求和法评分，对投入与活动采用功效系数法评分。由于篇幅有限，本节重点介绍综合指数法。

一、综合指数法的定义

运用综合指数法进行企业财务绩效绩评价的一般程序或步骤包括选择业绩评价指标，确定各项指标的标准值，计算指标单项指数，确定各项指标的权数，计算综合经济指数，评价综合经济指数。下面以财政部 1995 年颁布的企业经济效益评价指标体系为例，说明综合指数法的应用。

二、综合指数法的步骤

（一）选择经营业绩评价指标

企业财务绩效评价的首要步骤是正确选择评价指标，指标选择要根据分析目的和要求，考虑分析的全面性和综合性。财政部颁布的企业经济效益评价指标体系中选择的经济效益指标包括三个方面的十项指标：

1. 反映盈利能力和资本保值增值的指标

反映盈利能力的指标主要有三个，即：

（1）销售利润率，反映企业销售收入的获利水平，其计算公式为：

$$销售利润率=\frac{营业收入-营业成本-税金及附加}{营业收入}\times 100\%$$

（2）总资产报酬率，用于衡量企业运用全部资产的获利能力，其计算公式为：

$$总资产报酬率=\frac{利润总额+利息支出}{平均资产总额}\times 100\%$$

其中，$平均资产总额=\dfrac{期初资产总额+期末资产总额}{2}$

（3）资本收益率，指企业运用投资者投入资本获得收益的能力，其计算公式为：

$$资本收益率=\frac{净资产}{实收资本}\times 100\%$$

（4）反映企业资本保值增值能力的指标是资本保值增值率，主要反映企业投资者投入企业资本的完整性和保全性，其计算公式为：

$$资本保值增值率 = \frac{期末所有者权益总额}{期初所有者权益总额} \times 100\%$$

该指标等于100%为资本保值，大于100%为资本增值。

2. 反映资产负债水平和偿债能力的指标

反映企业资产负债水平和偿债能力的指标有四个，即：

（1）资产负债率，可用于衡量企业的负债水平，其计算公式为：

$$资产负债率 = \frac{负债总额}{资产总额} \times 100\%$$

（2）流动比率或速动比率。流动比率是衡量企业在某一时点偿付即将到期债务的能力，其计算公式为：

$$流动比率 = \frac{流动资产}{流动负债}$$

速动比率是衡量企业在某一时点上运用随时可变现资产偿付到期债务的能力，其计算公式为：

$$速动比率 = \frac{速动资产}{流动负债}$$

其中：速动资产 = 流动资产 − 存货

（3）应收账款周转率。应收账款周转率是用于衡量企业应收账款周转速度快慢的指标，其计算公式为：

$$应收账款周转率 = \frac{赊销净额}{平均应收账款余额}$$

其中，$平均应收账款余额 = \frac{期初应收账款余额 + 期末应收账款余额}{2}$

赊销净额 = 营业收入 − 现销收入 − 销售退回、折扣、折让

由于企业赊销资料作为商业机密不对外公布，所以应收账款周转率分子一般用赊销和现销总额，即营业收入。

（4）存货周转率。存货周转率用于衡量企业在一定时期内存货资产的周转速度，是反映企业购、产、销平衡效率的一种尺度，其计算公式为：

$$存货周转率 = \frac{营业成本}{平均存货成本}$$

其中，$平均存货成本 = \frac{期初存货成本 + 期末存货成本}{2}$

3. 反映企业对国家或社会贡献水平的指标

反映企业对国家或社会贡献水平的指标有两个，即：

（1）社会贡献率。社会贡献率可用于衡量企业运用全部资产为国家或社会创造或支付价值的能力，其计算公式为：

$$社会贡献率 = \frac{企业社会贡献总额}{企业平均资产总额} \times 100\%$$

其中，企业社会贡献总额包括工资（含奖金、津贴等工资性收入）、劳保退休统筹及其他社会福利支出、利息支出净额、应交增值税、应交税金及附加、应交所得税、其他税收和净利润等。

（2）社会积累率。社会积累率可用于衡量企业社会贡献总额中多少用于上交国家财政，其计算公式为：

$$社会积累率=\frac{上交国家财政总额}{企业社会贡献总额}\times100\%$$

其中，上交国家财政总额包括应交增值税、应交税金及附加、应交所得税和其他税收等。

（二）确定各项业绩指标的标准值

业绩评价指标标准值可根据分析的目的和要求确定，可用某企业某年的实际数，也可用同类企业、同行业或部门平均数，还可用国际标准数。一般来说，当评价企业经营计划完成情况时，可选企业计划水平为标准值；当评价企业经营业绩水平变动情况时，可选企业前期水平为标准值；当评价企业在同行业或在全国或国际上所处的地位时，可选取行业标准值、国家标准值或国际标准值。从财政部设计这十个指标的角度考虑，标准值的确定主要参考以下两方面：一是适当参照国际上通用的标准，如流动比率为200%，速动比率为1 00%，资产负债率为50%等，但考虑我国整体效益水平偏低，与国际上发达国家差距较大，国际通行标准值仅是一个参考依据；二是参考我国企业在近三年的行业平均值。

（三）计算各项业绩指标的单项指数

单项指数是指各项经济指标的实际值与标准值之间的比值，其计算公式为：

$$单项指数=\frac{某项指标实际值}{某项指标标准值}$$

这一单项指数计算公式适用于经济指标为纯正指标或纯逆指标，如果为纯正指标，则单项指数越高越好；如果为纯逆指标，则单项指数越低越好。如果某经济指标既不是纯正指标，又不是纯逆指标，如资产负债率、流动比率、速动比率等就属于这种指标，对于这种指标，其单项指数可按下式计算：

$$单项指数=\frac{标准值-实际值与标准值差额的绝对值}{标准值}\times100\%$$

例如，假设流动比率的标准值为200%，则当流动比率实际值为220%时，其单项指数为：

$$单项指数=\frac{200\%-20\%}{200\%}\times100\%=90\%$$

（四）确定各项业绩指标的权数

综合经济指数不是单项指数的简单算术平均数，而是一个加权平均数。因此，要计算综合经济指数，应在计算单项指数的基础上，确定各项指标的权数。各项经济指标权数应依据各指标的重要程度而定，一般来说，某项指标越重要，其权数就越大；反之，则权数就越小。假定1 0项经济效益指标的权数总和为100，经测算、验证，并参照美国、日本等国家的做法，将各项经济效益指标的权数确定为：销售利润率为15；总资产报酬率为15；资本收益率为15；资本保值增值率为10；资产负债率为5；流动比率（或速动比率）为5；应收账款周转率为5；存货周转率为5；社会贡献率为10；社会积累率为15。

（五）计算综合经济指数

综合经济指数是以各单项指数为基础，乘以各指标权数所得到的一个加权平均数。综合经济指数的计算有两种方法。

1. 按各项指标实际指数计算（不封顶）

在按各项指标实际指数计算时，其计算公式是：

综合经济指数 = ∑（某指标单项指数 × 该指标权数）

2. 按扣除超过 100% 部分后计算（封顶）

在全部指标中没有逆指标时，如果某项指标指数超过 100%，则扣除超出部分，按 100% 计算，如果某项指标指数低于 100%，则按该指标实际指数计算。其计算公式是：

综合经济指数 = ∑［某指标单项指数（扣除超出部分）× 该指标权数］

（六）综合经济指数评价

在按照第二种方法计算综合经济指数时，其最高值为 100%，越接近 100%，说明企业经营业绩总体水平越好，如果按第一种方法计算综合经济指数，当各项业绩指标中没有正指标时，综合经济指数以小于 100% 为好，而且越低越好。当各项业绩指标中没有逆指标时，综合经济指数达到 100%，说明企业经营业绩总体水平达到标准要求，或者说企业取得了较好的经济效益，该指数越高，经济效益水平越高，若综合经济指数低于 100%，说明企业经济效益水平没有达到标准要求，该指数越低，经营水平越差。

三、需要注意的问题

（1）选择的各项经济指标在评价标准上应尽量保持方向的一致性，即尽量都选择正指标，或都选择逆指标。因为如果全部为正指标，则评价标准为越高越好；全部为逆指标，则评价标准为越低越好；如果既有正指标又有逆指标，则应将逆指标转为正指标或相反，如上述周转速度指标，如果以次数计算为正指标，则以天数计算为逆指标。由于大部分指标为正指标，因此，周转速度应采取正指标形式。至于资产负债率、流动比率和速动比率这种既不是正指标又不是逆指标的指标，其标准值具有绝对性，即大于或小于标准值都不好，单项指数最高为 1 或 100%。进行综合经济效益指数评价时应注意这些指标的特点，否则可能会得出错误结论。

（2）综合经济指数是否可高于 100% 的问题。如果各单项指数取值可高于 100%，则综合经济指数可能高于 100%。这样做的优点是，综合经济指数不封顶，该指标越高，说明企业经营业绩越好。它的缺点是，可能存在一部分完成状况好的指标的数值弥补完成状况差的指标的数值的情形。这样即使综合指数大于或等于 100%，也不能说明企业各项经济指标都达到了标准值要求，从而掩盖了企业在某方面存在的问题。如果各单项指数取值最高为 100%（即大于 100% 时按 100% 计算，小于 100% 时按实际值计算），则综合经济指数最高为 100%。这种做法的优点是，只要综合经济指数达到了 100%，就说明企业各项经济指标都达到或超过了标准值，取得了理想的经营业绩，低于 100% 则说明企业在某方面一定存在问题。这种方法的缺点是，如果几个企业的综合经济指数都达到 100%，很难分出优劣。因此，进行企业经济效益综合评价时，在标准值比较先进时，可采用指数封顶的方法；当标准值为平均值时，则应采取指数不封顶的方法。企业在进行自身经营业绩评价时，也可将两种方法结合使用，取长补短，从而准确地评价企业的经营业绩。

【例 6 - 3】某企业综合经济指数计算过程见表 6 - 3。

表 6-3 综合经济指标计算表

经济指标	标准值	实际值	单项指数	权数	综合指数
销售净利率	18	16. 33	90. 72	15	13. 61
总资产报酬率	20	13. 31	66. 55	15	9. 98
资本收益率	25	116. 98	467. 92	15	70. 19
资本保值增值率	105	101. 66	96. 82	10	9. 68
资产负债率	50	30. 02	60. 04	5	3. 00
流动比率	200	167. 49	83. 75	5	4. 19
速动比率	100	116. 87	116. 87	5	5. 84
应收账款周转率	12	21. 49	179. 08	5	8. 95
存货周转率	10	11. 56	115. 60	5	5. 78
社会贡献率	35	38	108. 57	10	10. 86
社会积累率	30	33	110. 00	15	16. 50
综合经济指数				100	158. 58

本章小结

企业财务绩效评价方法主要包括杜邦分析法、经济增加值和综合评价法等。

杜邦分析法是综合性财务绩效分析方法。该方法以净资产收益率为主要指标，可以将其分解为三个指标：销售净利率、总资产周转率和权益乘数。通过对这三个指标之间的关系进行系统分析，能够全面掌握与绩效评价企业的财务绩效。

经济增加值（EVA），其属于绩效度量的指标，是指税后净营业利润扣除企业资本成本之后的剩余价值，若剩余价值为正数，则说明管理者为股东创造了价值；反之即为价值受到了损失。

综合评价法包括综合指数法和综合评分法，即通过计算企业经营业绩综合指数或综合分数来反映企业总体经营业绩水平的高低。其中运用综合指数法进行业绩评价的一般程序或步骤包括选择业绩评价指标，确定各项指标的标准值，计算指标单项指数，确定各项指标的权数，计算综合经济指数，评价综合经济指数。

思考与练习

一、单项选择题

1. 权益乘数的计算公式是（　　）。

A. 总资产 ÷ 净资产　　B. 净资产 ÷ 总资产

C. 1 - 资产负债率　　D. 1 ÷ 资产负债率

2. 杜邦财务分析体系的核心指标是（　　）。

A. 总资产周转率　B. 净资产收益率

C. 销售利润率　D. 成本利润率

3. 总资产报酬率的计算公式是（　　）。

A.（销售利润 + 利息支出）÷平均资产总额

B.（净利润 + 利息支出）÷平均资产总额

C.（营业利润 + 利息支出）÷平均资产总额

D.（利润总额 + 利息支出）÷平均资产总额

4. 财务绩效评价指标分为相对指标和（　　）。

A. 绝对指标　B. 共性指标

C. 个性指标　D. 定量指标

5. 财务绩效评价指标分为定性指标和（　　）。

A. 绝对指标　B. 共性指标

C. 个性指标　D. 定量指标

6. 通常用来表示外部标准的是（　　）。

A. 历史标准　B. 预算标准

C. 行业标准　D. 法律标准

7. 企业效绩是指一定经营期间的企业经营效益和（　　）。

A. 经营者绩效　B. 营业收入

C. 净利润　D. 企业价值

8. 以下不属于财务面指标衡量的内容是（　　）。

A. 收入的增长　B. 收入的结构

C. 成本的增长　D. 提高生产率

9. 以下不属于盈利能力的指标是（　　）。

A. 销售利润率　B. 总资产报酬率

C. 资本收益率　D. 资产负债率

10. 以下属于反映企业资产负债水平和偿债能力的指标是（　　）。

A. 销售利润率　B. 总资产报酬率

C. 资本收益率　D. 资产负债率

二、多选题

1. 根据杜邦财务分析体系，影响净资产收益率的因素有（　　）。

A. 业主权益乘数　B. 速动比率

C. 销售净利率　D. 总资产周转率

2. 下列财务指标中，反映企业对国家或社会贡献水平的指标有（　　）。

A. 速动比率　B. 不良资产比率

C. 社会贡献率　D. 社会积累率

3. 企业社会贡献总额包括（　　）。

A. 应交增值税　B. 工资

C. 利息支出净额　D. 劳动退休统筹

4. 我国企业绩效评价的现状是以工商企业为主体，主要关注有（　　）。

A. 偿还债务能力状况　　B. 经营运转能力状况
C. 投资回报能力状况　　D. 发展能力状况
5. 企业财务绩效评价标准分为（　　）。
A. 历史标准　　B. 预算标准
C. 外部标准　　D. 法律标准

三、判断题

1. 最能体现企业经营目标的财务指标是净资产收益率。（　　）
2. 权益乘数越大，财务杠杆作用就越大。（　　）
3. 企业财务绩效评价就是按照企业目标设计相应的评价指标体系，根据特定的评价标准，采用特定的评价方法，对企业一定经营期间的经营绩效做出客观、公正和准确的综合判断。（　　）
4. 历史标准直接受到管理层当前或上年行动的影响，预算标准却不容易受到影响。（　　）
5. 企业 EVA 持续增长意味着公司市场价值不断增加和股东财富增长，从而实现企业利润最大化目标。（　　）
6. 在 NOPAT 的计算中不需要考虑所得税对调整项目的影响。（　　）
7. CAPM 模型中的贝塔值是衡量风险的唯一标准。（　　）
8. 企业经营业绩评价的首要步骤是正确选择评价指标，指标选择要根据分析目的和要求，考虑分析的全面性和综合性。（　　）
9. 社会贡献率可用于衡量企业运用全部资产为国家或社会创造或支付价值的能力。（　　）
10. 当各项业绩指标中没有逆指标时，综合经济指数以小于 100% 为好，而且越低越好。（　　）

四、计算分析题

已知 A 公司 2021 年会计报表的有关资料如表 6－4 所示。

表 6－4　**A 公司 2021 年会计报表简表**　单位：万元

资产负债表项目	年初数	年末数
资产	8000	10000
负债	4500	6000
所有者权益	3500	4000
利润表项目	上年数	本年数
营业收入净额	（略）	20000
净利润	（略）	500

要求：
1. 计算 A 公司杜邦财务分析体系中的下列指标：
（1）净资产收益率；
（2）总资产净利率；

(3) 销售净利率；
(4) 总资产周转率；
(5) 权益乘数。
2. 分析该公司提高净资产收益率可以采取哪些措施？

第七章　财政预算绩效评价概述

学习目标

1. 了解财政预算绩效评价概念和理论基础；
2. 熟悉财政预算绩效评价程序；
3. 理解预算绩效与绩效预算、预算绩效与企业绩效关系；
3. 掌握财政预算绩效评价基本内容。

第一节　财政预算绩效评价的概念界定

党的十九大报告指出："加快建立现代财政制度，建立全面规范透明、标准科学、约束有力的预算制度，全面实施绩效管理。"2018 年 9 月，《中共中央国务院关于全面实施预算绩效管理的意见》（中发〔2018〕34 号）下发，进一步要求"加快建成全方位、全过程、全覆盖的预算绩效管理体系"，将财政预算绩效管理的内容全面扩展至政府、部门和单位、项目和政策，并指出"开展绩效评价"是"建立全过程预算绩效管理链条"的重要内容。我国的财政预算绩效评价工作起步于 2005 年，经过多年的发展，现已初步构建起符合我国国情的绩效评价体系。当前，进一步推进和完善财政预算绩效评价，不仅是全面实施绩效管理，构建全方位、全过程、全覆盖预算绩效管理体系的重要内容，更是建立现代预算制度，充分发挥财政之于国家治理的基础性、支柱性作用的内在要求。

一、财政预算绩效评价的内涵

在全面实施预算绩效管理的背景下，财政预算绩效评价是指各级政府、财政部门和预算部门（单位）根据设定的绩效目标，运用科学、合理的绩效评价指标、评价标准和评价方法，对各部门各单位预算执行情况以及政策和项目实施效果、政府整体财政运行情况进行客观、公正的评价。其中，绩效目标是绩效评价的对象计划在一定期限内达到的产出和效果，由预算部门在申报预算时填报，具体应该包括预期产出、预期效果（经济效益、社会效益、环境效益和可持续影响等）、服务对象或项目受益人满意程度，达到预期产出所需要的成本资源，衡量预期产出、预期效果和服务对象满意程度的绩效指标等。绩效评价标准是指衡量预算绩效目标完成程度的尺度，具体包括：计划标准，即以预先制定的目标、计划、预算、定额等数据作为评价的标准；行业标准，即参照国家公布的行业指标数据制定的评价标准；历史标准，即参照同类指标的历史数据制定的评价标准。绩效评价方法主要采用：成本效益分析法，指将一定时期内的支出与效益进行对比分析，以评价绩效目标实现程度；比较法，指通过对绩效目标与实施效果、历史与当期情况、不同部门和地区同类支出的比较，综合分析绩效目标实现程度；因素分析法，指通过综合分析影响绩效目标实现、实施效果的内外因素，评价绩效目标实现程度；最低成本法，指对效益确定却不易计量的多个同类对象的实施成本进行比较，评价绩效目标实现程度；公众评判法，指通过专家评价、公众问卷及抽样调查等对财政支出效果进行评判，评价绩效目标实现程度。

二、预算绩效与绩效预算

预算绩效是绩效预算的产物或衍生物①。绩效预算是指由政府部门在明确需要履行的职能和需要消耗的资源的基础上确定绩效目标，编制绩效预算，并用量化的指标来衡量其在实施过程中取得的业绩和完成工作的情况。其核心是通过制订公共支出的绩效目标，编制绩效预算，建立财政预算绩效评价体系，逐步实现财政资金从注重资金投入向注重支出效果转变，并用量化的指标来衡量其在实施过程中取得的业绩和完成工作的情况。绩效预算是以预算绩效为依据，编制预算、评价预算的预算管理模式。从西方国家的实践来看，绩效预算由三部分组成：一是预算绩效的评价体系；二是财政支出的绩效评价体系；三是预算自身的组织管理体系。绩效预算的实施一般由易到难，经历了先控制投入，不断细化预算，再逐步转向控制产出、考核结果的过程。

三、预算绩效与企业绩效

企业绩效是企业分析其生产经营支出的效益。其往往只计算其自身直接投入的各项费用和自身实际获得的产出。而在评价政府预算绩效时，计算投入与产出的范围比企业宽得多，不仅要计算直接的、有形的、现实的投入与产出，而且还要计算分析间接的、无形的、预期的投入与产出；预算绩效不仅要分析政府本身在某项支出上所花费的资金和收到的效益，还需分析社会为该项支出所付出的代价和所获得的益处。另外，两者采用的标准不同。企业在进行效益分析时，其标准基本上就是经济效益标准以及取得经济效益的能力标准，而对于预算绩效而言，既有可以用货币单位来表示的经济效益，还有大量的无法用货币度量的政治绩效和社会绩效。

第二节　国内外财政预算绩效评价的历史渊源

一、国外财政预算绩效评价

20 世纪以来，西方各国政府探索新的财政支出评价制度。事实上，进入 20 世纪 90 年代以来，世界各国纷纷展开新公共管理革命，其目标是创造一个少花钱多办事的政府，并坚持结果控制，简化程序，重绩效。这场运动起源于英国、美国、澳大利亚和新西兰，并逐步扩展到其他西方国家乃至整个世界。绩效管理已经成为各国政府改革的重要内容之一，其特点是以管理的结果为基础和导向，通过建立绩效预算，实行绩效评价。

① 伍文中，李燕，唐霏．地方政府财政支出绩效评价理论研究与实务指南［M］．北京：经济科学出版社，2017：1.

财政预算绩效评价是西方发达国家行政体制改革过程中逐渐形成和发展起来的，涉及政府管理的各个方面，并经历了一个较长的发展时期。以效率政府、顾客至上、追求公共责任为核心，财政预算绩效评价正在以多样的功能影响着世界各国的政府体制改革进程。其发展过程大致可以分为四个阶段。

（一）萌芽阶段

从20世纪初至20世纪40年代。早期的绩效评价实践发源于美国，美国行政学家吉特·波科特将这一时期的公共行政称为“效率政府”时期。西方国家对财政预算绩效评价的研究大多采用基于技术效率的研究方法，而当时的财政预算绩效评价事实上主要是指财政效率等测算性指标研究。早期的财政预算绩效评价发展比较缓慢，以美国为主，但以萌芽形式出现的财政预算绩效评价至少在传统行政模式中创造了一种评价政府的观念，并出现了一些专门研究预算绩效的组织和学术团体。

（二）起步阶段

从20世纪~70年代。不同于萌芽时期，早期的绩效评价研究事实上是传统行政模式的延续，又被称为“效率研究”。1949年，胡佛员会将自己的报告称为绩效预算，从而开创了预算绩效预算的新时代。在此基础上，20世纪60年代末至20世纪80年代，美国政府又相继实行了计划——规划——预算（PPB）、目标管理（MBO）和零基预算（ZBB）。这对加强提供服务的质量、控制成本、提高生产率和解决特殊问题都有着重要作用。

这一时期的财政预算绩效评价具有如下特点：

（1）政府财政预算绩效评价已成为政府公共管理的重要组成部分。绩效评价的结果得到广泛的应用，成为提高政府公共效率、提高资金使用效益的重要手段。

（2）绩效评价具有多层次性，包括单位评价和项目评价等。

（三）发展阶段

从20世纪70~80年代。这一时期是财政预算绩效评价大规模发展的阶段，尽管经历的时间不长，但该时期却是预算绩效管理最具里程碑意义的发展阶段。20世纪70年代末至80年代，由于经济滞胀等各种原因，美国的财政预算绩效评价发展处于较长时间的缓慢期，甚至是停滞不前。当然，在缓慢发展阶段，美国财政预算绩效评价在全面质量管理、后果为导向的评价等研究和实践的基础上还是取得了显著的成就，如评价重心的转移、评价方式的转变等。20世纪70年代末，英国在各种危机和压力的情况下实施了较为彻底的行政变革，1979年撒切尔夫人的上台开始了英国“新公共管理”的改革，其私有化、竞争机制、分权化、服务质量、绩效评价的改革理念使英国当仁不让地被称为当代行政体制改革的先驱。在“效率战略”的指导下，撒切尔政府相继推行了雷纳评审、部长管理信息系统、财务管理新方案等改革措施，极大地推动了绩效评价在政府部门中的应用。这一时期的财政预算绩效评价具有如下特点：

绩效评价与政府审计分离，从提供审计式的鉴证和报告式的事后审查，转变到事前确定目标，事中和事后评价的评价制度，评价的目标也脱离了鉴证的形式，转变为发现管理中存在的问题，找出原因，提出政策建议，从而提高财政支出使用效益，提高政府工作效率。

（四）深化阶段

从20世纪90年代至今。进入90年代以后，财政预算绩效评价的发展出现了新的趋势。

一是绩效评价逐步走向制度化、规范化和法制化。英国 1983 年即颁布了《国家审计法》，规定成立国家审计署以确保主审计长履行其职责，首次从法律的角度表述了绩效审计。绩效评价的理念、方法和技术不仅在发达国家之间盛行，同时也推广到一些发展中国家。除了英、美等国家以外，日本、澳大利亚、加拿大、德国等国家都纷纷实行财政预算绩效评价。日本于 1997 年开始行政评价改革，涉及政策评价、行政活动评价等。此间，韩国、新加坡、马来西亚、印度尼西亚等国相继开展了财政预算绩效评价活动。这一时期的财政预算绩效评价具有如下特点：

（1）绩效评价从传统的审查合法性和合规性中脱离出来，侧重于对经济性、效率性和效果性的评价。

（2）此时的绩效评价已经发展到更广阔的概念范畴，即从财政支出的绩效评价扩展到对政府活动的综合绩效评价。或者说，是对以政府财政支出为纽带的政府部门整体经济活动的评价，具有综合性的特点。

二、国内财政预算绩效评价

21 世纪以前，我国并没有系统全面的财政预算绩效评价制度，也没有单独设置对地方财政支出的绩效评价。即便存在评价活动，也是融合在整个财政管理工作中。总体来说，我国财政预算绩效评价的基本历程有以下几个基本发展阶段：

（一）20 世纪 80 年代的绩效评价体系

20 世纪 80 年代初期，我国开始试行机关工作人员岗位责任制，具有西方意义的财政预算绩效评价开始逐渐引入我国。1989 年，我国开始实施效能监察制度。效能监察是对效能的监督检查活动，是指党和政府的纪检监察部门对党政机关及国有企事业单位在经营管理中的效率、效果、效益、质量等进行监察的活动。通过效能监察，将事后监督前移到了事前，更好地起到了监督作用。

总体来看，20 世纪 80 年代的中国地方政府虽然逐渐有了绩效评价的概念，但是考核仍然是粗放式的部门考评，“绩效”并没有成为地方政府各部门的行政理念，考评似乎是地方政府“自愿”“自发性”的行为，中央政府并没有具体约束。相关评价更像是一种运动而不是固定下来的标准，具有较大的随意性。如 20 世纪 80 年代较为常见的“财务、税收、物价大检查”“某某大评比”专项调查等。

（二）20 世纪 90 年代的绩效评价体系

20 世纪 90 年代是我国地方财政预算绩效评价探索发展阶段，这一时期各级政府引进国际经验，不断探索绩效评价的新形式．评价的类型和方式不断得到发展和创新。

和 20 世纪 80 年代相比，90 年代的目标责任制得到更进一步的发展。自上而下的系统推进和关注经济增长是两个明显特征。上级制定各种量化的经济增长指标并将其分派给下级，形成一个目标金字塔结构。量化指标完成的好坏直接关系到官员的升迁。在制度的激励下，我国经济得到较为快速的增长。

这一时期，我国也还没有建立对地方财政支出的绩效评价制度，但在 20 世纪 90 年代后期世界金融危机的刺激下，政府一方面需要减税减轻企业负担，增强企业活力；另一方面需要增加支出拉动需求。在减收和增支双重因素的作用下，财政支出的有效性显得非常重要。

我国开始加快了财政预算绩效评价制度的步伐。1998 年，我国开始建立财政投资评审制度体系，明确了评审对象并建立了相对独立的投资评审机构队伍。

（三）2000—2011 年的地方财政预算绩效评价体系

进入 21 世纪以来，随着形势的不断变化，我国政府的施政理念也发生了改变，对地方政府的考核不再“唯 GDP 论”，而是提出了科学发展观的理念，“绿色 GDP”“和谐社会”“可持续发展”等评价指标在财政预算绩效评价体系中的重要性不断提升。总体来看，这一时期的绩效评价体系是在 20 世纪 90 年代的基础上进一步深化，将多种绩效评价方法结合，并引入了诸多新标准，各地也出现了一些具有代表意义的绩效评价尝试。最为显著的是，对财政支出领域专门的绩效评价体系逐步确立。

2003 年，党的十六届三中全会明确要求建立财政预算绩效评价体系，财政部也提出积极探索建立财政预算绩效评价工作体系的思路。2005～2011 年，中央相继出台了《中央部门预算支出绩效考评管理办法（试行）》（2005）、《财政支出绩效绩效评价管理暂行办法》（2009）、《财政支出绩效绩效评价管理暂行办法》等，明确了绩效评价的对象和内容、绩效目标、绩效评价指标、评价标准和方法、绩效评价的组织管理和工作程序、绩效报告和绩效评价报告、绩效评价结果及其应用方法。在中央政府的大力推广和法规的颁布下，全国各地也开展了一系列财政预算绩效评价的尝试，其中广东省和湖北省的财政绩效管理改革具有一定代表性。

（四）2012—2017 年我国预算绩效管理发展阶段

2012 年，财政部印发《预算绩效管理工作规划（2012—2015 年）》（财预〔2012〕396 号），将预算绩效管理规范为“预算编制有目标、预算执行有监控、预算完成有评价、评价结果有反馈、反馈结果有应用”的全过程预算绩效管理，并将预算绩效管理的重点工作确定为：①完善预算绩效管理制度体系和财政预算绩效评价体系；②健全专家学者库、中介机构库和监督指导库，提供以智库为基础的智力支持；③实施绩效管理范围、重点评价、评价质量和评价结果应用四个方面的相关工作。

同期，财政部还发布配套文件《县级财政支出管理绩效综合评价方案》（财预〔2013〕87 号），明确了县级财政绩效评价基本行为规范。

2013 年 4 月，为落实完善绩效评价指标体系的要求，财政部印发《财政预算绩效评价共性指标体系框架》（财预〔2013〕53 号），同时出台《经济建设项目资金预算绩效管理规则》（财建〔2013〕416 号），以指导绩效评价指标体系的构建和经济建设项目资金的绩效管理活动。

2014 年 3 月，财政部在《地方财政管理绩效综合评价方案》（财预〔2014〕45 号）中规定，财政部每年对 36 个省的财政管理情况进行综合评价，具体包括实施透明预算、规范预算编制、优化收支结构、盘活存量资金、加强债务管理、完善省以下财政体制、落实“约法三章”、严肃财经纪律等八个方面，评价结果作为相关转移支付分配的重要参考依据。

2014 年 10 月，国务院发布《关于深化预算管理制度改革的决定》（国发〔2014〕45 号），提出要“健全预算绩效管理机制。全面推进预算绩效管理工作，强化支出责任和效率意识，逐步将绩效管理范围覆盖各级预算单位和所有财政资金，将绩效评价重点由项目支出拓展到部门整体支出和政策、制度、管理等方面，加强绩效评价结果应用，将评价结果作为调整支出结构、完善财政政策和科学安排预算的重要依据”。该决定的发布为我国预算绩效管理工作的改进指出了更为明确的方向。

2014 年 8 月，十二届全国人大常委会第十次会议表决通过修正《预算法》的决定。修正后的《预算法》首次以法律形式明确了财政预算绩效管理要求，为中国预算体制由传统预算向绩效预算转型奠定了坚实的法理基础。

2015 年 4 月，财政部发布《财政部关于推进中央部门中期财政规划管理的意见》（财预〔2015〕43 号），要求“从编制 2016 年预算起，对纳入中央部门预算的一般公共预算和政府性基金预算拨款收支实行中期财政规划管理”。自此，中央部门一般公共预算和政府性基金预算在填报绩效目标时，需同时填报年度绩效目标和中期绩效目标。

2015 年 6 月，财政部发布《中央部门预算绩效目标管理办法》（财预〔2015〕88 号），将绩效目标分为基本支出、项目支出和部门整体支出三类，对绩效目标的设定、审核、应用作出详细规定，以促进绩效目标和预算执行、绩效评价的融合，这表明全过程预算绩效管理机制各环节不再孤立，开始相互联结。该办法是将绩效目标管理纳入全过程预算绩效管理机制后进行模块化管理的开端。

同期，财政部将部门投资评审中心更名为预算评审中心，并于 2015 年 6 月正式发文《关于充分发挥预算评审中心职能作用，切实加强预算管理的通知》（财办预〔2015〕21 号），对财政部预算评审中心的职能和作用进行了重新界定。预算评审中心的职能作用是：①建立预算评审机制，将预算评审实质性嵌入部门预算管理流程，使预算评审成为预算编制的必要环节，提高预算编制的真实性、合理性和准确性。②全过程参与预算绩效管理，成为绩效管理的重要组成部分，为提高财政资金使用效益服务，促进形成预算编制、执行、监管、绩效评价相互衔接相互制约的工作机制。自财政部预算评审中心更名并转换职能后，全国各地方纷纷成立地方预算评审中心，这些机构在全面推进预算绩效管理改革中发挥了积极的促进作用，成为中国预算绩效管理改革重要的有生力量。

2015 年 6 月，《财政部关于加强中央部门预算评审工作的通知》（财预〔2015〕90 号）发布，该文强调部门预算中的项目支出预算，只有通过预算评审后才能纳入年度预算范围。按照该办法要求，中央部门应在 2016～2019 年逐步实现预算评审对项目预算的全覆盖。

2015 年 9 月，财政部发布《中央对地方专项转移支付绩效目标管理暂行办法》（财预〔2015〕163 号），规定中央对地方专项转移支付在填报绩效目标的同时要加强绩效目标审核，同时还制定了较为完善的绩效目标申报及审核表等规范性文本，并对中央对地方专项转移支付绩效目标的批复、调整与应用提出相应要求。

2016 年 7 月，财政部下发《关于开展 2016 年度中央部门项目支出绩效目标执行监控试点工作的通知》（财办预〔2016〕85 号），选择教育部、国土资源部、工业和信息化部等 15 个中央部门的部分项目开展项目支出绩效目标执行监控试点，以一级项目为对象，对项目绩效目标的完成程度及趋势进行监控，对绩效目标的偏离予以警示，对预计年底不能完成绩效目标的原因及拟采取的改进措施进行说明。2018 年中央部门绩效目标执行监控实现全覆盖，中央部门预算事中绩效管理有了落地工具。

2016 年 11 月，为充分发挥财政部门积极性，鼓励各地财政部门从实际出发干事创业，推动形成主动作为、竞相发展的良好局面，财政部发布《财政管理绩效考核与激励暂行办法》（财预〔2016〕177 号），对地方财政管理工作完成情况，从预算执行进度、收入质量、盘活财政存量资金、国库库款管理、地方政府债务管理、预算公开、推进财政资金统筹使用等 7 个方面，结合预算管理目标进行考察，并对评价结果优秀的予以奖励。

2017 年 3 月，财政部、环境保护部联合发布《水污染防治专项资金绩效评价办法》（财建〔2017〕32 号），强化水污染防治专项资金管理，以提高资金使用的规范性、安全性和有效性，支持和引导《水污染防治行动计划》目标任务的实现。

2017 年 9 月，为进一步发挥绩效评价对财政专项扶贫资金使用管理的导向和激励作用，财政部和国务院扶贫办联合发布《财政专项扶贫资金绩效评价办法》（财农〔2017〕115 号），开展财政专项扶贫资金绩效目标管理工作，探索经验，并结合实际逐步推进。

上述文件的出台是对国务院《关于深化预算管理制度改革的决定》文件精神的积极响应，同时，也在拓展绩效管理范围，强化绩效目标管理，加强结果应用等方面发挥了积极作用，使中国全过程预算绩效管理形成了闭合链条。

与此同时，地方预算绩效管理改革也在不断深化，在事前绩效评价、第三方绩效评价、绩效评价结果应用等方面积累了不少成功经验。

（五）2017 年至今中国预算绩效管理新时代

2017 年 10 月，习近平总书记在党的十九大报告中指出，“要加快建立现代财政制度，建立权责清晰、财力协调、区域均衡的中央和地方财政关系。建立全面规范透明、标准科学、约束有力的预算制度，全面实施绩效管理”。作为改革和发展的纲领性文件，党的十九大报告精神为中国预算绩效管理的深化改革指明了方向。为落实党的十九大精神，积极推进预算绩效管理的全面实施，2018 年 7 月 6 日，中央全面深化改革委员会第三次会议审议通过《关于全面实施预算绩效管理的意见》，2018 年 9 月，《中共中央国务院关于全面实施预算绩效管理的意见》（中发〔2018〕34 号）（下简称《意见》）正式发布，《意见》指出，应在 3—5 年时间内基本建成全方位、全过程、全覆盖的预算绩效管理体系，实现预算和绩效管理一体化。

以《意见》为指导，财政部于 2018 年 11 月发布《关于贯彻落实（中共中央国务院关于全面实施预算绩效管理的意见）的通知》（财预〔2018〕167 号），提出全面实施预算绩效管理的路径与总体目标，即到 2020 年底，中央部门和省级层面要基本建成全方位、全过程、全覆盖的预算绩效管理体系，既要提高本级财政资源配置效率和使用效益，又要加强对下转移支付的绩效管理，防止财政资金损失浪费；到 2022 年底，市县层面要基本建成全方位、全过程、全覆盖的预算绩效管理体系，做到“花钱必问效、无效必问责”，大幅提升预算管理水平和政策实施效果。

同期，财政部针对政府购买行为的第三方绩效评价工作出台《关于推进政府购买服务第三方绩效评价工作的指导意见》（财综〔2018〕42 号），并选取天津市、上海市、深圳市、江苏省、浙江省等 10 个地区开展试点。

随着上述政策措施的不断完善，体制机制的不断创新，中国预算绩效管理逐步迈入改革创新的深化阶段，在政府预算、部门和单位预算、政策和项目预算等全方位，在事前、事中、事后等全过程，在一般公共预算、政府性基金预算、社会保险基金预算、国有资本经营预算等全覆盖领域，开启了更为系统、深入、全面的改革。

第三节　财政预算绩效评价的基础理论

公共产品理论、公共选择理论、委托代理理论、新公共管理理论等为财政预算绩效管理提供了理论基础。

一、公共产品理论

1954年和1955年，萨缪尔森先后发表了《公共支出的纯理论》和《公共支出理论的图解》两篇文章，阐述了公共产品理论的核心问题，建立了一个关于资源在公共产品与私人产品之间最佳配置的一般均衡模型。公共产品具有的多层次性与多样性，为财政绩效管理指标体系设置给予启示，说明财政支出应采用分类评价机制，而公共产品的范围与结构的变化，对财政绩效评价指标的设置及权重也产生了重大影响。

到20世纪50年代末期，美国经济学家马斯格雷夫出版著作《财政学原理公共经济研究》，第一次引用了“公共经济学”的概念。马斯格雷夫和萨缪尔森一样，在经济效率的基础上又加入了政治因素来讨论公共产品的有效提供问题，将公共产品的有效供给与政治过程和分配公平相结合。

公共产品理论的引入有助于界定政府行为，加强财政预算绩效管理。首先，在公共产品资源配置上，公共产品理论强调了政府的职责在于弥补市场缺陷、提供公共产品，满足社会的公共需求，这就界定了财政绩效管理对象和范围的基本尺度。其次，政府提供公共产品的效率、效益、效果同样需要进行衡量和评判，强调了公共产品的提供应以公民满意度为导向。可以认为，社会公众作为消费者对政府提供的公共产品支付了税收价格，因此，政府就要按照公众消费者的需要提供公共产品。最后，政府应关注公共产品的生产成本和使用效率，主要是预算管理的绩效。政府预算将绩效理念和效率原则贯穿到预算管理中，加强对政府公共产品的成本——效益分析，实现对政府提供公共产品成本的约束和管理，提高政府公共产品的供给效率。从上述分析可知，公共产品理论作为财政绩效管理的基础理论，通过绩效目标管理、绩效跟踪管理和绩效评价，检验政府财政预算的合理性、财政支出的有效性，从而不断的调整和完善，进一步实现公共资源配置的优化。

二、公共选择理论

20世纪70年代以后，对公共产品理论的研究主要集中在机制设计上，以保证公共产品的决策者能够有效提供公共产品。布坎南先从经济人假设出发，揭示了政府行为的非理想化。公共选择理论认为，官僚与任何人一样，受到其自身利益的刺激，而不是受到公共利益的激励，因此，官僚个人总是谋求私利的最大化而不顾公共利益。虽然名为公共选择，但其实质仍是建立在个人理性和个人选择基础上的，是利用非市场决策的方式对资源进行配置。因此，公共选择在本质上就是一种政治过程。

三、委托代理理论

受托经济责任是指财产受托方接受财产委托方的委托，履行自己的经济责任，并对委托方负责。受托方有定期报告履行职责状况和结果的责任。受托经济责任产生了委托方和受托方的权利义务关系，委托方给予受托方管理财产的权利，受托方接受委托并承担特定的义务并接受委托方监督。在受托经济责任中，委托方希望受托方诚实履行自己的义务，安全、高效地管理财产，这就产生了受托方履行责任的绩效评价要求，委托方需要借助绩效评价的手段监督和控制受托方。

在现代财政理论体制下，公众和政府之间是委托代理关系。政府接受纳税人的委托管理公共事务，合理地筹集和使用财政资金，对纳税人负责。政府必须按照纳税人的意愿使用公共财政资源，尽可能以低廉的成本和优质的服务满足各种公共需要。为了科学地衡量财政支出的使用效果，就必须采用绩效评价。

委托代理理论对于政府公共管理和公共产品提供具有较强的指导意义，并为财政预算绩效管理提供了较好的理论解释。政府作为受托人，是提供公共产品的供给方，其社会活动应该受到公众的监督。政府尽可能以低廉的成本和优质的服务满足日益多样性的公共需要，并就资源使用的最终结果向纳税人负责。因此，委托代理理论对财政绩效管理具有重要的理论支撑作用。

四、博弈论

在财政部的文件中，特别要求将绩效评价的结果作为预算安排、预算调整的重要依据，也就是说，财政绩效管理参与预算决策，使财政绩效管理与预算分配同样存在多方博弈的行为。与预算分配不同，财政绩效管理更接近于理论上的相互博弈。

博弈论对财政绩效管理的启示还在于，财政绩效管理中的博弈并非零和博弈，要强化财政绩效理念，形成共同的目标，最大限度地提高财政资金作用的绩效。应加强财政绩效管理制度建设，使财政绩效管理中的局中人形成合作博弈，通过制度约束，减少博弈中的对抗。在预算管理改革不断深化的情况下，着力推进财政绩效管理，使得预算编制、预算执行、资金使用评价、评价结果反馈并影响预算安排各环节都能更加有效，进而形成管理闭环的良性运行机制，实现财政绩效管理与预算管理相互促进。

五、可持续发展理论

可持续发展由相互联系、相互渗透和相互影响的三个分体系组成，即社会可持续发展、经济可持续发展和资源环境可持续发展，每一个分体系又包含若干个分子系统。按可持续发展观来理解，社会、经济、资源环境“三位一体”的发展构成系统的可持续发展，其中社会可持续发展是目的，经济可持续发展是基础，资源环境可持续发展是前提条件。

可持续发展理念丰富了财政预算绩效评价的内容，意味着财政预算绩效评价不仅要重视政府支出的经济效益和社会效益，更要从动态角度评价财政支出是否符合可持续的三大特征：发展、协调和可持续性，不能让经济发展以牺牲资源环境为代价，也不能牺牲社会的代内公平为代价。财政绩效评价必须考虑代际的影响，不能以牺牲后代人的资源为代价。

六、新公共管理理论

新公共管理理论认为，那些已经和正在为私营部门所成功地运用着的管理方法，如绩效管理、目标管理、组织发展、人力资源开发等并非为私营部门所独有，它们完全可以运用到公有部门的管理中。可见，新公共管理理论解决了绩效管理在政府管理中运用的适用性问题。

在新公共管理理论下，诸多运用在企业里的绩效评价方法被引进到预算绩效管理中来，其中较为主要的理论是企业流程再造理论、高绩效组织理论和标杆管理理论。

如企业流程再造这一高效的经营模式后被引入政府管理中来，形成政府流程再造理论。所谓政府流程再造，是指在引入现代企业业务流程再造理念和方法的基础上，以“公众需求”为核心，对政府部门原有组织机构、服务流程进行全面、彻底的重组，形成政府组织内部决策、执行、监督的有机联系和互动，以适应政府部门外部环境的变化，谋求组织绩效的显著提高，使公共产品或服务更能取得社会公众的认可和满意。

20 世纪 90 年代以后，标杆管理理论被引入西方国家政府管理改革中，成为财政预算绩效评价的一个重要工具。标杆管理在财政预算绩效评价中的要义在于寻找某些表现优于自己的组织，分析他们优于自己的原因，并找到改进的方法。标杆管理实际上是促进政府学习与改革、提升预算绩效的重要途径。

本章小结

在全面实施预算绩效管理的背景下，财政预算绩效评价是指各级政府、财政部门和预算部门（单位）根据设定的绩效目标，运用科学、合理的绩效评价指标、评价标准和评价方法，对各部门各单位预算执行情况以及政策和项目实施效果、政府整体财政运行情况进行客观、公正的评价。

财政预算绩效评价程序大致要经历前期准备阶段、绩效评价实施阶段、报告撰写提交阶段、建立绩效评价档案与绩效评价结果应用五个阶段。

财政预算绩效评价是西方发达国家行政体制改革过程中逐渐形成和发展起来的，涉及政府管理的各个方面，并经历了一个较长的发展时期。西方发达国家绩效评价过程经历了萌芽阶段、起步阶段、发展阶段和深化阶段。我国财政预算绩效评价也经历了 30 多年的探索发展阶段，2017 年进入中国预算绩效管理新时代。

公共产品理论、公共选择理论、委托代理理论、博弈论、可持续发展理论、新公共管理理论等都为预算绩效管理提供了理论基础。

思考与练习

一、单项选择题

1.《中共中央国务院关于全面实施预算绩效管理的意见》发布时间为（　　）。

A. 2016 年　　B. 2017 年

C. 2018 年　　D. 2019 年

2. 党的十六届三中全会明确要求建立财政预算绩效评价体系是在（　　）。

A. 2001 年　　B. 2002 年

C. 2003 年　　D. 2004 年

3. 通过专家评价、公众问卷及抽样调查等对财政支出效果进行评判绩效目标实现程度的方法是（　　）。

A. 比较法　　B. 因素分析法

C. 公众评判法　　D. 最低成本法

4. 首次以法律形式明确了财政预算绩效管理要求，为中国预算体制由传统预算向绩效预算转型奠定坚实法理基础的是（　　）。

A. 预算法　　B. 会计法

C. 审计法　　D. 绩效管理法

5. 财政绩效管理参与预算决策，使财政绩效管理与预算分配同样存在多方博弈的行为，这体现的理论是（　　）。

A. 公共管理论　　B. 博弈论

C. 公共产品论　　D. 可持续发展论

6. 企业流程再造理论属于（　　）。

A. 公共管理论　　B. 博弈论

C. 新公共管理理论　　D. 可持续发展论

7. 标杆管理理论属于（　　）。

A. 公共管理论　　B. 博弈论

C. 新公共管理理论　　D. 可持续发展论

8. 为中国预算绩效管理的深化改革指明了方向是（　　）。

A. 十六大精神　　B. 十七大精神

C. 十八大精神　　D. 十九大精神

9. 全过程预算绩效管理机制的开端是（　　）。

A. 目标管理　　B. 运行监控

C. 绩效评价　　D. 结果应用

10. 作为调整支出结构、完善财政政策和科学安排预算的重要依据是（　　）。

A. 绩效目标审定结果　　B. 运行监控结果

C. 绩效评价结果　　D. 预算审定结果

二、多项选择题

1. 绩效目标是绩效评价的对象计划在一定期限内达到的产出和效果，请问效果有（　　）。

A. 经济效益　　B. 社会效益

C. 环境效益　　D. 可持续影响

2. 绩效评价标准是指衡量预算绩效目标完成程度的尺度，具体包括（　　）。

A. 计划标准　　B. 行业标准

C. 历史标准　　D. 地方标准

3. 全过程预算绩效管理的内容包括（　　）。

A. 预算编制有目标　　B. 预算执行有监控

C. 预算完成有评价　　D. 评价结果有反馈

4. 2015 年 6 月，财政部发布《中央部门预算绩效目标管理办法》（财预〔2015〕88

号)，将绩效目标分为（　　）。

A. 基本支出　　B. 项目支出

C. 部门整体支出　　D. 预算支出

5. 为预算绩效管理提供了理论基础的有（　　）。

A. 公共产品理论　　B. 公共选择理论

C. 委托代理理论　　D. 新公共管理理论

三、判断题

1. 绩效预算是以预算绩效为依据，编制预算、评价预算的预算管理模式。（　　）

2. 20 世纪初，政府财政预算绩效评价已成为政府公共管理的重要组成部分。（　　）

3. 20 世纪 80 年代初期，我国开始试行机关工作人员岗位责任制，这标志着具有西方意义的财政预算绩效评价开始逐渐引入我国。

4. 比较法指将一定时期内的支出与效益进行对比分析，以评价绩效目标实现程度。（　　）

5. 最低成本法指对效益确定却不易计量的多个同类对象的实施成本进行比较，评价绩效目标实现程度。（　　）

6. 在进行财政预算绩效评价时，其标准基本上就是经济效益标准以及取得经济效益的能力标准。（　　）

7. 中央部门一般公共预算和政府性基金预算在填报绩效目标时，需同时填报年度绩效目标和中期绩效目标。（　　）

8. 在公共产品资源配置上，公共产品理论强调了政府的职责在于弥补市场缺陷、提供公共产品，满足社会的公共需求，这就界定了财政绩效管理对象和范围的基本尺度。（　　）

9. 政府作为受托人，是提供公共产品的供给方，其社会活动应该受到公众的监督。（　　）

10. 社会、经济、资源环境“三位一体”的发展构成系统的可持续发展。（　　）

四、思考题

1. 预算绩效与绩效预算的联系与区别。

2. 我国全面实施预算绩效管理的意义。

第八章　财政预算绩效评价的要素

学习目标

1. 了解财政预算绩效评价的目标；
2. 熟悉财政预算绩效评价的分类；
3. 掌握财政预算绩效评价的主体和客体。

第一节　财政预算绩效评价的主体和对象

一、财政预算绩效评价的主体

依据财政部《项目支出绩效评价管理办法》，财政预算绩效评价的组织管理工作由财政部门和预算部门共同负责。其中，财政部门负责拟定绩效评价规章制度和相应的技术规范，组织、指导本级预算部门、下级财政部门的绩效评价工作；根据需要对本级预算部门、下级财政部门支出实施绩效评价或再评价；提出改进预算支出管理意见并督促落实。预算部门负责制定本部门绩效评价规章制度；具体组织实施本部门绩效评价工作；向同级财政部门报送绩效报告和绩效评价报告；落实财政部门整改意见；根据绩效评价结果改进预算支出管理。与此同时，根据需要，绩效评价工作可委托专家、中介机构等第三方实施。财政部门应当对第三方组织参与绩效评价的工作进行规范，并指导其开展工作。

依照绩效评价主体的不同，绩效评价具体可分为三种形式：一是绩效自评。根据“谁用款、谁担责”原则，预算部门、资金使用单位需要对本部门（单位）的项目支出、整体预算情况及政策实施进行自我评价，这一过程称为绩效自评。二是财政部门绩效评价。财政部门选取重点部门、单位、项目、政策实施绩效评价，或是在预算部门（单位）绩效自评的基础上实施再评价，这一过程称为财政部门绩效评价。三是第三方机构绩效评价。此类评价形式实则是上述两类形式的延伸，是指预算部门和财政部门可根据需要，将绩效评价工作委托给研究机构、高校、中介等第三方机构进行。

二、财政预算绩效评价的对象

根据我国现行财政管理体制以及财政资金支出流向的特点，可以看出财政支出的实现过程一般都经历初次分配和再分配两个环节。实行部门预算改革后，财政部门在初次分配中的职责发生了根本性的变化，对基本支出预算按定员定额标准审核，对项目支出预算在充分论证的基础上按照轻重缓急排序和拨付资金，预算部门、单位以及项目成为财政预算绩效评价的主要评价对象和评价客体。根据财政支出管理的总体目标和开展评价工作的具体要求，评价对象则为预算部门、财政资金使用单位或财政支出项目等。

财政预算绩效评价的客体即为财政预算绩效评价的对象，依据财政部《项目支出绩效评价管理办法》，单位自评的对象包括纳入政府预算管理的所有项目支出；部门评价对象应根据工作需要，优先选择部门履职的重大改革发展项目，随机选择一般性项目，原则上应以5年为周期，实现部门评价重点项目全覆盖；财政评价对象应根据工作需要，优先选择贯彻落实党中央、国务院重大方针政策和决策部署的项目，覆盖面广、影响力大、社会关注度高、实施期长的项目。对重点项目应周期性组织开展绩效评价。

第二节　财政预算绩效评价的目标

财政预算绩效评价的目标是为全面实施预算绩效管理，建立科学、合理的项目支出绩效评价管理体系，提高财政资源配置效率和使用效益，其核心是强调公共支出管理中的目标与结果及结果有效性的关系，形成一种新的、面向结果管理的管理理念和管理方式，以提高政府管理效率、资金使用效益和公共服务水平。

公共财政是市场经济对财政工作的客观要求。财政预算绩效评价的基本目标是建立科学、合理的绩效评价理论体系，规范评价工作程序，促进政府管理效率的提高，提高财政支出的效益。具体包括以下基本目标：

第一，改进财政经济决策水平与资源配置效率。市场在资源配置中起基础性作用，但市场不是万能的，市场在公共领域的资源配置中是失灵的，公共领域的资源配置只有通过政府来完成。由于政府拥有的公共权力具有垄断性，因而对部分社会资源的征集和分配也具有唯一性。政府的财政经济决策难免要触及这样一些问题，如资源配置主体是以市场为主，还是以政府为主更能提高效率，配置结构怎样才能达到最优化，决策的结果怎样进行评价并反馈到决策层以利改进等。财政支出绩效的评价就是对宏观财政经济决策的检验及修正，从而改进政府对资源的配置水平。

第二，确保财政预算和政策得到实施。公共财政预算及政策的实施，需要各级政府机构及相关部门建立协调配合机制，保证实施过程的高质量完成。公共产品包括纯公共品、混合公共产品。生产系统中，投入的是财政通过公共权力征集的各种社会资源，最终产出水平及产品优劣应有一个评判部门。因而，对公共产品质量的检验就是财政预算绩效评价的职责所在。财政预算及政策的实施是否得以顺利进行并取得预期效果，通过支出绩效评价而得以验证，同时也监督并督促了公共财政预算及政策的积极执行。

第三，促进确立适度的支出规模，优化支出结构。财政支出规模的确立实质上是对市场与政府分工界定。按照一般市场经济规则，市场能做并且更有效率的事情应该交给市场去做，市场做不了而政府做更有效率的事情应该由政府来做。否则，就存在效率损失的问题。为了避免效率的损失，就需要确立适度的财政支出规模，并且优化支出结构。要合理确定公共财政支出规模，明确公共资源的适用范围，需要通过公共财政支出评价的过程和结果进行验证。对公共财政支出规模是否适度、支出结构是否合理等问题的研究，对于我们这种发展中国家的财政来说至关重要。通过财政预算绩效评价，进行逆向研究，对帮助建立支出规模和结构的最优模型是可行的。

第四，提高财政资金使用的效率。任何资源的使用都要求带来尽可能多的收益。公共财政资金的使用也是如此，但对公共资源或财政资金的使用产生的收益则需要有明确的定义。财政资金的使用效率是指财政投入与产出（效益）之间的对比关系。在财政投入数量一定的情况下，产出越多，则意味着效率越高。但影响公共财政产出因素很多，既有政治、社会、经济制度等方面的，也有财政运行机制、决策程序及过程控制等方面，只有在诸多因素的相互配合、共同作用下，才能发挥出资金使用的最佳效率。财政预算绩效评价的两个重要目标就提携积极因素，消除消极影响。

第三节　财政预算绩效评价的种类

财政预算绩效评价可按时间维度、财政经费功能和评价对象差异进行分类。

一、按时间维度进行分类

所谓时间维度，即绩效评价阶段，主要指地方财政支出项目绩效评价阶段划分和试点选择，旨在对地方政府财政支出项目进行全过程、适时的绩效评价[①]。项目在不同进展阶段绩效评价的内容和要求不同，可根据需要在项目前、中、后和跟踪等阶段进行绩效评价。

（一）项目前期绩效评价——立项绩效评价

财政支出项目立项阶段的绩效评价是强化财政支出项目的事前控制，提高项目投资绩效的重要前提。该阶段的绩效评价的定位着重于对财政支出项目进行“是否要做正确的事”和“是否将以正确的方式做事”的评价。即在项目周期的初始立项阶段通过预测、论证和绩效评价，对项目单位提交申报资料的项目的合规性和必要性、项目的可行性、资金预算的合理性、项目绩效目标、项目实施制度、申报材料质量等多项内容进行绩效评价，并提出意见和建议，为项目决策者提供项目取舍及实施方案多方面提供参考。

在制度设计上，财政支出项目立项阶段的绩效评价所需关注重点及具体内容是：

（1）财政支出项目的合法性、合规性和必要性。主要评价：①项目是否执行上级政府、部门的政策或地方政府的政策。②项目能否解决民生问题或满足地方经济、社会持续发展的需要。③项目单位是否履行必要的法定职责。

（2）财政支出项目的真实性、可行性。主要评价：①提供材料是否与申报内容相关，是否符合填报要求。②项目是否需要可行性研究（500 万元以上基建项目和政府补贴项目），可行性研究内容是否翔实。③是否制定或有计划制定保障项目实施的规章制度（包括内部监控制度）、是否建立单位财务制度或资产管理制度、是否有制定专项资金管理方法。

（3）财政支出项目的科学性、合理性。主要评价：①项目预算是否明细、项目预算支出内容是否合理、项目预算支出进度与预期工作进度（跨年度时间计划）是否一致、项目预算的标准和依据是否科学、合理。②绩效目标是否设置量化、可测评的个性化指标，绩效目标设置是否科学、合理。

---

① 伍文中，李燕，唐霏．地方政府财政支出绩效评估理论研究与实务指南［M］．北京：经济科学出版社，2018.

（二）项目中期绩效评价——项目实施阶段绩效评价

在项目实施阶段，对项目状态和项目进展情况进行衡量与监测，加强对投资主体内部控制制度的全面绩效评价，旨在强化事中控制，确保地方财政支出项目目标的实现。该阶段的绩效评价的定位着重于对地方财政支出项目实施“是否在以正确的方式做事”及“是否在以更有效率的方式做事”的绩效评价。即对项目实施过程中有关活动的真实性、合法性、合规性，资源投入的经济性、效果性和效率性进行绩效评价。包括：一是对建设项目的计划管理进行绩效评价；二是对建设项目预算编制、审核及控制制度进行绩效评价；三是对建设项目的基本建设程序进行绩效评价；四是对项目建设的安全措施和管理进行绩效评价。通过实施阶段的绩效评价，可以使投资主体及时发现问题，避免投资浪费、工程进度缓慢等现象发生。

在制度设计上，项目实施阶段绩效评价所需关注重点及其具体内容是：

（1）项目实施的真实性、合法性和合规性。主要评价：①反映专项资金的设立是否符合有关规定，资金投向和结构是否合理，是否符合相关管理办法，符合地方财政扶持方向及资金设立目标。②资金支出规范性，包括预算执行的规范性，预算调整是否履行报批手续，是否按进度支付资金；事项支出的合规性，资金管理、费用标准集中支付或财政报账等制度是否得到严格执行，是否超范围、超标准支出，是否虚列支出，是否存在截留、挤占、挪用资金的情况；会计核算规范性，是否执行会计核算制度，是否专账核算，支出凭证是否合规有效。管理办法或实施方案（计划）等制度是否健全、规范；工作进度计划、预算安排是否合理，投入是否有保障。

（2）项目实施中资源投入的经济性。主要评价：反映项目预算（成本）控制的合理性，即反映预算执行结果是节约还是超支等具体情况及原因。

（3）项目实施中资源投入的效率性。主要评价：反映项目实施（完成）的进度、完成的质量、完成的数量是否与实施计划一致。

（4）项目实施中资源投入的效果性。主要评价：反映项目实施直接产生的社会、经济效益，主要通过项目资金使用效果的个性指标完成情况反映；项目完成后，后续政策、资金、人员机构安排和管理措施等影响项目持续发展的因素，以及项目实施对人、环境、资源是否带来可持续发展。

（三）项目后期绩效评价——项目验收阶段绩效评价

项目验收阶段绩效评价指的是项目完成后，对项目的执行过程、目标完成情况、项目成果等进行的绩效评价，也称验收绩效评价、结题绩效评价、事后绩效评价。该阶段的绩效评价定位着重于对财政支出项目“是否以正确的方式做了事”和“是否以更有效率的方式做了事”的绩效评价。绩效评价的内容主要包括资金管理水平、项目管理水平、项目开展绩效和自评组织工作情况进行绩效评价，对资源投入的经济性、效果性和效率性进行绩效评价。

在制度设计上，项目验收阶段的绩效评价所需关注的重点及具体内容是：

（1）验收活动的真实性、合法性和合规性。主要包括：①竣工财务决算的编制依据和方法是否符合国家有关财务制度的规定；②项目验收是否按国家规定的时间和程序进行，是否具有资质的第三方的验收报告。

（2）资金投入的合规性和经济性。主要包括：①是否制定项目资金管理办法，且符合有关财务会计制度；②是否提供完善的项目资金使用方案；③资金支出进度是否与资金使用方案、预算批复、合同等有关规定的相符；④清楚说明支出构成的标准、数量及计算依据。

（3）项目整体的效果性。主要包括：①项目内部控制制度是否健全并得到有效执行；②项目完成进度是否与预期目标一致；③项目质量是否达到规定的标准，功能是否达到设计要求。

（四）项目跟踪阶段绩效评价

项目跟踪阶段绩效评价主要针对项目完成后实际取得的经济、社会效益等进行综合绩效评价，一般在项目完成后两年内进行评价。对项目完成营运后是否达到了预期目标或者达到目标的程度、成本效益情况、对社会经济实际影响、项目可持续等方面进行绩效评价。

二、按财政经费功能进行分类

（1）经济性支出项目。经济性支出项目是指国家用于生产性投资和基本建设方面的财政支出，这些支出或者与社会公共需要有关，或者是与宏观调控有关，以政府直接投资为主。

（2）教育支出项目。包括教育事业费中的公用经费（不含各类学校的人员经费）和教育基本建设投资（建筑校舍和购置大型教学设备的费用），以政府直接投资为主。

（3）科学事业支出项目。科学事业支出是指国家用于发展和促进各种科学研究事业的经费支出（拨款或补助），以政府直接投资为主、财政补贴为辅。这类支出主要以高校、科研院所的相关课题项目经费为主。

（4）社会保障支出项目。社会保障支出是指政府通过财政向社会成员提供基本生活保障的支出，以政府直接投资为主。

（5）行政管理支出项目。行政管理支出是指中央和地方财政部门的财政预算中实际用于人大、政府机关、政协和共产党机关等的公用经费支出，以政府直接投资为主。主要包括：办公用品、出差、开会、水电、邮电等支出，办公设备、交通工具购置，机动车、船的燃料和修理，房屋维修，以及开展业务活动的经费等。上述相关部门及单位的所有支出在我国都属于财政支出。

（6）公检法管理支出项目。公检法管理支出是指中央和地方财政部门的财政预算中实际用于公安、法院、检察院、监狱劳教等的公用经费支出，以政府直接投资为主。主要包括：办公用品、出差、开会、水电、邮电等支出，办公设备、交通工具购置，机动车、船的燃料和修理，房屋维修，以及开展业务活动的经费等。上述相关部门及单位的所有支出在我国都属于财政支出。

（7）农村事业支出项目。农村事业支出是指国家用于发展农村事业的经费支出（拨款或补助），政府直接投资为主、财政补贴为辅。

三、按评价对象分类

（一）部门整体绩效评价

部门整体绩效评价，是指财政部门和预算部门（单位）根据设定的绩效目标，运用科学、合理的绩效评价指标、评价标准和评价方法，对预算部门（单位）整体预算配置情况、预算执行情况、预算管理情况以及资金使用效益等进行客观、公正的评价。

（1）部门整体绩效评价的主体是各级财政部门和预算部门（单位）。预算部门（单位）是指与财政部门有预算缴拨款关系的国家机关、政党组织、事业单位、社会团体和其他独立核算的法人组织。财政部门是评价人，预算部门是被评价人。

（2）部门整体绩效评价的对象是各级预算部门的全部预算收支。

（3）部门整体绩效评价的目的是推动提高部门和单位整体绩效水平。

（4）部门整体绩效评价的重点是从运行成本、管理效率、履职效能、社会效应、可持续发展能力和服务对象满意度等方面衡量部门和单位整体运行效果，基本内容包括绩效目标的设定情况，资金投入和使用情况，为实现绩效目标制定的制度、采取的措施，绩效目标的实现程度及效果等。部门整体绩效评价必须按照既定的原则和程序进行，要有科学标准的绩效指标体系，以保证评价结果的客观和公正。

（二）公共政策绩效评价

公共政策绩效评价是公共政策过程的重要一环，通过对政策出台或实施过程各阶段可能得到的结果进行分析评价，以确定该政策是继续、调整还是终止。

公共政策绩效评价最早的定义等同于公共政策绩效评价，由哈罗德·拉斯维尔（1963）定义为“就公共政策的因果关系做事实上的陈述”[①]。后来查尔斯·琼斯（1977）对公共政策绩效评价作了进一步阐释，指出公共政策绩效评价就是政府等有关机关对政策执行情况通过说明、检核、批评、量度和分析来检验政策执行效果，及时反馈相关信息，为决定政策走向提供参考[②]。我国学者陈振明（2003）将公共政策评价定义为：是依据一定的标准和程序，对政策的绩效、效率及价值进行判断的一种评价行为，目的在于取得有关这些方面的信息，作为决定政策变化、政策改进和制定新政策的依据[③]。

相对于政策评价，公共政策绩效评价更加强调结果导向，更加关注政策目标群体的满意程度，可以说公共政策绩效评价是以绩效为导向的公共政策评价，它与政府整体绩效评价、公共部门绩效评价、公共项目绩效评价共同组成现代政府绩效评价的内容体系。政策绩效评价所要判断的内容主要是[④]：政策执行之后，是否达到了政策制定者预期的目标？该项政策给国家（政策实施地区或部门）及公众社会生活带来了何种影响？完整的政策绩效评价需要涵盖四个方面的内容：①规范，即确定公共政策绩效评价的指标体系与评价标准；②测度，收集并统计有关绩效评价对象的各种信息；③分析，绩效评价者运用所收集到的各种信

---

① H. D. Lasswell. The Decision Process: Seven Categories of Function Analyses. College Park [J]. University of Maryland, 1963: 87.

② Charles O. Jones. An Introduction to the Study of Public Policy [M]. North Scituate: Duxbury Press, 1977.

③ 陈振明. 公共政策分析 [M]. 北京：中国人民大学出版社，2003.

④ 上海社会科学院政府绩效评估中心. 公共政策绩效评估：理论与实践 [M]. 上海：上海社会科学出版社，2017.

息用定量分析方法，对政策的价值做出判断；④建议，提出下一步行动方案，建议的内容可以是针对政策项目本身，也可以针对政策过程或面向政策执行的有关政府机构。因此，公共政策绩效评价就是围绕政策效果而进行的规范、测度、分析、建议等一系列活动的总称①。

（三）项目绩效评价

为了提高公共项目管理水平，更好地进行公共项目管理，全面发挥公共项目的最大效益，针对项目生命周期每阶段的特点，采用科学、规范的评价方法，对照统一制定的评价标准，基于预期目标，对公共投资行为过程及其结果的经济性、效率性、有效性和公平性进行科学、客观、公正、全面的衡量比较和综合判断。公共项目绩效评价是在公共项目建成竣工验收并运行一段时间以后，对该项目的立项、决策、设计、实施和运营，以及项目的经济绩效、社会绩效、生态绩效等进行系统客观的分析、总结和评价②。根据项目的评价时点分析，公共项目绩效评价包括跟踪评价、实施效果评价和影响评价。项目跟踪评价指的是在项目开工之后到项目竣工验收之前任何一个时点进行的评价；实施效果评价指的是项目后评价，是指在项目竣工后一段时间内所进行的评价；项目影响评价是指以项目后评价报告为基础，通过调查项目的经营状况，分析项目发展趋势及对社会、经济和环境的影响，从宏观层面总结项目决策的经验教训。综上所述，项目绩效评价是指在公共项目建成，竣工验收并运行一段时间后，为检查确定项目活动达到预期效果的程度以及为新项目的战略导向、政策选择和预算管理反馈信息，财政部门和预算部门根据设定的绩效目标，运用科学、合理的绩效评价指标、评价标准和评价方法，对项目资金的经济性、效率性、效益性进行客观、公正的评价活动③。

第四节　财政预算绩效评价的指标

财政预算绩效评价指标是指衡量绩效目标实现程度的考核工具，可分为共性指标和个性指标，前者是适用于所有评价对象的指标，主要包括预算编制和执行情况、财务管理状况、资产配置、使用、处置及其收益管理情况以及社会效益、经济效益等，由财政部门统一制定；后者是针对预算部门或项目特点设定的，适用于不同预算部门或项目的业绩评价指标，由财政部门会同预算部门制定。本节是采用按评价对象分类标准，讲解部门整体绩效评价、政策绩效评价、项目绩效评价的共性指标内容。

一、部门整体绩效评价的共性指标

（一）投入指标

1. 目标设定

（1）绩效目标合理性。是用于衡量预算部门所设立的整体绩效目标依据是否充分，是否符合客观实际，用以反映和考核部门整体绩效目标与部门履职、年度工作任务的相符性情

① 刘国永．预算绩效管理概述［M］．镇江：江苏大学出版社，2014.

② 朱衍强，郑方辉．公共项目绩效评价［M］．北京：中国经济出版社，2009：170.

③ 马海涛，曹堂哲，王红梅．预算绩效管理理论与实践［M］．北京：中国财政经济出版社，2020：233.

况。评价要点为：①是否符合国家法律法规、国民经济和社会发展总体规划；②是否符合部门“三定”方案[①]确定的职责；③是否符合部门制定的中长期实施规划。

（2）绩效指标明确性。是用于衡量预算部门依据整体绩效目标所设定的绩效指标是否清晰、细化、可衡量，用以反映和考核部门整体绩效目标的明细化情况。评价要点为：①是否将部门整体的绩效目标细化分解为具体的工作任务；②是否通过清晰、可衡量的指标值予以体现；③是否与部门年度的任务数或计划数相对应；④是否与本年度部门预算资金相匹配。

2. 预算配置

（1）在职人员控制率。是指预算部门本年度实际在职人员数与编制数的比率，用以反映和考核部门对人员成本的控制程度。具体计算公式为：

$$在职人员控制数 = \frac{实际在职人员数}{编制数} \times 100\%$$

其中，实际在职人数以财政部确定的部门决算编制口径为准，编制数是机构编制部门核定批复的部门人员编制数。

（2）“三公经费”变动率。是指预算部门本年度“三公经费”预算数与上年“三公经费”预算数的变动比率，用以反映和考核部门对控制重点行政成本的努力程度。其中“三公经费”，是指因公出国（境）费、公务车辆购置及运行费和公务招待费。具体计算公式为：

$$“三公经费”变动率 = \frac{本年度“三公经费”总额 - 上年度“三公经费”总额}{上年度“三公经费”总额} \times 100\%$$

（3）重点支出安排率。是指预算部门本年度预算安排的重点项目支出与部门项目总支出的比率，用以反映和考核部门对履行主要职责或完成重点任务的保障程度。具体计算公式为：

$$重点支出安排率 = \frac{重点项目支出}{项目总支出} \times 100\%$$

其中重点项目支出，是指预算部门年度预算安排的，与本部门履职和发展密切相关、具有明显社会和经济影响、党委政府关心或社会比较关注的项目支出总额；项目总支出，是指预算部门年度预算安排的项目支出总额。

（二）过程指标

1. 预算执行

（1）预算完成率。是指预算部门本年度预算完成数与预算数的比率，用以反映和考核部门预算完成程度。具体计算公式为：

$$预算完成率 = \frac{预算完成数}{预算数} \times 100\%$$

其中，预算完成数，是指预算部门本年度实际完成的预算数；预算数，是指财政部门批复的本年度部门预算数。

（2）预算调整率。是指预算部门本年度预算调整数与预算数的比率，用以反映和考核部门预算的调整程度。具体计算公式为：

① “三定”是指定职能配置、定内设机构和定人员编制。

$$预算调整率=\frac{预算调整数}{预算数}\times 100\%$$

其中，预算调整数，是指预算部门在本年度内涉及预算的追加、追减或结构调整的资金总和，但不包括因落实国家政策、发生不可抗力、上级部门或本级党委政府临时交办而产生的调整。

（3）支付进度率。是指预算部门实际支付进度与既定支付进度的比率，用以反映和考核部门预算执行的及时性和均衡程度。具体计算公式为：

$$支付进度率=\frac{实际支付进度}{既定支付进度}\times 100\%$$

其中，实际支付进度，是指预算部门在某一时点的支出预算执行总数与年度支出预算数的比率；既定支付进度，是由预算部门在申报部门整体绩效目标时，参照序时支付进度、前三年支付进度、同级部门平均支付进度水平等确定的，在某一时点应达到的支付进度。

（4）结转结余率。是指预算部门本年度结转结余总额与支出预算数的比率，用以反映和考核部门对本年度结转结余资金的实际控制程度。具体计算公式为：

$$结余结转率=\frac{结余结转余额}{支出预算数}\times 100\%$$

其中，结转结余总额，是指预算部门本年度的结转资金与结余资金之和（以决算数为准）。

（5）结转结余变动率。是指预算部门本年度结转结余资金总额与上年度结转结余资金总额的变动比率，用以反映和考核部门对控制结转结余资金的努力程度。具体计算公式为：

$$结转结余变动率=\frac{本年度累计结转结余资金总额-上年度累计结转结余资金总额}{上年度累计结转结余资金总额}\times 100\%$$

（6）公用经费控制率。是指预算部门本年度实际支出的公用经费总额与预算安排的公用经费总额的比率，用以反映和考核部门对机构运转成本的实际控制程度。具体计算公式为：

$$公用经费控制率=\frac{实际支出公用经费总额}{预算安排公用经费总额}\times 100\%$$

（7）“三公经费”控制率。是指预算部门本年度“三公经费”实际支出数与预算安排数的比率，用以反映和考核部门对“三公经费”的实际控制程度。具体计算公式为：

$$“三公经费”控制率=\frac{“三公经费”实际支出数}{“三公经费”预算支出数}\times 100\%$$

（8）政府采购执行率。是指预算部门本年度实际政府采购金额与年初政府采购预算的比率，用以反映和考核部门政府采购预算执行情况。具体计算公式为：

$$政府采购执行率=\frac{实际政府采购金额}{政府采购预算}\times 100\%$$

其中，政府采购预算，是指采购机关根据事业发展计划和行政任务编制的、并经过规定程序批准的年度政府采购计划。

2. 预算管理

（1）管理制度健全性。是用于衡量预算部门为加强预算管理、规范财务行为而制定的管理制度是否健全完整，用以反映和考核部门预算管理制度对完成主要职责或促进事业发展的保障情况。评价要点为：①是否已制定或具有预算资金管理办法、内部财务管理制度、会计核算制度等管理制度；②相关管理制度是否合法、合规、完整；③相关管理制度是否得到有效执行。

（2）资金使用合规性。是用于衡量预算部门使用预算资金是否符合相关的预算财务管理制度的规定，用以反映和考核部门预算资金的规范运行情况。评价要点为：①是否符合国家财经法规和财务管理制度规定以及有关专项资金管理办法的规定；②资金的拨付是否有完整的审批程序和手续；③项目的重大开支是否经过绩效评价论证；④是否符合部门预算批复的用途；⑤是否存在截留、挤占、挪用、虚列支出等情况。

（3）预决算信息公开性。是用于衡量预算部门是否按照政府信息公开有关规定、公开相关预决算信息，用以反映和考核部门预决算管理的公开透明情况。其中，预决算信息是指与部门预算、执行、决算、监督、绩效等管理相关的信息。评价要点为：①是否按规定内容公开预决算信息；②是否按规定时限公开预决算信息。

（4）基础信息完善性。是用于衡量预算部门基础信息是否完善，用以反映和考核基础信息对预算管理工作的支撑情况。评价要点为：①基础数据信息和会计信息资料是否真实；②基础数据信息和会计信息资料是否完整；③基础数据信息和会计信息资料是否准确。

3. 资产管理

（1）管理制度健全性。是用于衡量预算部门为加强资产管理、规范资产管理行为而制定的管理制度是否健全完整，用以反映和考核部门资产管理制度对完成主要职责或促进社会发展的保障情况。评价要点为：①是否已制定或具有资产管理制度；②相关资金管理制度是否合法、合规、完整；③相关资产管理制度是否得到有效执行。

（2）资产管理安全性。是用于衡量预算部门的资产是否保存完整、使用合规、配置合理、处置规范、收入及时足额上缴，用以反映和考核部门资产安全运行情况。评价要点为：①资产保存是否完整；②资产配置是否合理；③资产处置是否规范；④资产账务管理是否合规，是否账实相符；⑤资产是否有偿使用及处置收入及时足额上缴。

（3）固定资产利用率。是指预算部门实际在用固定资产总额与所有固定资产总额的比率，用以反映和考核部门固定资产使用效率程度。具体计算公式为：

$$固定资产利用率=\frac{实际在用固定资产总额}{所有固定资产总额}\times 100\%$$

（三）产出指标

产出主要衡量预算部门的职责履行情况，具体包括：

（1）实际完成率。是指预算部门履行职责而实际完成工作数与计划工作数的比率，用以反映和考核部门履职工作任务目标的实现程度，具体计算公式为：

$$实际完成率=\frac{实际完成工作数}{计划工作数}\times 100\%$$

其中，实际完成工作数，是指一定时期内部门实际完成工作任务的数量；计划工作数，是指预算部门整体绩效目标确定的一定时期内预计完成工作任务的数量。

（2）完成及时率。是指预算部门在规定时限内及时完成的实际工作数与计划工作数的比率，用以反映和考核部门履职时效目标的实现程度，具体计算公式为：

$$完成及时率=\frac{及时完成实际工作数}{计划工作数}\times 100\%$$

其中，及时完成实际工作数，是指预算部门按照整体绩效目标确定的时限实际完成的工作任务数量。

（3）质量达标率。是指预算部门达到质量标准或绩效标准值的实际工作数与计划工作数的比率，用以反映和考核部门履职质量目标的实现程度。具体计算公式为：

$$质量达标率=\frac{质量达标实际工作数}{计划工作数}\times 100\%$$

其中，质量达标实际工作数，是指一定时期内预算部门实际完成工作数中达到部门绩效目标要求或绩效标准值的工作任务数量。

（4）重点工作办结率。是指预算部门年度重点工作实际完成数与交办或下达数的比率，用以反映部门对重点工作的办理落实程度。具体计算公式为：

$$重点工作办结率=\frac{重点工作实际完成数}{交办或下达数}\times 100\%$$

其中，重点工作是指党委、政府、人大、相关部门交办或下达的工作任务。

（四）效果

效果主要衡量预算部门的履职效益情况，具体包括：

（1）经济效益。是用于衡量预算部门履行职责对经济发展所带来的直接或间接影响。

（2）社会效益。是用于衡量预算部门履行职责对社会环境所带来的直接或间接影响。

（3）生态效益。是用于衡量预算部门履行职责对生态环境所带来的直接或间接影响。

（4）社会公众或服务对象满意度。是用于衡量社会公众、预算部门的服务对象对部门履职效果的满意程度。其中，社会公众或服务对象是指部门履行职责而影响到的部门、群体或个人。一般采取社会调查的方式。

上述经济、社会、生态效益三项指标是设置部门整体支出绩效评价指标时必须考虑的共性要素，在实践中，一般根据部门实际并结合部门整体支出绩效目标设立情况有选择地进行设置，并将其细化为相应的个性化指标。

二、政策绩效评价的共性指标

关于政策绩效评价体系目前并没有一个固定的标准，可以通过借鉴国外经验以帮助选择政策绩效评价的共性指标。1993 年美国国家绩效评价委员会建立了一套衡量政府部门和个人工作绩效的绩效评价体系，对于公共政策绩效评价体系构建具有重要的借鉴意义。该体系包含六大类指标，分别是投入指标（衡量某一项目或服务消耗的资源）、能量指标（度量机构提供服务的能力）、产出指标（衡量为服务人口提供的产品数量或服务单位）、结果指标（衡量项目和服务的结果）、效率和成本效益指标（衡量单位产出或结果的成本）、生产力指标（将效率和效益结合成单一指标）等六大类指标，从不同的角度反映经济、效率、质量等绩效标准①。2002 年日本颁布的《关于行政机关实施政策评价的法律（评价法）》中提出政策要包括必要性、效率性、有效性、公平性及优先性等维度，根据评价的目的和评价对象的性质等对不同维度的指标有所侧重，而后进行组合、综合统筹分析②。

① 朱立言，张强．美国政府绩效评估的历史演变［J］．湘潭大学学报（哲学社会科学版），2005（29）：1－7．

② 姜国兵，蓝光喜．重构公共政策评估——基于公民权与行政权相对平衡的分析［J］．中国行政管理，2008（8）：50－53．

就我国而言，目前已经出台或颁布的相关制度规定中涉及财政支出绩效、财政预算绩效评价类的指标相对较多。如2013年预算司发布《财政预算绩效评价共性指标体系框架》（财预〔2013〕53号）对全国的绩效评价共性指标体系建设进行指导。2017年，进一步将绩效目标覆盖范围扩大到政府性基金预算和国有资本经营预算。从地方政府看，最先系统提出财政支出政策绩效评价内容和指标体系的是北京市财政局①，其与第三方机构及绩效评价专家共同梳理了政策绩效评价的重点关注内容②。结合政策评价自身特点，构建出了主要包括政策相关性、政策效率性、政策效益性、政策公平性以及政策效果可持续性在内的“五性维度”③ 为一级指标，需求充分性、目标明确性等12项为二级指标，涵盖了政策决策与执行的全过程。具体而言：①政策相关性：主要考察政策目标现实需要的满足程度，以及政策目标与国家政策和规划的相符程度和政策任务落实保障程度；②政策效率性：主要考察政策执行中的管理是否到位、计划执行是否可控及政策产出目标是否按照计划达成；③政策效益性：主要考察政策的执行效果和服务对象满意度；④政策公平性：主要考察政策资金分配的公平性和政策效益的普惠性；⑤政策可持续性：主要考察政策效果的可持续条件和环境是否具备。

随着全面实施预算绩效管理改革的不断深化，《关于全面实施预算绩效管理的意见》（中发〔2018〕34号）中强调要建立健全共性绩效指标框架并加快构建核心绩效指标和标准体系，特别是对新出台的重大政策开展事前绩效评价，并给出必要性、投入经济性、绩效目标合理性、实施方案可行性、筹资合规性五个论证立项的重要考察点。通过科学决策从源头上防控财政资源配置的低效无效，而后开展政策的跟踪评价和后评价，关注政策阶段性的目标兑现情况和政策完成的效率、效益、公平性等。

三、项目绩效评价的共性指标

项目绩效评价指标是项目支出绩效目标的细化和分解，由投入、过程、产出和效果四个部分组成，涵盖项目的整个运行周期，以“投入——过程——产出——效果”为基础构造三级绩效指标．不仅使各具体指标隶属关系更为清晰，还有利于绩效薄弱环节的查找和对项目运行全过程的把控。以财政部门预算司印发的《财政预算绩效评价共性指标体系框架》（财预〔2013〕53号）的项目支出绩效评价指标（见附表1）作为参考，从投入、过程、产出和效果四个方面阐述项目绩效评价共性指标的内涵。

（一）投入

投入评价指标由项目立项指标和资金落实指标组成。项目立项指标包括三个方面：第一是项目立项规范性，项目立项规范性指标是指项目的申请、设立过程是否符合相关要求，用以反映和考核项目立项的规范情况。项目立项规范性指标的评价要点包括项目是否按照规定的程序申请设立，所提交的文件、材料是否符合相关要求，事前是否已经经过必要的可行性研究、专家论证、风险绩效评价以及集体决策等；第二是绩效目标合理性，绩效目标合理性指标是指项目所设定的绩效目标是否依据充分、是否符合客观实际、用以反映和考核项目绩

① 杨光．北京首试财政支出政策绩效评价［N］．中国财经报，2016-01-23（003）．

② 北京市财政局关于印发《北京市财政支出绩效评价实施细则的通知》（京财绩效〔2013〕2722号）．

③ 王罡，贠晓哲．财政政策绩效评价的“五性维度”［J］．新理财（政府理财），2016（2）：88-89.

效目标与项目实施的相符情况，绩效目标合理性的评价要点包括是否符合国家相关法律法规以及国民经济发展和党委政府决策，是否与项目实施单位或委托单位职责密切相关，项目预期产出效益和效果是否符合正常的业绩水平。第三是绩效指标明确性，绩效指标明确性是指依据绩效目标设定的绩效指标是否清晰、细化、可衡量等，用以反映和考核项目绩效目标的明细化情况。绩效指标明确性的评价要点包括是否将项目绩效目标细化分解为具体的绩效指标，是否通过清晰、可衡量的指标值予以体现；是否与项目年度任务数或计划数相对应；是否与预算确定的项目投资额或资金量相匹配。资金落实指标包括两个方面：第一是资金到位率，资金到位率是指实际到位资金与计划投入资金的比率，用以反映和考核资金落实情况对项目实施的总体保障程度，资金到位率根据实际到位资金和计划投入资金计算得出；第二是到位及时率，到位及时率是指及时到位资金与应到位资金的比率，用以反映和考察项目资金落实的及时性程度，到位及时率根据及时到位资金和应到位资金计算得出。

（二）过程

过程评价指标由业务管理指标和财务管理指标组成。业务管理指标包括三个方面：第一是管理制度健全性，管理制度健全性是指项目实施单位的业务管理制度是否健全，用以反映和考核业务管理制度对项目顺利实施的保障情况。管理制度健全性的评级要点包括是否已制定或具有相应的业务管理制度，业务管理制度是否合法、合规以及完整。第二是制度执行有效性，制度执行有效性是指项目实施是否符合相关业务管理规定，用以反映和考核业务管理制度的有效执行情况。制度执行有效性的评价要点包括是否遵守相关法律、法规和业务管理规定，项目调整及支出调整手续是否完备，项目合同书、验收报告、技术鉴定等资料是否齐全并及时归档，项目实施的人员条件、场地设备、信息支撑等是否落实到位。第三是项目质量可控性，项目质量可控性是指项目实施单位是否为达到项目质量要求而采取了必需的措施，用以反映和考察项目实施单位对项目质量的控制情况。项目质量可控性的评价要点包括是否已制定或具有相应的项目质量要求或标准，是否采取了相应的项目质量检查、验收等必需的控制措施或手段。财务管理包括三个方面：第一是管理制度健全性，管理制度健全性是指项目实施单位的财务制度是否健全，用以反映和考核财务管理制度的资金规范、安全运行的保障情况。管理制度健全性的评价要点包括是否已制定或具有相应的项目资金管理办法，项目资金管理办法是否符合相关财务会计制度的规定。第二是资金使用合规性，资金使用合规性是指项目资金使用是否符合相关的财务管理制度规定，用以反映和考核项目资金的规范运行情况。资金使用合规性的评价要点包括是否符合国家财经法规和财务管理制度以及有关专项资金管理办法的规定，资金的拨付是否有完整的审批程序和手续，项目的重大开支是否经过绩效评价认证，是否符合项目预算批复或合同规定的用途，是否存在截留、挤占、挪用、虚列支出等情况。第三是财务监控有效性，财务监控有效性是指项目实施单位是否为保障资金的安全、规范运行而采取了必要的监控措施，用以反映和考核项目实施单位对资金运行的控制情况。财务监控有效性的评价要点包括是否已制定或具有相应的监控机制，是否采取了相应的财务检查等必要的监控措施或手段。

（三）产出

产出评价指标是项目支出绩效目标中关于公共产品及公共服务产出数量方面的指标，由项目产出的实际完成率、完成及时率、质量达标率和成本节约率组成。实际完成率是指项目实际的实际产出数与计划产出数的比率，用以反映和考核项目产出数量目标的实现程度，实际完成率根据实际产出数和计划产出数计算得出。完成及时率是指项目实际提前完成时间与计划完成时间的比率，用以反映和考核项目产出时效目标的实现程度，完成及时率根据实际完成时间和计划完成时间计算得出。质量达标率是指项目完成的质量达标产出数与实际产出数的比率，用以反映和考核项目产出质量目标的实现程度，质量达标率根据质量达标产出数和实际产出数计算得出。成本节约率是指完成项目计划工作目标的实际节约成本与计划成本的比率，用以反映和考核项目的成本节约程度，成本节约率根据计划成本和实际成本计算得出。

（四）结果

效果评价指标包括项目产生的经济效益、社会效益、生态效益、可持续影响和社会公众或服务对象满意度。经济效益是指项目实施对经济发展所带来的直接或间接的影响情况；社会效益是指项目实施对社会发展所带来的直接或间接影响情况；生态效益是指项目实施对生态环境所带来的直接或间接影响情况；可持续影响是指项目后续运行及成效发挥的可持续影响情况；社会公众或服务对象满意度是指社会公众或服务对象对项目实施效果的满意程度。其中，经济效益、社会效益、生态效益和可持续影响四项指标是在设置项目支出绩效评价指标时必须考虑的共性要素，可根据项目实际并结合绩效目标设立情况有选择地进行设置，并将其细化为相应的个性化指标；社会公众或服务对象满意度指标也是项目效益的一个重要组成部分，需要通过社会调查等方式对其进行反映和评价。

第五节　财政预算绩效评价的程序

财政预算绩效评价工作程序是评价的基本工作步骤，保证财政预算绩效评价工作有条不紊地进行，使财政支出效益得到客观、公正、全面的评价。财政预算绩效评价的基本程序主要包括成立评价组织机构、确立评价对象、下达评价通知书、组织成立评价工作组和专家咨询组、制定评价工作方案、评价工作组实施评价、出具评价报告、建立绩效评价档案等几个阶段。各级评价机构必须严格按照一定的评价工作程序开展评价工作，从而减少评价误差，确保评价工作质量。

一、确定绩效评价对象

评价对象主要有三种：项目评价、部门评价以及政策评价。

项目评价：以项目为评价对象，通常选取“资金量较大、代表性较强、社会关注度较高、资金分配覆盖广且连续实施”的项目（例如民生保障、基础设施、产业发展类重大项目）。

部门评价：即部门整体支出评价，选取本部门或下属单位作为绩效评价对象。

政策评价：通常评价的是财政政策，一般由财政部门组织实施，原则上选取关系民生保障、基础设施一级促进社会经济发展的产业支持政策开展评价。

绩效评价的对象主要由财政部门选择，财政部门在确定评价对象时，需一并明确绩效评价的组织和实施主体，提出基本要求。

二、下达绩效评价通知

项目评价通知包括评价项目、组织方式、评价目的、评价时间安排、评价方法及相关工作要求。由评价工作组向被评价单位下达评价通知，评价通知的基本内容应包括：评价目的、对象、内容、任务、依据、评价实施机构、时间安排、相关要求等事项。在下达评价通知之后，评价工作组应保持与主管部门或实施单位的动态沟通，及时交流信息，包括进一步了解政策/项目/部门的基本情况、阶段工作安排等。

三、确定绩效评价工作人员

组织实施绩效评价的财政部门、主管部门或单位应成立评价组织机构。评价组织机构按照“谁评价，谁确定”的原则由财政部门、主管部门或单位的相关人员组成。评价组织机构具体负责整个评价工作的组织领导及协调工作，负责制定评价工作方案，选择评价机构，审核评价报告等。

评价组织机构根据评价组织方式和要求选择评价机构。评价机构有三种形式：

（1）由项目单位或主管部门内部相关专业人员组成的评价组；

（2）由项目单位、主管部门或财政部门组织的专家组，专家组成员可在绩效评价专家库中选取，对于重大项目的评价，选取时应考虑邀请人大、政协及相关大专院校的专家参加；

（3）具有相应资质的社会中介机构参与评价，中介机构应在绩效评价中介机构库中选择。

四、制订绩效评价工作方案

评价组织机构根据评价工作规范，针对评价目标，拟定评价工作的具体评价方案、评价规则。主要内容有：评价项目、评价目的、评价依据、评价指标、评价标准、评价项目负责人、选取评价方法、工作时间安排、准备评价资料及有关工作要求等。方案设计后，要经评价组织机构的所有成员讨论并提出意见和建议，进行修改、完善。在确定具体指标时，应与财政部门共同研究商定。

五、收集绩效评价相关资料

绩效评价所需要的信息资料包括评价对象的基本情况，财政资金使用情况评价指标体系需要的各项数据资料等，关键在于要始终围绕评价指标来收集资料，主要有目标设定及完成程度，项目的建设施工质量管理制度的建立和健全管理责任制的建立和落实，资金的使用，财务管理资产配置与所有产生的效益等。

六、对资料进行审查核实

并非所有的资料信息搜集以后都可以直接用于分析，而需要对信息资料进行审核和整理，一般用来分析一个指标的信息资料可以分为三类，第一类是用于衡量指标的信息资料，第二类是分析指标实现或未实现预期值的原因，第三类是利益相关者的观点。

七、综合分析并形成评价结论

被评价单位在接到评价工作通知后，应自行组织开展对下属单位或重点项目的自评价，撰写自评报告，作为评价依据。在被评价单位完成自评价，整理相关资料之后，就开始了正式的评价环节。首先应当进行的是资料的收集和整理，包括被评价单位提供的资料，梳理相关对的政策法规、行业研究报告、市场分析报告等。其次是选择并应用评价方法，包括实地踏勘、面对面访谈、广泛座谈等。根据评价对象的不同特征选择适当的评价方法。再次，选择评价指标。评价指标根据评价对象的不同，一级指标通常设置为：①部门评价：预算编制、预算执行、综合管理、整体效益。②项目评价：项目决策、项目实施、完成结果、项目效果、社会/经济效益、完成质量、基础管理等。③政策评价：政策设计、政策执行、政策效果。二三级指标及评分办法根据所评对象进行设置。最后，形成初步的评价结论，征求被评价单位意见，同时送交评价组织机构审阅。

八、撰写与提交评价报告

（一）撰写评价报告程序

1. 撰写评价报告

评价组织机构对评价程序、评价资料分析、评价人员打分、评价结论、问题与建议进行审查，提出可行性意见和建议，填列绩效报告或绩效评价报告。

2. 上报评价报告

评价报告撰写后，统一使用A4纸打印、装订，并在财政部门规定的时间内报主管部门和财政部门。

3. 建立评价工作档案

评价组织机构应及时收集整理评价过程中形成的工作底稿和有关资料，并妥善保管。评价工作结束前，应根据档案管理的要求，建立评价工作档案并归档，以备存查。

4. 年度汇总

年度终了后一个月内，当年实施财政预算项目支出项目绩效评价的预算部门，应将项目评价情况整理汇总，形成《财政预算项目支出项目绩效评价情况汇总表》报财政部门。

（二）撰写绩效评价报告的主要内容

财政预算项目支出绩效评价报告包括：基本概况；绩效评价的组织实施情况；绩效评价指标体系、评价标准和评价方法；绩效目标的实现程度；存在问题及原因分析；评价结论及建议；其他需要说明的问题。

九、建立绩效评价档案

本着“谁评价，谁公开”的原则，由财政部门组织的评价，应当由财政部门安排公开。财政部门对每年的绩效评价结果及时汇总、总结，将绩效评价结果总体情况向同级人民政府报告，并由政府进行通报。财政或政府根据需要将相关结果呈报同级人大或其工作机构，报送上级主管部门，抄送审计、监察等有关部门。

绩效评价结果应纳入地区和部门工作考核目标范畴，作为评价地区和部门工作的重要依据，作为领导班子和领导干部综合考评的重要内容。逐步建立绩效问责机制，对由于故意或过失原因导致预算资金无效或低效等情况，财政部门或预算部门可提出追究相应部门、单位或个人绩效责任的建议，并提交相关职能部门，建立绩效评价档案。

第六节 财政预算绩效评价的方法

财政预算绩效评价主要包括成本效益分析法、比较法、因素分析法、最低成本法、公众评判法等。

一、成本效益分析法

成本效益分析法又名为投入产出法，它对比项目的预算支出安排和预期效益的差异，并以此评价绩效目标的达成情况。成本效益分析方法最早应用于评价私人部门的支出管理，它有效地提高了私人部门的运行效率，因此，后来逐渐被政府部门用来评价政府财政资金的运行效率。一方面，这一方法适用于项目支出的绩效评价。它通过计算和比较某一项目总体预算支出的成本和收益评价该项目的效益。当某一项目的收益大于成本时，表明该项目具有正的预算支出净收益，即预算支出有正效益；当收益小于成本时，表明该项目具有负的预算支出净收益，预算支出是负效益。另一方面，还可以应用这一方法来比较某预算支出备选方案的优劣。通过计算每个方案的净收益，即计算和比较各备选方案的成本和收益，净收益最高或者收益率最高的方案可成为较优的选择。预算资金的支出效率也在这一筛选过程后得到有效的提高。此外，成本效益分析法也能应用于对相同类别不同预算支出的横向比较，同地区或不同地区的比较均能适用。成本效益分析法可以比较各地区和部门预算支出绩效水平的差异，究其原因，可相应地提出改善的方法，从而达到提升预算资金使用效率的目的。同时，在使用成本效益分析方法时，有以下几个方面需要注意：

①考虑货币的时间价值，在分析某一项目或方案时，需要把几年内发生的、与之有关的“成本流”和“效益流”折成现值，再作比较；

②应当考虑项目间接的、无形的成本和效益，某一项目或方案成本和效益的计算不仅包括与之直接相关的、有形的成本和效益，还应包括与之间接相关的、无形的成本和效益等；

③成本效益法并不适用于公共部门中所有支出项目的绩效评价，它能够应用于成本收益都能准确计量的项目，但是无法评价成本和收益无法用货币表示的项目。其中，以社会效益为主要收益的支出项目尤其不适用。因为社会效益很难准确地衡量，它容易受到多重因素的影响，且所包含的内容众多，如直接效益、间接效益、长期效益、短期效益、有形效益、无形效益等，更进一步地，其中的诸多内容无法准确计量，这就会导致成本和收益计算误差的出现。

二、比较法

比较法是通过比较绩效目标与预期的实施效果、历史情况、不同部门和地区同类预算支出（项目）安排之间的差异，从而评价项目绩效的方法，它进行比较的方式多样，包括横向比较、纵向比较、目标比较等。比较法主要对项目进行相对的评价，因此能够运用于对难以准确确定绝对的评价标准或者缺乏客观评价尺度项目的评价。并且这种方法无需对成本或收益进行量化计算，操作相对简单，主要用在对诸如财政项目资金管理等评价标准较难确定项目的评价。排序法、一一对比法和强制分配法等是比较法较为常用的方法。排序法顾名思义，是对备选方案进行排序的方法，它主要依据的是各方案绩效的高低。这种方法不用计算一些无法准确量化的指标，设计和应用成本不高，无需对绩效评价部门有很高的专业要求，因此在一定时期内它的应用较为广泛。但是正是由于比较法没有客观的标准，导致各主管部门被诸多的主观因素左右，使评价结果具有随意性，也很难对预算提出整改意见。一一对比法则是在弥补了排序法上述缺陷后提出的一种新的方法。它一对一地对所有的备选方案进行比较，因此相对于排序法整体排列，一一排序法更具有说服力。但是这种方法的缺点在于依旧没有提出客观的评价标准，并且导致了工作量的增加。相较于上述的两种方法，强制分配法则包含了更多定量的因素。强制分配法根据正态分布规律，将评价对象强制划分等级，具有相对固定的比例。这一方法要求技术人员具有较高的专业水平，等级具体分布的确定则需要以收集大量数据并进行分析和考察为基础，需要制订合理的评价标准来确定评价指标，相对增大了应用成本，在整个绩效评价体系较为完善的部门和地区中应用较为合适。

三、因素分析法

因素分析法是运用统计指数体系分析各个因素对现象总变动的影响程度的一种统计分析方法。因素分析法通过对影响项目绩效目标实现、结果和成本、实施效果的内外因素进行综合的考察，以评价项目。部门整体支出绩效评价因素分析法是指一一列示分析影响部门投入和产出的各项因素，计算投入产出比并据此评价的方法。因素分析法可以应用到诸多公共项目中，对各因素赋以不同的权重，并计算综合评分，据此衡量项目的效率性和效益性。合理分配权重是用好这一方法的关键，即怎么样配比能够使整个评价的过程更加客观全面，而且反映出不同项目的实施特点。

因素分析法可使用的方法有很多，连环替代法和差额分析法则是其中较为常用的两种。连环替代法是把需要考察的指标分解成一个个可以准确衡量的因素，并且依据每个因素之间的关系，按顺序把每个因素的基准值（即标准值或计划值）用比较值（即实际值）来替换，并据此计量每个因素对上级指标的影响程度。差额分析法则是连环替代法经过简化后的一种分析方法，它通过计算比较值和基准值之间的差异，衡量各因素对上级指标的影响程度。这种方法主要用来对项目支出进行评价，对于基本支出的评价当然也可使用这一方法。

四、最低成本法

最低成本法又名最低费用选择法，是指对于不容易测算预期收益的项目，利用计算这一项目实施的最低成本，进行项目评价的方法。它完善了成本效益法。最低成本法可以应用在一些容易计量成本但是不容易测算效益的财政支出项目。在分析财政支出的经济效益时，只有有形成本被纳入这一方法的计算范畴，假设某一项目的效益既定，计算对比各方案成本费用的多少，从而将成本最少的方案确定为最终方案。在运用成本最低法时，首先要依据政府的绩效目标，提出多个可以参考的备选方案；其次一一计算每个方案的有形成本，当项目的实施周期较长时，应考虑货币的时间价值，把每一年的现金流折算成现值，以便进行比较；最后把不同方案的成本进行排序，在假设该项目绩效目标一定的基础上，将成本最低的方案确定为最终的方案。这一方法最主要的特点在于，无需用货币准确计算财政支出项目的效益，而只关注该项目的有形成本。这一方法既无需计算某些项目无法准确计量的成本，又无需测算该项目的效益，适用于某些效益难以测算的项目。比如，国防支出、社保支出等，这类项目关注社会效益，难以量化其收益，成本却很容易计量。在对这类项目进行评价时，只需要测算项目支出的有形成本，并以成本最低的方案确定为最终方案。简单易行，工作量小，具有经济性和可监督性，是一个切实可行的绩效评价方法。

公共部门主要的职责是为社会提供公共产品和服务，不同于追求经济利益最大化的企业组织，它要关注社会的整体效益。因此，在实施成本最低法时，也要考虑不同方案的效益，并结合其他方式，实施全面综合的绩效评价。

五、公众评判法

公众评判法是指在采取过专家绩效评价、公众问卷（如满意度调查）以及抽样调查等调查方式后，对财政支出效果进行预判打分，并且依照分值对绩效目标的实现程度进行预判的一种方法。

公众评判法适用于那些难以直接运用指标计量其效果的支出。公众评判法中有一个常用的方法，即“专家评价法”，也便是通过评价机构选取出绩效评价管理专家、财政财务专家、项目管理专家、业务专家，同时将这些专家一并组织，在对项目的情况进行充分的调查及研究后，凭借其丰富的业务经验对项目的决策、组织管理以及绩效等情况进行评价。

相比其余方法，公众评判法更具有民主性、公开性的特点。它大范围地吸收了社会力量，促使民众一并参与，使得整个绩效评价的过程较为充分地表达了社会公众的诉求，同时也保证了实施过程的透明度。

同时，由于这种方法还具有好的公开性，因而适用于对公共部门和财政投资兴建的公共设施进行评价，但需注意设计好相应的绩效评价方式和调查问卷并有效选择被调查人群。

本章小结

财政预算绩效评价是指各级政府、财政部门和预算部门（单位）根据设定的绩效目标，运用科学、合理的绩效评价指标、评价标准和评价方法，对各部门各单位预算执行情况以及政策和项目实施效果、政府整体财政运行情况进行客观、公正的评价。

部门整体绩效评价是指财政部门和预算部门（单位）根据设定的绩效目标，运用科学、合理的绩效评价指标、评价标准和评价方法，对预算部门（单位）整体预算配置情况、预算执行情况、预算管理情况以及资金使用效益等进行客观、公正的评价；其评价重点包括运行成本、管理效率、履职效能、社会效应、可持续发展能力和服务对象满意度六个方面；其共性指标体系包含投入、过程、产出、效果 4 个一级指标，目标设定、预算配置、预算执行、预算管理、资产管理、职责履行、履职效益 7 个二级指标，以及下设的绩效目标合理性、“三公经费”变动率、支付进度率等 28 个三级指标。

政策绩效评价是围绕政策效果而进行的规范（确定公共政策绩效评价的指标体系与评价标准）、测度（收集并统计有关绩效评价对象的各种信息）、分析（对政策的价值作出判断)、建议（提出下一步行动方案）等一系列活动的总称；依据政策效果，可以分为政策影响评价、政策效率评价、政策效益评价；依据政策实施主体，可以分为国家层次的宏观政策绩效评价，部门层次的基本政策绩效评价，地方层次的具体政策绩效评价；一般而言，政策绩效评价指标的设定应包括总量指标、强度指标、结构指标。

项目绩效评价是指在公共项目建成竣工验收并运行一段时间后，为检查确定项目活动达到预期效果的程度以及为新项目的战略导向、政策选择和预算管理反馈信息，财政部门和预算部门（单位）根据设定的绩效目标，运用科学、合理的绩效评价指标、评价标准和评价方法，对项目资金的经济性、效率性、效益性进行客观、公正的评价活动；其评价重点包括数量目标、质量目标、时效目标、成本目标和效益目标五个方面；其共性指标体系由投入、过程、产出和效果四个部分组成，涵盖项目的整个运行周期。

财政预算绩效评价主要包括成本效益分析法、比较法、因素分析法、最低成本法、公众评判法等。

思考与练习

一、单项选择题

1. 应当对第三方组织参与绩效评价的工作进行规范，并指导其开展工作的部门是（　　）。

A. 财政部门　　B. 上级主管部门

C. 自评单位　　D. 预算使用单位

2. 依据财政部《项目支出绩效评价管理办法》，单位自评的对象是（　　）。

A. 纳入政府预算管理的所有项目支出

B. 重大改革发展项目

C. 随机选择一般性项目

D. 周期性项目

3. 财政资金的使用效率是指（　　）。

A. 产出（效益）与财政投入之间的对比关系

B. 财政投入与产出（效益）之间的对比关系

C. 财政投入与产出（效果）之间的对比关系

D. 产出（效果）与财政投入之间的对比关系

4. 以下不属于项目验收阶段的绩效评价所需关注的重点是（　　）。

A. 验收活动的真实性、合法性和合规性

B. 资金投入的合规性和经济性

C. 项目整体的效果性

D. 项目的可持续发展

5. 部门整体绩效评价的对象是（　　）。

A. 全部预算收支　　B. 行政管理收支

C. 全部项目收支　　D. 重点项目收支

6. 以下不属于部门整体绩效评价共性指标中“预算配置”的是（　　）。
A. 在职人员控制率　B. “三公经费”变动率
C. 重点支出安排率　D. 预算完成率
7. 以下不属于部门整体绩效评价共性指标中“资产管理”的是（　　）。
A. 管理制度健全性　B. 资产管理安全性
C. 固定资产利用率　D. 基础信息完善性
8. 以下不属于项目绩效评价共性指标内容的是（　　）。
A. 投入　B. 过程
C. 产出　D. 效益
9. 以下不属于项目绩效评价中产出指标的是（　　）。
A. 实际完成率　B. 完成及时率
C. 质量达标率　D. 成本达标率
10. 以下不属于财政预算绩效评价的基本程序的是（　　）。
A. 成立评价组织机构　B. 确立评价对象
C. 下达评价通知书　D. 建立评价专家库

二、多项选择题

1. 依照绩效评价主体的不同，绩效评价有（　　）。
A. 绩效自评　B. 财政部门绩效评价
C. 第三方绩效评价　D. 上级主管部门绩效评价
2. 根据财政支出管理的总体目标和开展评价工作的具体要求，评价对象包括（　　）。
A. 预算部门　B. 财政资金使用单位
C. 财政支出项目　D. 项目主管部门
3. 财政预算绩效评价的基本目标包括（　　）。
A. 改进财政经济决策水平与资源配置效率
B. 确保财政预算和政策得到实施
C. 促进确立适度的支出规模，优化支出结构
D. 提高财政资金使用的效率
4. 对财政预算绩效评价进行分类的标准包括（　　）。
A. 时间维度　B. 财政经费功能
C. 评价对象差异　D. 资金量大小
5. 完整的政策绩效评价涵盖的内容有（　　）。
A. 规范，即确定公共政策绩效评价的指标体系与评价标准
B. 测度，收集并统计有关绩效评价对象的各种信息
C. 分析，绩效评价者运用所收集到的各种信息用定量分析方法，对政策的价值作出判断
D. 建议，提出下一步行动方案

三、判断题

1. 依据财政部《项目支出绩效评价管理办法》，绩效评价的组织管理工作由财政部门和

预算部门共同负责。（　）

2. 按评价对象差异对财政预算绩效评价进行分类，分为立项绩效评价、项目实施阶段绩效评价和项目验收阶段绩效评价。（　）

3. 对公共产品质量的检验就是财政预算绩效评价的职责所在。（　）

4. 在部门整体评价中，财政部门是评价人，预算部门是被评价人。（　）

5. 共性指标是针对预算部门或项目特点设定的，适用于不同预算部门或项目的业绩评价指标，由财政部门会同预算部门制定。（　）

6. 预算完成率是指预算部门本年度预算完成数与预算数的比率，用以反映和考核部门预算完成程度。（　）

7. 结转结余率是指预算部门本年度结转结余资金总额与上年度结转结余资金总额的变动比率。（　）

8. 生态效益是用于衡量预算部门履行职责对社会环境所带来的直接或间接影响。（　）

9. 完成及时率是指项目实际提前完成时间与计划完成时间的比率，用以反映和考核项目产出时效目标的实现程度。（　）

10. 效果评价指标包括项目产生的经济效益、社会效益、生态效益、可持续影响和社会公众或服务对象满意度。（　）

四、思考题

1. 部门整体预算绩效评价的重点包括哪些内容？

2. 项目预算绩效评价的重点包括哪些内容？

第九章　财政预算绩效评价质量控制与结果应用

学习目标

1. 了解绩效评价结果应用场景；
2. 熟悉绩效评价质量控制内容；
3. 掌握财政预算绩效评价质量控制关键环节。

第一节　财政预算绩效评价质量控制

财政预算绩效评价应建立质量控制和质量监督机制，质量控制系统由评价规范、实施程序、奖励处罚制度和其他保障措施组成，绩效评价的质量控制既涉及评价工作的管理层面、业务技术层面，又涵盖职业道德等行为规范和国家有关法律、法规。在绩效评价过程中，评价组织机构（委托者）、评价工作机构（受托者）、评价对象都应建立相应的质量控制机制。

一、财政预算绩效评价质量控制的主要内容

为保证评价结果的客观真实，评价组织机构必须加强绩效评价工作的质量控制。根据评价工作实践经验，财政预算绩效评价的质量控制，主要包括评价机构与人员控制、评价程序控制、评价技术方法控制等内容。实施评价质量控制关键在于加强相应的责任约束，树立评价质量就是评价工作的生命的观念，明确有关机构和人员在评价过程中的责任。

评价机构与人员是评价工作的组织者和执行者。组织工作是否周密，评价人员的素质是否合格，直接关系到评价工作的顺利实施和评价工作质量。所以，对评价机构与人员的控制，是财政支出绩效评价质量控制最关键的内容。尤其是聘请中介机构开展财政支出绩效评价业务时，要选择信誉好、执业质量高的中介机构，做好评价人员的技术培训工作。对评价机构与人员的控制主要包括以下几个方面：评价工作组的控制、选聘中介机构的控制、评价机构与人员资质的控制、道德操守的控制、评价机构与人员权责划分的控制等。

二、财政预算绩效评价质量控制的关键环节

要抓好财政预算绩效评价工作的质量，必须抓好整个评价过程的关键环节，尤其是做好评价工作机构的确定、数据真实性核实、评价结果的核查等环节的各项工作，确保评价工作质量。

（一）评价工作机构的确定

评价工作机构是绩效评价工作的主体，选择合格的评价工作机构是完成评价工作任务、确保评价质量的前提，委托者对评价工作机构的遴选必须按照有关规定和标准进行。评价工作机构负责人对保证评价工作质量十分关键，评价组织机构和有关方面应选择职业道德良好、业务能力强、从业经验丰富的人员组织领导评价工作。

对中介机构自身以及从业人员的资质进行必要的限定，是确保财政预算绩效评价工作顺利开展、高质量完成评价工作的必要前提。中介机构要选派与评价相关的专家直接参与财政预算绩效评价工作，这些专家应具备企业评价所需要的工作经验和组织指导能力。在选择中介机构时，应考察是否能够派出评价所需的专家直接参与工作，避免中介机构因业务繁忙时随意调动、调整人员力量，而影响财政预算绩效评价工作进度和工作质量。

（二）数据的真实性核实

评价基础数据是形成评价结论的基础，只有准确的数据，才能得出客观的评价结论，如果基层数据失真，评价结果必然失真，最终导致错误决策。因此，评价基础数据的真实性是整个评价过程的关键。目前，我国的会计信息和统计信息在真实性方面还存在很大的差距，这除了管理体制和改革不到位的原因外，单位人员信用观念淡薄也是十分重要的原因。在开展财政预算绩效评价时，需要审核大量的会计信息和统计信息。

（三）评价事后控制

评价结论是评价工作质量控制的最后环节，其准确性直接关系到整个评价工作的成败。评价事后控制主要指评价项目完成后对评价工作质量的总体检查。可以通过评价组织机构对评价结果的合规性审核和评价工作底稿的专项抽查等方式对评价工作的质量进行控制。评价结论的核查包括两方面的内容：一是评价工作机构在得出正确评价结论前，要按照有关工作要求，对评价程序中各环节的工作质量进行核查；二是评价组织机构检查评价工作机构的工作质量，对评价工作机构各个工作环节进行检查，从而进一步提高评价工作机构的责任心，提高工作质量。

（1）自行核查。各个评价工作机构在评价工作结束前，应组织对评价全过程的各个环节进行核查，采取个人自查和交叉检查相结合的方式，对每个工作人员的工作内容进行核对，对于核查出的问题，要及时进行更正，修正评价结论，并总结工作经验，完善绩效评价内部质量控制制度。对于在评价过程中不认真负责、敷衍了事从而导致错误的人员要进行批评和惩罚。

（2）外部监督。在财政预算绩效评价过程中，评价组织机构要加强对工作机构评价业务质量的监督检查。检查方式可以抽查，也可以普查。评价组织机构也要根据有关规定对中介机构的评价工作质量进行检查。对违背技术操作规范、违反职业道德以及应回避而未回避和使用无资格人员实施评价的社会中介机构及其评价人员，评价组织机构视情节轻重可以给予责令纠正、终止委托、取消评价报酬和提请财政预算绩效评价主管部门处罚等处理。对评价组织机构提请处罚事项和各级评价行政主管部门进行质量抽查中，发现的违背技术操作规范和独立、客观、公正原则的社会中介机构和评价人员，由评价行政主管部门依据情节轻重分别给予通报批评、取消评价资格等处罚。

（四）绩效评价质量控制的技术方法

绩效评价质量控制的技术方法有很多种，大体分为三类：一是检查书面资料的方法，主要指查账、查资料等；二是调查技术方法；三是分析判断法。从评价实践看，运用较多的主要有以下几种方法。

第一，调查法。调查法是绩效评价质量控制的基本方法。评价对象的预算绩效和有关评价指标，调查对象内部职工和相关部门人员是最清楚的，因此，评价工作机构应召开不同层次的座谈会、个别谈话和找经办人核实等多种形式，进行调查取证。特别是评价工作人员拿不准的数据和事实，要加大调查力度，从调查对象内部或者外部取得调查数据，再与评价对象提供的数据核实，进一步确保数据的真实性和可靠性。当然，对于财政预算绩效评价而言，调查法的内容不止这些，还包括为核实评价基础数据的真实性，对物资盘点进行的调查多为验证账实相符，对设备、备件进行的抽查等，这些都属于调查法之列。

第二，详查法和抽查法。详查法是评价人员在进行评价数据核实时，对某一时期的全部会计或项目资料的某一部分逐项进行周密的审查。此法的优点是核实数据质量较高。缺点是工作量大，耗用较多的人力和时间。抽查法是从评价对象中选择一部分业务作样本，进行审查取证，并以此推断总体的一种方法。这种方法的关键是选择哪些样本和选择多少样本。在抽查中根据抽查方式不同又可分为任意抽查法、判断抽查法和统计抽查法。

第三，比较分析法。比较分析法是把评价对象的各项数据进行科学分类、比较和分析，将联合指标化解为各种具体因素，通过各因素的相互关系来判断数据的真假。比较典型的方法有前后对比法和横向比较法，分析评价对象各年度之间的数据关系，将评价对象的数据与相似的评价对象比较，通过分析来判断数据真伪。

评价人员在进行具体评价业务时，各种质量控制方法并不是截然分开的，往往是一种方法中包含另一种方法，或者几种方法交替使用。以上只是最基本的质量控制方法，评价人员可根据评价工作的实际需要选用合适的质量控制方法，或者创造出其他更好的质量控制方法。

第二节　财政预算项目绩效评价结果应用

财政预算绩效评价按评价对象分为部门预算整体绩效评价、财政政策绩效评价和预算项目支出绩效评价，由于篇幅有限，本节主要重点介绍项目支出绩效评价结果应用和部门预算整体绩效评价结果应用。

一、财政项目支出绩效评价结果应用

项目绩效评价结果在预算项目管理中的运用是多层次的，可以将之贯穿于项目管理的事前、事中和事后的全过程。

（一）项目绩效评价结果是确定立项的依据

为了使项目立项建立在科学的基础上，确保项目上马后能够产生较好的效果，项目申请单位应当做深入细致的可行性研究，拿出详细的可行性论证报告。立项审批机关应当对申请

单位的可行性论证报告进行严格的审查和二次论证。在项目可行性论证中，对项目将要产生的绩效结果进行实事求是的科学预测是必不可少的最重要的内容之一。立项审批机关在批准立项过程中，除了要充分权衡项目实施的条件是否具备外，更重要的决策依据就是看该项目的设立能否取得较好的绩效结果。因此，对项目未来绩效结果的科学确定是否立项的主要依据。

（二）通过项目绩效评价结果加强资金监控

从资金拨付控制看，由于项目本身在客观上是存在周期性的、是分阶段进行的，加之财政资金本身也是处于收与支的运动过程中，对项目的全部预算资金不能一笔拨付，特别是对那些所需资金量较大的项目，资金的供给更是需要分批、分阶段地进行拨付。在掌握资金的拨付频率、规模和速度中，绩效评价结果起着有效的控制作用。如果评价结果不理想，明显达不到项目立项之初的绩效预测，甚至出现继续该项目会造成损失的情况，为了避免损失的发生，果断停止资金的拨付，将是正确的抉择，虽然这会使已经投入的资金形成浪费，但会避免更大的浪费，是两害相权取其轻的正确决定。另外，如果在项目进行过程中实施的评价，得出了较好的评价结果，就可以按照正常的资金拨付进度供给资金，特别是当因资金紧缺而影响项目的进展和评价结果时，甚至还可以通过加快资金拨付的进度，促使项目尽早地发挥效益。

从加强对资金的管理角度看，项目中期的绩效评价结果是资金管理者加强对资金使用监督检查的重要手段。对财政资金监督检查的一个主要内容是看在项目建设过程中是否按照国家的财经纪律使用财政资金。如果在绩效评价过程中，发现违反财经纪律的，按照国家的有关规定，及时做出相关的处理。

（三）利用项目绩效评价结果提高项目管理水平

项目管理是一个很复杂的系统，涉及许多方面的内容，仅仅考察一个方面，很难得出客观公正的结论。衡量项目管理水平，需要综合各方面的内容。预算项目绩效评价，以其指标体系的全面性、评价方法的科学性、评价结果的客观公正性，成为衡量项目管理水平的重要尺度。在利用项目绩效评价结果提高项目管理水平时，主要不是就某一个项目来进行，而是将多个项目的评价结果放在一起进行对比和分析，从中找出发展规律，以便总结经验，吸取教训。既然项目之间管理水平的高低造成项目绩效评价结果的不同，那么提高项目的管理水平自然是很重要的。提高项目管理水平的一个有效途径就是学习先进的项目管理经验，认清自己之短、学习他人的长处，弥补自身在项目管理中存在的不足，以人之长，补自己短处，需要对他人和自己项目的绩效评价结果进行认真的分析。在分析项目评价结果时，重点是分析相同类型项目取得不同绩效的原因。既然是同一类型的项目，面对的是同样的客观环境，结果的不同能够强有力地说明项目之间管理水平的高低。

二、财政部门预算整体绩效评价结果应用

财政部门预算整体绩效评价结果是指财政预算部门在完成部门预算整体绩效评价工作后所形成的、全面反映绩效评价对象实际绩效情况的内容、事项、结论等，主要以财政部门预算整体绩效评价报告为载体。财政部门预算整体绩效评价结果应用时指财政部门、预算部门和被评价对象通过多种方式充分运用绩效评价结果，并将其转化为提高预算资金使用绩效的

具体行为活动。绩效评价结果的应用是预算绩效管理落到实处、取得实效的关键，也是全过程预算绩效管理工作的落脚点。

财政部门预算整体绩效评价主体应及时整理、归纳、分析、反馈绩效评价结果，并将其作为改进预算管理和安排以后年度预算的重要依据。

（一）结果反馈

绩效评价结束后，绩效评价主体应出具正式绩效评价报告，并向绩效评价对象和管理主体通报（分送）评价结果。由财政部门牵头组织的重点项目绩效评价，由评价组将绩效评价报告报送财政部门汇总，并由财政部门分送评价报告。

（二）预算挂钩

（1）对绩效评价结果较好的预算单位，财政部门和主管部门在安排财政资金时应优先考虑。一是对连续性项目，在安排预算单位下一年度该项资金时也应给予优先支持；二是对分期实施的项目，在安排后续资金时应予以充分保障；三是对一次性安排的项目，在安排该预算单位的其他同类项目时应给予必要的资金倾斜。

（2）对绩效评价发现的问题、达不到绩效目标或绩效评价结果较差且不进行整改或整改不到位的预算单位，财政部门和主管部门在安排财政资金时应从严考虑。一是对连续性项目，在安排预算单位下一年度该项目资金时应调减或取消预算安排；二是对分期实施的项目，在整改期间应暂停预算单位已安排资金的拨付和支付，情节严重的，应暂停该项目实施；三是对一次性安排的项目，在安排预算单位新增同类项目资金时，应从严考虑，并应加强项目的前期论证和综合分析，确保项目资金使用安全有效。

（三）问题整改

针对绩效评价中发现的各类问题，各级各部门要在规定时限内抓好整改落实。对项目决策中存在的绩效目标设置不合理、管理制度不健全等问题，要着力加强绩效目标管理，不断健全完善管理制度，优化顶层设计。对项目资金分配中存在的分配范围界定不清晰、项目间缺乏协调机制等问题，要规范管理流程、完善协调机制，有效堵塞管理漏洞。对项目执行中存在的资金使用偏离政策目标、执行进度滞后、管理制度执行不力等问题，要严格加强项目监管、加快项目执行进度，确保项目严格按照计划实施。对财政资金使用绩效欠佳等问题，要深入分析原因，研究改进措施，提高资金使用绩效。各级各部门要及时将整改落实结果按要求反馈财政厅，财政厅将根据整改情况统筹组织整改复查，确保各类问题整改落实到位。

（四）报告公开

健全绩效评价结果的内部公开制度，将绩效评价结果在同级政府部门和涉及绩效工作的相关单位进行公开，并逐步与同级审计部门、纪检监察部门、人事部门等机构进行实时信息共享，相互利用工作成果，形成部门联动的综合监督合力。

推进绩效评价结果的外部公开，按照“谁评价、谁公开”的原则，逐步将绩效评价结果，尤其是一些社会关注度高、影响力大的民生项目和重点项目支出绩效情况，按规定的程序和方式向社会公开，回应社会关切，接受社会监督。

（五）通报结果

财政部门对每年的绩效评价结果及时进行汇总、总结，将绩效评价结果的总体情况向同级人民政府报告并由政府进行通报；同时，对党委政府关心、社会公众关注、对经济社会发展有重大影响的项目绩效评价结果，财政部门或预算部门向同级政府进行专题报告，为政府决策提供参考。另外，根据需要将相关评价结果呈报同级人大或其工作机构，报送上级主管部门，抄送审计、监察等有关部门。

（六）政府考核

绩效评价结果应纳入地区和部门工作考核目标范畴，作为评价地区和部门工作的重要依据之一，作为领导班子和领导干部综合考评的重要内容。对预算绩效管理工作表现突出的地区和部门，予以表扬和激励，对预算绩效管理工作做得较差的地区和部门，予以督促。

（七）绩效问责

逐步建立绩效问责机制，对部门、单位或个人在预算资金的申请、监管、使用过程中，由于故意或过失等原因导致预算资金无效或低效等情况，财政部门或预算部门可提出追究相应部门、单位或个人绩效责任的建议，并提交相关职能部门。

本章小结

财政预算绩效评价应建立质量控制和质量监督机制，质量控制系统由评价规范、实施程序、奖励处罚制度和其他保障措施组成。根据评价工作实践经验，财政预算绩效评价的质量控制，主要包括评价机构与人员控制、评价程序控制、评价技术方法控制等内容。实施评价质量控制关键在于加强相应的责任约束，树立评价质量就是评价工作的生命的观念，明确有关机构和人员在评价过程中的责任。做好评价工作机构的确定、数据真实性核实、评价结果的核查等环节的各项工作，确保评价工作质量。财政预算绩效评价质量控制方法包括检查书面资料的方法、调查技术方法和分析判断法。

财政预算绩效评价结果在支出项目管理中的运用是多层次的，可以将之贯穿于项目管理的事前、事中和事后的全过程。首先预算项目绩效评价结果是确定立项的依据，其次通过项目绩效评价结果加强资金监控，最后利用项目绩效评价结果提高项目管理水平。

财政部门预算整体绩效评价结果是指财政预算部门在完成部门预算整体绩效评价工作后所形成的、全面反映绩效评价对象实际绩效情况的内容、事项、结论等，主要以财政部门预算整体绩效评价报告为载体。财政部门预算整体绩效评价结果应用时指财政部门、预算部门和被评价对象通过多种方式充分运用绩效评价结果，并将其转化为提高预算资金使用绩效的具体行为活动。绩效评价结果的应用是预算绩效管理落到实处、取得实效的关键，也是全过程预算绩效管理工作的落脚点。

思考与练习

一、单项选择题

1. 绩效评价工作的主体是（　　）。

A. 财政部门　　B. 上级主管部门
C. 评价工作机构　　D. 预算使用单位
2. 整个评价过程的关键是（　　）。
A. 评价基础数据的真实性　　B. 评价机构的资质
C. 评价人员的工作经验　　D. 预算使用单位的配合
3. 评价工作质量控制的最后环节是（　　）。
A. 评价结论　　B. 评价人员
C. 评价档案　　D. 评价过程
4. 财政预算绩效评价质量控制最关键的内容是（　　）。
A. 评价机构与人员的控制　　B. 预算使用单位的配合
C. 第三方机构的独立性　　D. 上级主管部门的配合
5. 项目绩效评价结果在预算项目管理中的运用过程是（　　）。
A. 事前　　B. 事中
C. 事后　　D. 全生命周期
6. 以下不属于财政支出绩效评价质量控制的技术方法是（　　）。
A. 调查法　　B. 详查法
C. 抽查法　　D. 成本效益比较法
7. 直接关系到评价工作的顺利实施和评价工作质量的是（　　）。
A. 评价人员的素质　　B. 评价人员的学历
C. 评价人员的工作年限　　D. 评价人员的专业特长
8. 对评价组织机构提请处罚事项和各级评价行政主管部门进行质量抽查中，发现的违背技术操作规范和独立、客观、公正原则的社会中介机构和评价人员，依据情节轻重分别给予通报批评、取消评价资格等处罚的部门是（　　）。
A. 委托部门　　B. 评价行政主管部门
C. 评价工作机构　　D. 预算使用单位
9. 绩效评价质量控制的基本方法是（　　）。
A. 调查法　　B. 详查法
C. 抽查法　　D. 比较分析法
10. 详查法的优点是（　　）。
A. 成本低　　B. 时间短
C. 核实数据质量较高　　D. 随机性大

二、多项选择题

1. 财政支出绩效评价应建立质量控制和质量监督机制，质量控制系统包括（　　）。
A. 评价规范　　B. 实施程序
C. 奖励处罚制度　　D. 其他保障措施
2. 对评价机构与人员的质量控制主要包括（　　）。
A. 评价工作组的控制　　B. 选聘中介机构的控制
C. 评价机构与人员资质的控制　　D. 道德操守的控制

3. 财政支出绩效评价质量控制的技术方法有（　　）。

A. 调查法　　B. 详查法

C. 抽查法　　D. 比较分析法

4. 预算项目绩效评价结果应用包括（　　）。

A. 项目绩效评价结果是确定立项的依据

B. 通过项目绩效评价结果加强资金监控

C. 利用项目绩效评价结果提高项目管理水平

D. 利用项目绩效评价作为奖惩依据

5. 应建立相应的质量控制机制的单位包括（　　）。

A. 评价组织机构　　B. 评价工作机构

C. 评价对象　　D. 项目受益者

三、判断题

1. 对中介机构自身以及从业人员的资质进行必要的限定，是确保财政支出绩效评价工作顺利开展、高质量完成评价工作的必要前提。（　　）

2. 评价组织机构通过对评价结果的合规性审核和评价工作底稿的专项抽查等方式对评价工作的质量进行控制。（　　）

3. 各个评价组织机构在评价工作结束前，应组织对评价全过程的各个环节进行核查，采取个人自查和交叉检查相结合的方式，对每个工作人员的工作内容进行核对。（　　）

4. 对违背技术操作规范、违反职业道德以及应回避而未回避和使用无资格人员实施评价的社会中介机构及其评价人员，评价组织机构视情节轻重可以给予罚款处罚。（　　）

5. 抽查法是评价人员在进行评价数据核实时，对某一时期的全部会计或项目资料的某一部分逐项进行周密的审查。（　　）

6. 评价人员在进行具体评价业务时，只能采用一种质量控制方法。（　　）

7. 项目绩效评价结果在支出项目管理中的运用是多层次的，可以将之贯穿于项目管理的事前、事中和事后的全过程。（　　）

8. 立项审批机关在批准立项过程中，除了要充分权衡项目实施的条件是否具备外，更重要的决策依据就是看该项目的设立能否取得较好的绩效结果。（　　）

9. 绩效评价的质量控制既涉及评价工作的管理层面、业务技术层面，又涵盖职业道德等行为规范和国家有关法律、法规。（　　）

10. 各个评价工作机构在评价工作结束前，应组织对评价全过程的各个环节进行核查。（　　）

四、思考题

1. 预算绩效评价质量控制的关键环节包括哪些内容。

2. 项目绩效评价结果应用包括哪些内容。

第十章　财政预算绩效评价实务

学习目标

1. 了解财政预算部门整体绩效评价和预算项目绩效评价报告撰写的思路；
2. 熟悉绩效评价报告财政预算部门整体绩效评价和预算项目绩效评价报告的格式；
3. 掌握财政预算部门整体绩效评价和项目绩效评价报告的主要内容。

第一节　财政预算部门整体绩效评价案例分析

本节以 A 大学 2019 年度部门整体支出绩效评价为例，让学生了解实践中部门整体支出绩效评价报告撰写要点。

一、履职及效益绩效目标完成情况

（一）职责履行目标完成情况

2019 年，A 大学在省党委、省政府的正确领导下，认真履行部门职责，较好地完成了各项工作任务。

1. 深化教育教学改革

（1）加强课程建设。2019 年计划新增专业 3 个，申请专业认证 8 个，建设在线课程 29 门，引进在线课程 69 门，开设全校性选修课程 473 个班次；新建实践平台、基地 12 个；建设智慧教室 12 间。

（2）提升教学能力。2019 年开展教师教学培训 12 次，各级别教改项目立项 55 项。

（3）提高毕业生就业竞争力。2019 年本科毕业人数 5442 人，硕、博毕业人数 2356 人，根据国家、省促进大学生就业的相关政策，开展线上、线下相结合的就业指导体系，实现本科生就业指导课堂教学 100% 全覆盖，生涯测评系统在全体学生群体 100% 覆盖。

2. 积极培育高水平科研成果

（1）学科排名逐年提升。2019 年化学学科入选 ESI 全球前 1% 学科，学校 ESI 全球前 1% 学科总数增加到了 5 个，保持 2 个世界一流学科，保持 10 个一流学科，在 2019 年的学科绩效评价中，50% 以上的学科比 2018 年有所提升。

（2）各级别课题立项数量和高级别论文数量稳中有升。2019 年 A 大学承担国家级项目 150 项，省部级项目 190 余项，科研合同经费达 5 亿元；获省部级科技成果奖一、二等奖 27 项，ESI 收录论文 1810 余篇，获授权发明专利 517 项。

3. 加强特色科研平台建设

2019 年 A 大学规划建设中国—东盟研究院、新农村发展研究院等 2 个国家级智库平台和中国—东盟信息港大数据研究院国家级工程研究中心，省创新发展研究院、A 大学财政金融中心、A 大学碳酸钙产业化工程院等多个省级重点智库平台。

4. 推进产学研协同创新

2019 年 A 大学打造线上线下相结合的技术交易网络平台，运行 A 大学科技馆，推进成果转化，2019 年科技成果转化 26 项，签订新的战略合作协议 3 项以上，对已签订的战略合作协议持续对接落实。A 大学提升人文社会科学研究成果的社会服务应用水平，培育智库成果 15 项，获得党委、政府、企事业采用或肯定性批示 27 项。

5. 加强文化传承和创新

2019 年全面开展实施思想政治教育“31085”系统工程，以“十项准则”为抓手，不仅积极整顿师德师风，还积极开展各项弘扬爱国主义和改革创新的学生文体活动。

6. 深化国际交流

2019 年 A 大学国（境）外来访人员 956 人，派出学生 539 人，出访团组 9 个，聘请外专外教 65 人，各项数量稳中有增。

（二）评价得分及评价结论

A 大学部门整体支出绩效评价得分：92.7 分。2019 年 A 大学部门整体支出项目绩效指标表见附表 2。

专家评价小组在资料汇总整理、分析自评报告及佐证资料的基础上，通过查阅资料、实地交流等方式，对照自评指标体系，部门整体支出绩效评价为良好等级。

二、存在的主要问题

（一）绩效指标设定有待完善

一是预算编制本中的项目绩效目标中履职效益相对而言比较模糊，量化程度不高，如 2019 年绩效目标申报表“学校国际影响力”为可持续影响指标，缺乏佐证材料；2019 年绩效目标申报表中“师生满意度”也属于 2019 年绩效目标申报的“满意度”指标，未能提供佐证材料；履责效益中的“就业率”未能提供佐证数据。二是申报目标与自评报告目标不一致，如职责履行中“培养专门人才”“文化传承”和“国际交流”指标不在 2019 年度部门整体支出绩效目标申报表内。三是职责履行与职责效益指标有重叠，如职责履行中“服务社会”与职责效益中的“经济效益”衡量数据重叠。

（二）年初财政预算编制准确性有待提高

年初预算数为 260981.36 万元，本年度内涉及预算的追加、追减或结构调整的资金总和为 2293.22 万元，2018 年预算调整数为 0.88%。同时部门预决算收入差异率为部门预决算支出差异率 45.87%，偏离目标 25.87 个百分点，部门预决算支出差异率为 2.22%，在标准变动范围内，结转结余变动率大于 0。这说明财政预算准确度偏低，财政年初预算难以如实体现部门的预算收入和支出整体计划情况。

（三）部分财务管理制度和会计信息资料不够完整规范

通过查看各项财务管理制度和抽查部分会计凭证及账簿，发现资产管理制度不健全，学校有资产处置管理办法（试行）和大型仪器设备相关的管理办法，但缺乏实施细则。

（四）部分绩效目标未能及时完成

（1）绩效衡量目标中的“学位点绩效评价合格率为100%”“学科绩效评价成绩提升率≥50%”这两项为申报绩效衡量目标中的“产出质量”，由于2019年相关部门均未进行这两项工作，导致该部门未能及时完成目标。

（2）绩效目标指标中的一区论文数未达到目标值，2019年一区论文数为352篇，完成率为88%。

（3）绩效目标指标中的升硕率未达到指标值，2019年升硕率为17.44%，完成比例为97%。

三、下一步改进的对策或建议

（一）提高绩效目标编报质量

绩效目标编制作为预算绩效管理的基础，建议根据部门职能、中长期发展规划和年度工作要点等，结合财政预算绩效管理的相关要求，统筹设定部门年度绩效目标，进一步提高绩效目标的可量化性、数据的可采集性、方法的可操作性、目标的可实现性、绩效的可考核性，形成科学完整系统的部门绩效目标体系，设定绩效目标时应选取相关性强的量化指标，如国际影响力可以采用论文影响力、课题影响力和会议影响力等分别体现，并注重选取符合实际工作情况的指标值，参照以往年份的指标完成情况确定指标值。

（二）细化预算编制管理

一是在年初预算中全面考虑基本支出、运转性项目支出和专项项目支出。运转性项目大多具有持续性，而且主要负责的下属单位或处室对于要实施的项目掌握了较多信息，可以在往年预算基础上由申报的处室根据具体任务内容进行填报。专项项目一般包括跨年度持续型项目、常规性年度项目和新项目。跨年度项目可以以上年的支出作为测算的基础并考虑应付未付款；常规性年度项目也以上年实际支出作为基准；新项目以可行性研究和方案作为测算基础。二是专项项目落实到各具体实施部门，要求各部门明确项目用途，细化项目成本核算。三是财务部门组织人员对项目进行“绩效前评价”，评价时重点考虑项目实施的程序、流程、可能存在的问题，全面核算项目可能涉及的成本，做到预算的精细化，以此来提高部门预算的准确性。

（三）提升财务管理水平

及时更新修订完善各项财务管理制度，加强内控体制建设，加强固定资产实物管理，及时办理固定资产验收手续，每年进行定期固定资产盘点，规范会计核算，明确界定经费支出范围，通过提升财务管理水平来促进全面预算绩效管理完善。

（四）实施绩效评价的动态监管

对于部门整体支出绩效评价，A大学应建立动态监管机制、全过程绩效跟踪制度，将各项绩效评价目标值细化工作任务和措施，分配到对应的责任部门和主要负责人，各个责任部门应把所承担任务纳入工作日程，设立部门运行情况中期汇报制度，即在每年6月和9月，由各责任部门汇报本部门负责任务进展情况，查找未能完成规定任务的原因，分析改进对策，由于政府采购环节或是财政资金未到位的项目应提请财政相关部门协助。通过动态及时衡量部门整体及核心业务产出水平和实施效果，推动提高部门整体绩效水平。

第二节　财政预算项目绩效评价案例分析

本节以××县2019年优抚对象抚恤补助项目绩效评价为例，让学生了解实践中财政预算项目绩效评价报告撰写要点。

一、项目立项情况

（一）项目立项情况

1. 项目立项背景

优抚是指国家和地方政府对军人及其家属等优抚对象进行物质照顾和精神抚慰的工作。优抚对象是一个特殊群体，身份不一、属性各异，人员结构复杂。××县现有享受抚恤补助的优抚对象有7类，即四类伤残人员、“三属”人员、在乡复员军人、带病回乡退伍军人、部分参战退役人员、60周岁以上农村籍退役士兵等。为做好2019年的优抚对象抚恤补助工作，切实维护退役军人合法权益，依据《××区实施〈军人抚恤优待条例〉办法》以及《关于调整我区部分优抚对象等人员抚恤和生活补助标准的通知》的文件精神，由××县退役军人事务局申请，经××县人民政府批准，由××县财政局下达实施××县2019年优抚对象抚恤补助项目，该项目资金主要用于发放优抚对象抚恤补助。

2. 资金用途及目的

××县2019年优抚对象抚恤补助项目资金总预算为3121.46万元。该项目资金用于××县2019年优抚对象抚恤补助的发放，主要工作范围就是按照文件规定，向符合申请抚恤和生活补助的退伍军人每月及时、足额发放对应标准的抚恤和生活补助，以保障各类优抚对象和老党员抚恤生活补助政策得到全面落实，维护优抚对象的合法权益。

（二）项目资金管理使用情况

1. 项目资金安排落实、总投入情况

项目经费主要来源于省财政下达专项转移支付资金3121.46万元，专项资金专款专用、及时拨付到位，实际到位3121.46万元，到位率为100%。

2. 项目资金实际使用情况

2019年××县应发放优抚对象补助金优抚对象抚恤补助资金2871.02万元，已全部通过中国邮政足额发放到优抚对象个人账户，资金使用率为91.98%。

3. 项目资金管理情况

××县2019年优抚对象抚恤补助项目资金管理是按照××县退役军人事务局制订的项目资金管理制度执行，主要有《××县退役军人事务局财务管理制度》《××县退役军人事务局经费支出管理制度》等。

4. 项目资金支出及拨付及合规性情况

项目资金由××县财政局下文下达××县退役军人事务局，资金拨付合规，××县退役军人事务局在获得预算经费后，专款专用，使用实行国库集中支付管理，项目调整及支出调整按规定履行报批手续，没有出现超范围、超标准、截留、挤占、挪用、虚列支出等情况。

（三）年初绩效目标及其衡量指标设定情况

该项目在2019年年初制定的目标是依据《××区实施〈军人抚恤优待条例〉办法》和《关于调整我区部分优抚对象等人员抚恤和生活补助标准的通知》，由玉林市民政局下达给××县民政局（2019年5月起由××县退役军人事务局进行发放）的发放目标，具体目标为全年预算数3121.46万元，保障优抚对象49919人次，领取烈士褒扬金遗属人数（包含因公牺牲军人遗属、病故军人遗属、60周岁以上老年烈士子女）61人。

（四）项目组织管理情况

1. 项目组织情况

××县退役军人事务局结合玉林市退役军人事务局局下达给××县退役军人事务局的2019年优抚对象抚恤补助项目工作目标，每月提交《关于请求××县优抚对象抚恤补助经费的函》，经财政部门审批后下达经费，再直接打到优抚对象账上，简化手续，减少中间环节，确保补助政策真正落实到每一个应享受补助的对象。

2. 项目管理情况

2019年3月12日××县退役军人事务局成立以来，××县退役军人事务局认真执行上级下达的《××区实施〈军人抚恤优待条例〉办法》中要求的每月及时发放，并按《关于调整我区部分优抚对象等人员抚恤和生活补助标准的通知》文件要求，制定相应的资金管理文件，包括财务管理制度、经费支出管理制度等，认真组织开展各项工作。

二、绩效评价工作开展情况

（一）评价目的和内容

1. 评价目的

通过第三方评价，开展××县2019年优抚对象抚恤补助项目支出的实施效果和资金使用效益进行评价，建立健全××优抚对象抚恤补助财政支出绩效评价体系，客观公正地核查项目预期目标的实现程度，考评其资金支出效率和综合效果，为下一步资金预算安排以及调整、优化资金支出结构提供重要依据，以促进项目资金管理的制度化、精细化、科学化，提高财政专项资金的管理水平和使用效益。引导××县退役军人事务局树立和强化“花钱必问效”的绩效理念，强化支出责任，优化资源配置，进一步提高预算管理水平和财政资金使用效益。同时及时总结经验，分析存在问题，采取措施改进和加强项目管理，为政府决策提供参考依据。

2. 评价内容

××县2019年优抚对象抚恤补助项目支出绩效评价从资金投入、实施过程、产出（产出数量、质量、时效、成本）和效果（社会效益、经济效益和优抚对象满意度等）4个方面对项目管理、资金管理、项目绩效等进行综合评价。

3. 评价对象

按照××县财政局《关于开展××县2018年度财政预算绩效目标编报工作的通知》

(兴财预〔2017〕19号)要求编制的项目支出绩效目标，开展项目支出绩效自评。2019年，××县一级预算单位80个，单位报送2019年度部门预算编报绩效目标项目127个，如预算部门申报多个项目支出绩效目标的，选择其中一个涉及民生、教育、扶贫等重点领域的项目开展自评。因是对2019年度预算项目支出绩效开展自评，如涉及机构改革撤并的单位也需报送项目支出绩效自评有关材料。

县财政局从涉及民生、教育、扶贫等重点领域项目中选择10个项目开展评价，其中优抚对象抚恤补助项目为重点评价项目。

(二)前期准备

1. 文件研读和相关准备工作

为做好本项目绩效评价，评价小组根据《××区实施〈军人抚恤优待条例〉办法》及评价小组制定的本次绩效评价方案要求，进行了文献搜集、分析工作，主要做了以下几项准备工作：

(1)研读有关材料。主要包括《关于调整我区部分优抚对象等人员抚恤和生活补助标准的通知》相关政策文件和××县退役军人事务局提交的自评价报告。

(2)编制现场核查文件。主要包括绩效再评价现场核查工作流程、再评价工作底稿、查验材料清单、经费基础数据表等基础材料。

(3)组织人员培训。对所有参加本次再评价工作人员进行评价业务培训，对该项目绩效评价的要求、内容、评价方法等进行学习，充分了解、掌握项目信息资料。

同时，将需要准备的文件、资料、流程，通过××县财政局下发到相关单位，请各单位提前准备好相关文档、资料，迎接绩效评价工作。

2. 前期调研

在正式评价之前，评价小组通过多种方式对××各地优抚对象补助情况进行了解，并与××县退役军人事务局有关职能部门负责人进行沟通商量。

3. 评价方案设计及评价指标体系细化

(1)评价方案设计。在研读文件基础上，根据本次绩效评价工作要求和优抚对象抚恤补助项目的特点，评价小组制定了《××县2019年优抚对象抚恤补助项目评价工作方案》和《绩效再评价工作规程》，进一步明确再评价目的、评价范围、工作步骤、时间和人员安排，以及评价注意事项等事项。

(2)评价指标体系细化。完善绩效再评价评分表，在××财政厅提供的2019年度省本级预算项目绩效评价评分表的基础上，修订、细化、量化指标体系，围绕社会效益、经济效益和群众满意度等核心建设目标，形成××县2019年优抚对象抚恤补助项目绩效再评价评分表。

为了更全面了解本项目实施情况，评价团队针对优抚对象抚恤补助项目，设计了一份满意度调查问卷，问卷对象为××县享受抚恤补助的优抚对象，为现场核查阶段做准备。

(三)证据收集方法

1. 案卷研析

从项目管理方获取项目立项、评审资料，整理分析，判断项目立项的合理性、必要性、可行性。并且通过互联网、报刊等广泛搜索关于各中心与绩效评价相关的资料、数据，以提供相关分析的理论和现实基础，从而有利于更加客观、科学、全面、合理地做出绩效评价。

2. 实地调研与自评汇报

通过对项目单位现场调研与考察，了解项目的最新动态和相关情况，并对项目开展情况有一个直观、多角度的判断。通过自评汇报沟通，了解项目的业务数据与部分财务数据，核实款项使用情况与产生的效益，使绩效评价量化指标更充分，也确保绩效评价与项目的衔接度更高。

包括项目介绍和资料查验，各评价小组组长向再评价相关高校人事处介绍项目本次评价目的、现场评价工作流程等，在查阅资料前进行充分的沟通、准备。项目介绍由××县退役军人事务局办公室主任陈主任阐述，向评价小组介绍一年来的抚恤补助发放情况，总体经验及存在的问题、进一步改善的措施；资料查阅、现场抽查是查阅项目2019年项目管理、资金管理、项目产出等方面的资料，特别是项目申报、项目监管和项目资金支出等方面的资料，项目访谈是在资料查阅结束后，就项目资金发放的疑惑、主要经验、主要问题与退役军人事务局财务人员进行交流、沟通，在充分沟通的基础上，形成专家评价工作底稿。

3. 满意度调查和深度访谈

满意度调查主要采用电话问卷调查，对××县领取抚恤补贴的人员进行调查，同时结合深度访谈，对优抚对象抚恤补助项目的主要负责人进行深入访问，深度挖掘项目实施过程存在的问题、改进的空间。评价小组分析讨论该项目的绩效评价情况，重点讨论指标评分的佐证材料、项目实施中存在的问题及其原因情况。

（四）实施过程

1. 动员布置

根据××县财政局《关于开展2019年度项目和部门整体支出预算绩效再评价现场核查工作的通知》（兴财办〔2020〕6号）文件精神要求，××县财政局发布项目绩效评价通知，各评价单位根据通知要求，组织人员自查、自评，并编写项目绩效自评报告，按规定时间提交××县财政局。

2. 设计评价指标和评价标准

本次绩效评价小组负责项目绩效评价指标和评价标准的制定、评价信息的采集和项目评价等工作。

3. 实地核查

评价工作组赴有关项目单位实地核查，采取听取汇报与实地考察相结合的方式进行，对项目有关情况的真实性、完整性进行核查。

（1）查阅资料。包括：项目立项批文、项目管理文件，项目财务管理文档，财务报表及其他相关财务资料，如补助发放明细表、上级预算指标下达文件等资料。

（2）现场抽样核实。对2019年度××县优抚对象抚恤补助支出凭证进行抽样核查，对项目实施有关情况的真实性、完整性进行核查，现场查看银行发放明细情况。

（3）满意度调查。主要采用电话调查问卷方式，抽选已获得抚恤补助的人员调查。

（4）现场评价和确认。评价小组根据现场查验资料的情况，对2019年度××县优抚对象抚恤补助绩效目标完成情况进行评分，并与××县退役军人事务局进行反馈和交流，重点交流在现场核查中发现的问题，进行一一确认。

（5）撰写小组评价报告。由评价小组根据××县退役军人事务局的自评价材料和现场工作底稿分别撰写小组评价报告。

4. 汇总统计和综合分析

评价小组按照本项目绩效再评价指标体系，以××县退役军人事务局提供的自评报告、基础数据表为主要依据，结合凭证抽查情况，对各项目进行综合分析和评价，据此撰写绩效评价报告。

5. 撰写、提交评价报告

按××县财政局绩效评价工作的通知要求，认真核查了资金使用、项目开展等有关情况，并实地抽查了项目相关文件及财务资料，采集了相关数据，同时对××县退役军人事务局上报的自评报告、再评价小组评价报告等材料进行复评分析，撰写本项目绩效评价报告。

三、评价结论和绩效分析

（一）绩效目标完成情况

该项目在2019年年初依据《××区实施〈军人抚恤优待条例〉办法》和《关于调整我区部分优抚对象等人员抚恤和生活补助标准的通知》，由玉林市民政局下达给××县民政局（2019年5月起由××县退役军人事务局进行发放）的发放目标，具体目标为年初预算数3121.46万元，保障优抚对象人次49919人，领取烈士褒扬金遗属人数（包含因公牺牲军人遗属、病故军人遗属、60周岁以上老年烈士子女）61人，按照《关于调整我区部分优抚对象等人员抚恤和生活补助标准的通知》文件标准，每月及时、足额发放抚恤补助。

（二）具体绩效分析

1. 项目投入（总分6分，得6分）

该项指标主要从项目决策来考察项目申请、设立过程是否符合相关要求，用以反映和考核项目立项规范性和可行性情况。从该项指标的得分情况来看，该项目申请、设立过程均与《××区实施〈军人抚恤优待条例〉办法》《关于调整我区部分优抚对象等人员抚恤和生活补助标准的通知》文件等要求相吻合，项目的设立有据可依。该项总分6分，得分6分，得分率为100%。

2. 项目过程（总分40分，得36.01分）

项目过程包括项目管理、资金管理和预算绩效自评管理三个方面，主要评价为实现绩效目标而制定的管理制度的健全性、组织管理的有效性和资金使用到位及使用情况。

（1）项目管理方面。××县退役军人事务局依据《××区实施〈军人抚恤优待条例〉办法》《关于调整我区部分优抚对象等人员抚恤和生活补助标准的通知》等文件项目管理办法参照执行，且项目管理办法合法、合规、完整。在制度执行方面，项目调整及支出调整按规定履行报批手续的。项目质量控制方面，资金使用单位依据《关于调整我区部分优抚对象等人员抚恤和生活补助标准的通知》进行质量管控。项目档案管理方面，每月发放材料按要求已归档。

存在问题：第一，质量监控方面，无上级主管部门按规定对项目进行检查、监控，扣1分。第二，项目档案管理方面，本部门制度资料不完整，扣1分。

（2）资金管理方面。项目资金由省下文通过上级转移支付到××县财政局，再由××县财政局下达到××县退役军人事务局，资金拨付合规，××县退役军人局在获得预算经费后，项目实行年度资金专项核算，使用实行国库集中支付管理，××县退役军人事务局对该项目建立专门的资金管理制度有《××县退役军人事务局财务管理制度》《××县退役军人事务局经费支出管理制度》，资金按照规范程序进行分配，在规定时间报送资金分配方案。优抚对象抚恤补助按照文件要求及发放程序进行拨款，相关会计资料（凭证、账册、报表等）完整，会计核算规范，没有出现超范围、超标准、截留、挤占、挪用、虚列支出等情况。

存在的问题：第一，资金支出进度滞后。××县 2019 年优抚对象抚恤补助预算总额为 3121.46 万元，支出总额为 2871.02 万元，预算支出进度为 91.98%，未达 100%。由于每月享受抚恤补贴人数不同，享受的补贴也有区别，依据发放标准，实际发放金额比年初预算金额少，因此，资金支出进度无法达到 100%，扣 0.49 分。第二，缺乏内部控制制度。××县退役军人事务局未制定相关的内控制度，单位相关负责人解释由于单位新成立，内控制度还未及时完善，扣 1 分。

（3）预算绩效自评管理方面。××县退役军人事务局已经按照财政部门要求对项目开展自评，能够及时提供相应的项目自评材料，包括项目自评报告、评分表，但是财务佐证材料不齐全，扣 0.5 分。

3. 项目产出（总分 30 分，得 30 分）

（1）按绩效目标完成预定任务量。将实际完成任务量与绩效目标设定任务量进行对比，评价目标任务量完成情况。该项目在 2019 年年初制定的目标是依据玉林市民政局下达给××县民政局（2019 年 5 月起由××县退役军人事务局发放）的补助目标，具体目标为：①保障优抚对象 49919 人次，实际完成发放 49928 人次，完成率为 100%；②领取烈士褒扬金遗属人数（包含因公牺牲军人遗属、病故军人遗属、60 周岁以上老年烈士子女 61 人，实际发放 61 人，完成率为 100%。

（2）抚恤补助达到标准质量要求。××县退役军人事务局以《关于调整我区部分优抚对象等人员抚恤和生活补助标准的通知》为依据，认真核实人数、足额打卡发放、数据库录入符合要求。

（3）每月及时、足额发放抚恤补助。项目实施进度按照计划实施，采取按月发放的办法，及时足额发放到优抚对象账户。

（4）抚恤补助发放额不超过预算数。年初预算额为 3121.46 万元，实际发放额为 2871.02 万元，成本控制较好。

4. 项目效果（总分 24 分，得 23 分）

（1）社会效益。从项目目标群体受益情况来行，项目完全覆盖了设计的目标群体，实际受益群体与设计群体相符，均为××县 2019 年符合抚恤补助条件的优抚对象，瞄准度较高，而且通过对相关群众的走访和问卷调查，了解到项目的实施提升了优抚对象的生活水平、生活质量和个人对党和政府的拥护和支持，并通过形式多样的宣传活动，不断提高全社会对优抚对象为国防和军队事业所做出的特殊贡献的认可度，关心关爱优抚对象的社会氛围得到显著改善，社会各界评价良好。经了解，就抚恤补助发放问题，2018 年、2019 年均无涉军群体人员上访事件。

（2）经济效益。该项目有效提高了他们的医疗和家庭生活水平，同时也拉动了内需，繁荣了当地经济，但是佐证资料不够完整，扣 1 分。

（3）项目满意度。项目满意度以 2019 年领取抚恤补助人员的总体满意度为准。

①样本分布。项目共收到有效问卷30份，抽样对象为××县2019年领取抚恤补助的人员。

②满意度分析。本次满意度调查主要从项目实施的完整性、及时性、服务满意程度、存在的问题及如何改进等方面进行调查。对“您对优抚部门的优抚工作是否满意”问题统计，按满意为100%分，一般满意为80%，不满意为60%的满意率换算，该项目实施总体情况满意度为91.25%，达到预期目标。

其中对于“您对享受的抚恤和生活补助的相关政策是否满意”问题，有56.25%受访者认为是满意，37.5%受访者认为一般满意，说明抚恤补助政策达到超过90%的受访者的期望值。

其中对于“您对现有的优抚政策宣传方式作何评价”问题，有62.50%受访者认为是比较满意，25%受访者认为一般满意，说明抚恤补助政策宣传方式达到超过80%的受访者的期望值。

对于“您认为优抚工作在哪些方面需要改进？（多选）”，37.5%的受访者认为部门关心力度方面需要改进；31.25%受访者认为应该增加优抚补助力度，其中有18.75%的受访者认为社保方面应该得到更多保障；25%受访者认为政策宣传力度方面需要进一步改进。

（三）评价结论

本次绩效评价采用了既定的评价技术体系、方法与实施效果比较法，对照绩效目标申报中提供的产出、效果指标进行对比分析，综合分析绩效目标实现程度。

在单位自评和绩效评价小组核查基础形成了评价结果，详见附表2，××县2019年优抚对象抚恤补助项目评价得分为95.01分，为优秀等级。

四、主要经验做法、存在的问题和原因分析

（一）主要经验做法

（1）完善优抚服务组织建设，县级成立退役军人服务中心，各乡镇成立退役军人服务站，落实编制人员，负责接待和处理优抚对象的相关诉求，落实上级各项优抚政策，做好优抚对象的思想工作，为优抚对象排忧解难。

（2）完善申报补助体系，符合优抚对象申请条件的退役军人可到当地退役军人服务站进行申请，由乡镇审核后统一报送到县退役军人局，再由县退役军人局审核通过后进行抚恤补助发放。在镇级服务站进行申请，方便了当地退役军人，使办事者无需长途奔波。

（3）及时足额发放抚恤补助，退役军人事务局每月15号把乡镇上交的申请材料进行审核、认定、核算、录入，最后通过书面形式向县财政局申请当月的抚恤金，确保每月足额并及时发放抚恤补助。

（4）坚持以人为本，认真落实政策，努力排忧解难。××县退役军人事务局在全面落实各类优抚对象政策的同时，在现有政策允许的范围内对××县部分生活比较困难的复退军人从工作上、生活上给予关心，帮助他们解决在生活、医疗、住房方面的困难问题。

（5）端正工作态度，改变工作作风，做优抚对象的“贴心人”。“做不做”是态度问题，“怎么做”是方法问题，做得是否令优抚对象满意是水平问题。在事多工作人员少的情况下，××县退役军人事务局始终秉承“三公”原则，即“公开、公平、公正”；做到“三心二意”工作境界，即“热心、耐心、开心”“诚意、满意”。近年来××县无涉军群体越

级上访现象，工作得到上级的肯定。

（二）存在的问题及原因分析

（1）工作力量不足，人员培训力度不够。××县退役军人事务局共有9人，包括局领导3人，财务人员2人，服务中心工作人员4人，但其中抽调到其他单位工作1人，驻村扶贫1人。因此服务中心实际工作人员仅为2人，总体来看，退役军人事务局工作人员较少，业务不熟悉，工作量繁杂，且分设机构只有2个，职责分工不明确，影响××县退役军人事务局对相关工作的顺利开展。

（2）本部门制度资料不完善，内控建设有待加强。××县2019年优抚对象抚恤补助项目相关工作主要参照上级部门执行的项目管理办法执行，本单位未根据上级文件制定、起草、印发本部门的管理办法文件，且没有制定的内控制度，容易产生廉政风险，无法保障退役军人事务局各项工作的有效开展，难以提升退役军人服务保障水平。

（3）优抚政策宣传力度不够，优抚对象知晓力度不高。调查过程中发现，较多优抚对象虽然很关心优抚政策，但是对于最新的优抚政策并不了解，发多少用多少，而且每月金额出现不同也不知道具体原因，尤其是一些退休老人，较少出户，获得信息渠道少，难以获取最新政策信息，在进行满意度问卷调查时有25%受访者认为优抚部门应该加强政策宣传力度。经了解，国家部分优抚政策具有保密性，导致宣传解释工作有时难以让优抚对象信服。在参战退役人员的审核认定工作过程中，由于我国一些对外战争的历史资料属于军事秘密，现仍处于保密阶段。退役军人事务局在做宣传解释工作时，不能把机密文件公之于众，宣传解释工作缺乏有力的依据，不能让优抚对象信服，因此导致部分优抚对象对部门工作不理解。

五、改进建议

（一）加强人员队伍建设，保证工作顺利开展

一是增加分设机构和人员。通过公招、调动的方式充实退役军人事务局的工作人员，增加分设机构，明确责任，使工作有专人负责，加快解决优抚对象问题的速度，进一步提升××县优抚对象的满意度。

二是提升基本能力，配强工作人员。通过定期培训、实践锻炼等方式，提高工作人员的素质和能力，使其尽快领会精神、掌握政策、熟悉业务、了解情况、担起责任，推动退役军人事务工作再上新台阶。

三是加强基层建设。坚持重心下移、关口前移，着力加强县乡村三级机构和队伍建设，确保有人干事、有钱干事、有时间干事、有条件干事。

（二）完善提升内控制度，抓实抓细党风廉洁

一要提高认识，加强领导。办公室要牵头通过培训宣传教育，各科室、中心负责人要思想统一，为内控机制建设营造良好氛围。同时，确定专人参与、明确责任，加强日常信息沟通和资料收集，按照责任分工，各司其职、各负其责，内控机制建设领导小组集体审核把关，切实做到廉政风险点排查不到位不放过，防控措施制定不到位不放过，配套制度完善不到位不放过。

二要梳理职权，优化流程。紧紧围绕单位工作行政管理权，排查风险点，明确相关的程序、时限及相应的责任部门；明确职权、摸清权力和岗位责任，认真对照相关法律法规和规范性文件，全面梳理部门拥有的权力事项，明确权力行使的依据、权力运行的规则和范围。进行适度分权，对人、财、物和内部管理等各个方面的职能进行合理分权；编制职权清单，优化程序，按照岗位、环节之间相互关联制约的原则，按预算管理、收支业务、政府采购、资产管理、合同管理、建设项目等六大业务领域进行分工；梳理内控工作流程，绘制内控流程图及编写流程说明，建立内部控制关键业务流程。

三要构建平台，健全制度。内控机制建设领导小组办公室应对排查出的各类风险源（点）逐一登记，深入分析风险成因，将风险点反馈到相应的业务处室，制订风险防控要点。健全完善制度。对现有制度进行梳理，以压缩自由度、增强透明度、提高可复核度、强化制约度为主要内容，修改、补充、完善相关制度，健全与内控机制建设相适应的制度体系。

（三）加强优抚政策宣传力度 提高优抚对象知晓率

××县退役军人事务局应结合实际，除涉密政策外，有关退役军人的优抚政策应充分利用报刊杂志、互联网媒体、院内 LED 显示屏等多种宣传载体，确保所有政策解释到位。针对年纪较大的退役军人，应定期安排人员前往慰问和政策宣传，确保所有退役军人都能知晓与自身利益相关的政策。同时，也要加大对先进典型的宣传力度，引导干部群众、广大退役军人向先进典型学习，营造良好的舆论氛围。

本章小结

本章以 A 大学 2019 年度部门整体支出绩效评价为例，让学生了解部门整体支出绩效评价报告的框架，包括履职及效益绩效目标完成情况、存在的主要问题、下一步改进的对策或建议等内容。

本章以××县 2019 年优抚对象抚恤补助项目绩效评价为例，让学生了解预算项目绩效评价报告的框架，包括项目立项情况、绩效评价工作开展情况、评价结论和绩效分析、主要经验做法、存在的问题和原因分析、改进建议等内容。

思考与练习

1. 请结合你所熟悉一个预算绩效项目，完成以下任务。

（1）结合该案例，请编写数据采集方法及处理方式。

（2）结合该案例，请编写项目绩效评价指标框架。

（3）结合该案例，请编写项目绩效评价问卷调查内容。

（4）结合该案例，请编写该项目绩效评价报告大纲。

2. 请结合你所熟悉一个预算部门，完成以下任务。

（1）结合该案例，请编写数据采集方法及处理方式。

（2）结合该案例，请编写部门整体支出绩效评价指标框架。

（3）结合该案例，请编写部门整体支出绩效评价问卷调查内容。

（4）结合该案例，请编写部门整体支出绩效评价报告大纲。

第十一章　第三方机构参与财政预算绩效评价实务

学习目标

1. 了解第三方机构参与财政预算绩效评价程序；
2. 熟悉第三方机构参与财政预算绩效评价的相关规定；
3. 掌握第三方机构参与财政预算绩效评价的工作方案内容。

第一节　第三方机构参与财政预算绩效评价程序

第三方机构参与财政预算绩效评价程序通常分为四个阶段，即绩效评价前期准备阶段、实施阶段、绩效评价报告的编制提交阶段和建立绩效评价档案阶段。

一、绩效评价前期准备阶段

（一）签订业务委托合同

绩效评价委托合同是指第三方机构与委托人签订的，明确绩效评价业务基本事项，约定绩效评价机构和委托人权利、义务、违约责任和争议解决等内容的书面合同。绩效评价机构是订立绩效评价委托合同的法律主体之一。根据我国绩效评价行业的现行规定，绩效评价专业人员承办绩效评价业务，应当由其所在的绩效评价机构统一受理，并由绩效评价机构与委托人签订书面形式绩效评价委托合同。绩效评价委托合同应当由绩效评价机构的法定代表人签名并加盖第三方机构印章。绩效评价实务中，第三方机构可以对授权的内部人员和分支机构签署委托合同的情形，通过内部管理制度加以规范。

绩效评价委托合同签订后，发现相关事项存在遗漏、约定不明确，或者合同履行中约定内容发生变化的，如绩效评价目的、绩效评价对象发生变化等，第三方机构可以要求与委托人签订补充委托合同或者重新签订绩效评价委托合同或者以法律允许的其他方式，如传真、电子邮件等形式，对绩效评价委托合同的相关条款进行变更。

绩效评价委托合同的内容，应当符合国家法律、法规和绩效评价行业的管理规定。绩效评价委托合同通常包括下列内容：

（1）第三方机构和委托人的名称、住所、联系人及联系方式。

（2）绩效评价目的。绩效评价委托合同载明的绩效评价目的应当表述明确、清晰。

（3）绩效评价对象和绩效评价范围。

（4）绩效评价基准日。

(5) 绩效评价报告使用范围，包括绩效评价报告使用人、用途、绩效评价结论的使用时效及报告的摘抄引用或披露。

(6) 绩效评价报告提交期限和方式。

(7) 绩效评价服务费总额或支付标准、计价货币种类、支付时间和方式，并明确绩效评价服务费未包括的与绩效评价服务相关的其他费用的内容及承担方式。

(8) 第三方机构和委托人的其他权利和义务。

(9) 签约各方的违约责任、合同履行过程中产生争议时解决的方式和地点。

(10) 签约时间。

(11) 签约地点。

签订绩效评价委托合同时尚未明确的内容，绩效评价委托合同签约方可以采取签订补充合同或法律允许的其他形式做出后续约定。

(二) 成立绩效评价组

第三方机构成立绩效评价组，负责绩效评价工作。绩效评价组是绩效评价工作的具体实施机构，负责拟定绩效评价工作方案，实施具体绩效评价，撰写并向评价委托方提交绩效评价报告等工作。财政部门应当对第三方机构参与绩效评价的工作进行规范，并指导其开展工作。绩效评价组应保持与绩效评价主管部门的动态沟通，及时交流信息，准确把握绩效评价相关政策。

(三) 明确绩效评价基本事项

明确绩效评价基本事项主要包括绩效评价项目的背景和基本情况；绩效评价的对象和内容；项目的绩效目标、管理情况及相关要求；绩效评价的目的；委托方及绩效评价报告使用者；其他重要事项。

(四) 制订绩效评价方案

绩效评价组根据评价对象的特点，拟定具体工作方案。工作方案的基本内容包括：评价对象与负责人、评价目的、评价的依据、评价指标、评价标准、评价工作的时间安排、拟采用的评价方法、拟选用的评价标准、需要被评价对象及单位准备的评价资料及相关工作要求。

绩效评价方案制订要找准切入点。要充分考虑资金和项目管理者做绩效评价的需求，他们关注哪些问题，希望从绩效评价中得到什么样的信息，绩效评价从政策评估或调研的角度又可以提供哪些咨询信息。方案制订要以目标、需求、问题为导向。

1. 以目标为导向

评价组要根据项目绩效目标，通过对完成目标的数量、质量、时效、成本等要素进行比对，把可量化的目标值与评价结果进行比较分析，综合判断项目绩效目标任务的科学性、合理性和必要性。

2. 以需求为导向

评价组要准确把握政策相关对象的实际需求，有的放矢、精准实策，既要将财政资金用出去，又要符合政策对象的实际需求，找准需求的方向、内容和数量，以需求导向为突破口实施绩效评价，发挥财政资金的最大效益。

3. 以问题为导向

评价组要针对在绩效评价过程中发现的项目管理、财务管理、资金使用、项目绩效等方面存在的主要问题进行总结和剖析，找出共性问题和个性差异，在下一步的评价工作中划重点、做标记，通过共性问题挖掘项目政策不足，修订完善政策制度；通过个性问题反映个体差异，坚决整改落实。以问题为导向实施绩效评价，可以通过网络搜索、试评价现场调研、询问相关方等方式发现并梳理问题，从而有针对性地实施评价。

在共性指标体系框架下，评价组初步设定评价特性指标，并根据试评价实际，调整完善特性指标，初步形成项目评价指标体系，并在下一步评价方案制定中修订完善。共性指标是适用于所有评价对象的指标。主要包括绩效目标设定、资金分配和使用管理、评价对象的社会效益、经济效益、环境效益、可持续影响等，共性指标由财政部门统一制定。特性指标是针对评价对象的属性和特点设定，适用于不同评价对象的绩效评价指标，特性指标由预算部门、评价组、相关行业专家等在共性指标框架下，共同研究设置并商财政部门最终确定。

评价组根据试评价及前述工作情况，修订完善评价工作实施方案，报经第三方机构法人批准后实施。评价组根据评价工作需要，结合项目实际，对需要开展问卷调查的项目设计项目问卷调查表，项目相关数据表，同时根据通用的项目主管部门自评报告范本、项目单位自评报告范本及要求项目点提供的资料清单，结合各类项目的实际情况对上述工作内容进行完善细化。

二、绩效评价实施阶段

首先，评价组要借助于各种媒体介质，包括互联网、报刊、杂志等大量收集项目相关信息，如项目实施方案、调研课题、经验总结、检查分析报告等，通过整理归纳，找出关键和重点，有的放矢开展绩效评价。其次，评价组要熟悉项目主管部门、项目实施单位的提供的资料，包括项目申报材料、资金管理办法、指导意见、项目规划等，通过对项目制度性文件以及申报基础资料的熟悉掌握，确保绩效评价推进有序、重点明确。最后，要通过统计局、行业部门、试评价等途径收集项目相关基础数据，为下一步指标评价标准设定做好基础准备，确保评价结果客观公正。具体要求表现在如下几方面：

（一）收集数据

根据项目特点，按照绩效评价方案，通过案卷研究、数据填报、实地调研、座谈会及问卷调查等方法收集相关评价数据。

收集基础资料包括以下内容：

（1）被评价单位基本概况，如单位职能、事业发展规划、预决算情况、项目立项依据等；

（2）绩效目标及其设立依据和调整情况；

（3）管理措施及组织实施情况；

（4）被评价单位总结分析的绩效目标完成情况及绩效自评报告；

（5）与绩效评价相关的计划标准、行业标准、历史标准等；

（6）其他必要的相关资料。

（二）对数据进行甄别、汇总和分析

对于收集的基础资料和相关数据，绩效评价组成员应当深入实地核实有关数据的全面

性、真实性，进而整理出可供财政支出绩效评价所用的相关资料和基础数据。评价小组对项目政策分三步进行梳理：

一是通过项目主管部门梳理项目设立背景、实施规划（计划）、指导意见、管理办法等，充分掌握项目具体内容。

二是通过互联网、资料查阅、报刊杂志等渠道了解项目存在的问题和可能提出的建议，评价前要做到心中有数。同时收集同类项目政策实施情况，比较项目政策与同类政策的异同，从中提炼值得注意和评价的重点方面。

三是对试评价项目点政策的梳理，以便更好把握下一步评价工作的方向、核心和关键。项目相关政策的充分梳理，有助于夯实绩效评价项目理论基础，提升评价工作质量。

（三）分析与评价

结合所收集和分析的数据，按绩效评价相关规定及要求运用科学合理的评价方法对项目绩效进行综合评价，对各项指标进行具体计算、分析并给出各指标的评价结果及项目的绩效评价结论

1. 运用评价方法

一是综合评价法。综合评价方法主要包括成本效益分析法、比较法、因素分析法、最低成本法。成本效益分析是指将一定时期内的支出与效益进行对比分析以评价绩效目标实现程度，适用于成本、效益都能准确计量的项目绩效评价。比较法是指通过对绩效目标与实施效果、历史与当期情况、不同部门和地区同类支出比较，综合分析绩效目标实现程度。因素分析法是指通过综合分析影响绩效目标实现、实施效果的内外因素，评价绩效目标实现程度。最低成本法是指对效益确定却不易计量的多个同类对象的实施成本进行比较，评价绩效目标的实现程度。适用于公共管理与服务、社会保障、文化、教育等领域支出的绩效评价。

二是现场调查方法。主要包括项目实地踏勘、面对面访谈、广泛座谈询问、问卷调查、资料的查证与复核。实地踏勘是评价组到项目实施地点实地勘察项目实施、运转、持续性等情况，综合判断项目实施运转成效。面对面访谈是评价组对项目实施对象及相关人员开展面对面访谈，记录、掌握项目相关信息，收集第一手资料。广泛座谈询问是针对项目涉及的主管部门、实施主体、受益对象等不同群体，召开座谈会，询问项目相关事项并做好记录工作。问卷调查是对项目管理层面、执行层面、受益对象三类人群，按照目的性、客观性、非诱导性、合理性、准确性的原则设计问卷调查表，开展问卷调查。资料的查证与复核是现场查阅项目资料，包括财务资料和项目资料，比照其他调查方式收集的资料进行查证与复核，以综合判断项目资料的准确性，综合分析项目资金绩效。

被评价单位要按照评价工作组要求，指派熟悉项目情况的财务及业务人员，积极配合评价人员做好勘查工作。需要注意的是，评价组应确保问卷调查及面对面访谈等现场勘查的独立性、真实性和客观性，原则上采取一对一问卷或面访，不得采用集中问卷或间接收集面访数据。

2. 综合分析评价

（1）评价工作组根据收集和审核的基础资料，结合现场勘查有关情况，整理出绩效评价所需的基本资料和数据；

（2）评价小组按照工作方案确定的评价指标、评分标准和评价方法，根据评价基础数据，对评价对象的绩效情况进行全面的定量、定性分析和综合评价，进行量化打分，形成初

步评价结论（统计分析是做好绩效评价的重要手段，绩效评价要用数据说话，做到有理有据）；

（3）评价工作组将初步评价结论和有关说明送达被评价单位并征求意见，同时将评价结论、调整事项、问卷调查结果、专家咨询组意见等送交评价组织机构审阅。

评价资料整理出后，评价人员按照评价方案的要求进行评价工作，并做出评价的初步结论，该结论经评价单位审核后作为提交评价报告的依据。如果在评价工作中遇到疑难问题，可以聘请有关专家予以论证。

三、绩效评价报告的编制和提交阶段

（一）撰写报告

绩效评价工作组按照整理的基础材料，依据评价形成的结论，结合被评价单位反馈的意见，按照既定格式和内容要求撰写绩效评价初步报告，形成初步评价结果。评价报告应内容完整、层次分明、逻辑清楚、用词准确。绩效评价报告应重点倾向于对决策层面和支出绩效的综合分析，着力反映财政支出顶层设计和使用效益的具体情况，并提出有针对性的意见建议。

（二）提交报告

绩效评价报告应在规定时间内提交评价组织机构。预算部门按照财政部门规定时间和相关要求，将绩效评价报告提交财政部门。

（1）评价工作组完成评价报告后，经评价工作组组长签字，然后报送评价组织机构；

（2）评价组织机构对评价工作组提交的绩效评价初步报告进行审核，提出审核意见；

（3）评价工作组按照评价组织机构的审核意见，对绩效评价报告进行修改完善，提交评价组织机构审核确认后，送相关主管部门征求意见，经评价组织机构再次确认后形成正式绩效评价报告；需要注意的是，在征求审核意见过程中，应坚持实事求是、客观公正的原则，确保评价结果的公平、公正。

（4）预算部门按照财政部门规定的时间和相关要求，及时将绩效评价报告提交财政部门。

（三）及时总结

预算部门应进行绩效评价工作总结，将工作背景、时间地点、基本情况、遇到的问题及工作建议等形成书面材料，连同绩效评价报告一并报送财政部门。

四、建立绩效评价档案

绩效评价工作完成后，评价人员应当在出具绩效报告后 90 日内整理工作底稿并建立档案，建立财政资金绩效评价档案。

（一）建立档案

评价工作结束后，绩效评价实施主体应妥善保管工作底稿和评价报告有关资料，建立绩效评价档案。

（1）需要存档的文件包括：评价项目的基本情况表、评价基础资料、评价工作方案、评价业务委托书、评价经费预算及审核表、专家组名册、专家组论证及评审意见和建议书、绩效评价报告、评价结果公开与应用情况等，并将上述材料加工成电子文档形式进行归档保存。

(2) 建立和制定绩效评价档案管理制度，如借阅制度、利用制度和销毁制度，按照评价工作分级分层管理模式，实施档案的对口分级管理，做到档案资料的完整、原始和安全。

(二) 报告要求

(1) 依据充分。报告反映的效益或问题，涉及的观点或结论，必须以客观数据或事实为依据，并能用相关的论据来证明。

(2) 真实完整。报告要真实反映绩效评价对象的全貌，报告内容全面、完整，并使用精炼的语言进行准确描述。

(3) 数据准确。报告所引用的数据，必须来源可靠、准确无误、清晰明了、口径可比。

(4) 分析透彻。报告要对绩效评价结果进行全面透彻分析，总结取得的经验，反映存在的问题，提出具体可行的建议。

(5) 逻辑清晰。报告应结构合理、条理通顺、清晰明了、逻辑一致、前后呼应，防止模糊不清、彼此矛盾。

(6) 客观公正。报告必须保持价值中立，坚持事实是绩效评价的唯一依据，客观、公正地评价绩效目标的实现程度，形成合理的评价结果。

第二节　第三方机构参与财政预算绩效评价的政策依据

2018 年中共中央印发《关于全面实施预算绩效管理的意见》（以下简称《意见》）指出要构建全方位、全过程、全覆盖的预算绩效管理模式，2019 年国务院政府工作报告提出预算绩效改革要全面启动，全面预算绩效管理包含绩效目标管理、过程监控、绩效评价和结果应用四个环节。《意见》中指出在各级政府对年度预算、财政状况进行绩效评价时，必要情况下可以引入第三方机构参与。为引导和规范第三方机构从事预算绩效评价业务，严格第三方机构执业质量监督管理，促进提高财政资源配置效率和使用效益，2021 年财政部印发《财政部关于委托第三方机构参与预算绩效管理的指导意见》（财预〔2021〕6 号）和《第三方机构预算绩效评价业务监督管理暂行办法》（财监〔2021〕4 号），对第三方参与财政预算绩效评价的主体、管理和流程等作出相关规定。

一、第三方机构参与财政预算绩效评价的概念界定

对于第三方机构的概念，最早起源于西方国家，通常包括非营利组织、非公共部门组织等具备独立性的社会团体，本教材采用《第三方机构预算绩效评价业务监督管理暂行办法》（财监〔2021〕4 号）的定义，即是指依法设立并向各级财政部门、预算部门和单位等管理、使用财政资金的主体提供预算绩效评价服务，独立于委托方和预算绩效评价对象的组织，主要包括专业咨询机构、会计师事务所、绩效评价机构、律师事务所、科研院所、高等院校等。定义中的“预算绩效评价服务”是指第三方机构接受委托方委托，对预算绩效评价对象进行评价，并出具预算绩效评价报告的专业服务行为。

依据相关规定，第三方机构接受委托依法依规从事财政预算绩效评价业务，任何组织和

个人不得非法干预，不得侵害第三方机构及其工作人员的合法权益。

二、第三方机构参与财政预算绩效评价的原则

（1）独立原则。第三方机构应当在委托方和被评价对象提供工作便利条件和相关资料情况下独立完成委托事项。

（2）客观原则。第三方机构应当按照协议（合同）约定事项客观公正、实事求是地开展预算绩效评价，不得出具不实预算绩效评价报告。

（3）规范原则。第三方机构应当履行必要评价程序，合理选取具有代表性的样本，对原始资料进行必要的核查验证，形成结论并出具预算绩效评价报告。

三、第三方机构参与财政预算绩效评价的主评人要求

依据《第三方机构预算绩效评价业务监督管理暂行办法》（财监〔2021〕4号）规定，第三方机构出具预算绩效评价报告应当由其主评人签字确认。绩效评价主评人由第三方机构根据以下条件择优评定：

（1）遵守法律、行政法规和本办法的规定，具有良好的职业道德；

（2）具有与预算绩效评价业务相适应的学历、能力；

（3）具备中高级职称或注册会计师、绩效评价师、律师、内审师、注册造价工程师、注册咨询工程师等相关行业管理部门认可的专业资质；

（4）具有5年以上工作经验，其中从事预算绩效评价工作3年以上；

（5）具有较强的政策理解、项目管理和沟通协调能力；

（6）未被追究过刑事责任，或者从事绩效评价、财务、会计、审计活动中因过失犯罪而受刑事处罚，刑罚执行期满逾5年。

四、第三方机构参与财政预算绩效评价的禁止行为

依据《第三方机构预算绩效评价业务监督管理暂行办法》（财监〔2021〕4号）规定，第三方机构从事预算绩效评价业务，不得有以下行为：

（1）将预算绩效评价业务转包；

（2）未经委托方同意将预算绩效评价业务分包给其他单位或个人实施；

（3）允许其他机构以本机构名义或者冒用其他机构名义开展业务；

（4）出具本机构未承办业务、未履行适当评价程序、存在虚假情况或者重大遗漏的评价报告；

（5）以恶意压价等不正当竞争手段承揽业务；

（6）聘用或者指定不具备条件的相关人员开展业务；

（7）其他违反国家法律法规的行为。

五、第三方机构参与财政预算绩效评价的监管

县级以上人民政府财政部门依法依规对第三方机构及其工作人员从事预算绩效评价业务进行管理和监督。第三方机构及其工作人员对财政部门的管理和监督工作应当予以配合。财政部门加强对第三方机构及其工作人员从事预算绩效评价业务的培训和指导。鼓励社会力量

依法依规开展预算绩效评价业务培训。

（一）监管要求

（1）坚持权责清晰、主体分离。委托第三方机构参与预算绩效管理，必须明确委托方与第三方机构、相关预算绩效管理对象的权利和责任，严格执行利益冲突回避制度，确保委托主体与预算绩效管理对象相分离。

（2）坚持厉行节约、突出重点。合理确定委托第三方机构开展预算绩效管理工作范围，对自评等不宜委托第三方机构的工作实行负面清单管理。落实政府过紧日子的要求，注重突出重点、解决实际问题。

（3）坚持质量导向、择优选取。选取专业能力突出、资质优良的第三方机构参与绩效管理工作。充分发挥第三方机构智力资源和研究能力，以及在独立性、专业性方面的独特优势，引导带动绩效自评质量和绩效管理水平提升。

（二）监管要点

（1）委托第三方机构参与预算绩效管理的工作重点。委托第三方机构开展绩效管理，应当聚焦于贯彻落实党中央、国务院重大决策部署和本部门或单位主体职责的政策和项目。财政部门重点组织对预算部门及单位、下级财政部门开展政策性绩效评价，也可以根据需要对其承担的重点项目开展评价；预算部门的财务机构或其他负责绩效管理的机构重点组织对业务机构、所属单位以及下级部门和单位开展具体项目的绩效管理工作。

（2）规范委托第三方机构参与预算绩效管理的范围。委托第三方机构参与绩效管理，主要包括以下方面工作内容：一是事前绩效评价和绩效目标审核；二是绩效评价或评价结果复核；三是绩效指标和标准体系制定；四是预算绩效管理相关课题研究。具体项目选择上，可以结合工作实际，通过优先选取重点项目、随机选取一般性项目，以及分年度分重点滚动安排等方式开展。

（3）不得委托第三方机构承担的事项。坚持委托主体与绩效管理对象相分离，禁止预算部门或单位委托第三方机构对自身绩效管理工作开展评价。对于绩效目标设定、绩效运行监控、绩效自评等属于预算部门或单位强化内部管理的事项，原则上不得委托第三方机构开展，确需第三方机构协助的，要严格限定各方责任，第三方机构仅限于协助委托方完成部分事务性工作，不得以第三方机构名义代替委托方对外出具相关报告和结论。

（4）依法合规优选第三方机构。委托方应当严格按照政府采购、政府购买服务的程序和要求，选取专业能力突出、机构管理规范、执业信誉较好的第三方机构参与绩效管理工作。第三方机构须独立于委托方和绩效管理对象，主要包括社会咨询机构、会计师事务所、绩效评价机构等社会组织或中介机构，科研院所、高等院校等事业单位等。

（5）规范委托第三方机构的方式。委托方可以根据委托事项的性质，采用全权委托或部分委托、单独委托或多家委托等方式，并根据不同委托方式界定第三方机构的工作定位和责任分担，发挥好第三方机构的作用。委托方及绩效管理对象应当尊重第三方机构的专业性和独立性，不得干预其独立、公正开展工作。

（6）保障第三方机构正常开展工作需要。委托方应当遵循“谁委托、谁付费”的原则，综合考虑委托业务的难易程度和工作量、时间与人员资质要求以及第三方机构工作成本等因素，合理确定委托费用并按协议支付。所需经费原则上由委托方通过项目支出或公用经费解决。委托方和相关预算绩效管理对象要积极支持配合，及时提供相关资料和必要的工作条件，并对所提供资料和数据的完整性、真实性、有效性负责，便于受托方全面掌握相关情况及委托方意图。

(7) 加强对第三方机构的监督。财政部门应当建立健全对第三方机构预算绩效评价工作定向检查和不定向抽查相结合的监督检查机制。对存在违法违规线索的预算绩效评价工作开展定向检查；对日常监管事项，通过随机抽取检查对象、随机选派执法检查人员等方式开展不定向检查。财政部各地监管局根据财政部规定对第三方机构预算绩效评价执业质量开展监督检查。

（三）监管配套设施

(1) 完善管理制度。各有关中央部门、各级财政部门可以根据《财政部关于委托第三方机构参与预算绩效管理的指导意见》并结合工作需要，制定委托第三方机构参与本部门本地区预算绩效管理的管理办法、实施细则或操作规范，明确采购流程、工作程序、付费标准、档案管理、业绩考评、保密管理等具体规定，进一步细化规范预算部门和单位以及第三方机构等相关主体参与预算绩效管理的行为。

(2) 强化工作协同。各级财政部门应当推动预算绩效信息公开，主动接受指导监督，增进协同配合，促进形成引导和规范第三方机构参与预算绩效管理的工作合力。发挥有关行业协会作用，强化第三方机构行业自律，不断提升业务能力和行业公信力。

(3) 加强信用管理。各级财政部门应当加强第三方机构参与预算绩效管理的诚信体系建设，推动信息共享。各委托方应当按要求记录第三方机构履职情况，协助财政部门强化信用管理。第三方机构应实行受托工作成果责任制，确保预算绩效管理结果有人负责、有源可溯。

六、第三方机构参与财政预算绩效评价的法律责任

第三方机构及其工作人员在预算绩效评价工作中有下列情形之一的，视情节轻重，给予责令改正、约谈诫勉、通报给行业监管部门或主管部门、记录不良诚信档案等处理。

（一）出现第三方参与财政预算绩效评价的禁止行为；

（二）在参加政府采购活动中有舞弊行为的；

（三）录入及变更信息存在虚假的；

（四）由于故意或重大过失而提供虚假数据和结论的；

（五）擅自泄露预算绩效评价信息、结论等有关情况的；

（六）违反法律、法规和本办法规定的其他行为。

第三方机构参与预算绩效评价选聘、履行预算绩效评价协议（合同）过程中，存在《中华人民共和国政府采购法》第七十七条、《中华人民共和国政府采购法实施条例》第七十二条规定情形的，依法予以处理处罚。

第三方机构及其工作人员在开展预算绩效评价工作中造成损失的，依法承担民事赔偿责任；涉嫌犯罪的，依法追究刑事责任。

第三方机构及其工作人员对财政部门行政处理处罚决定不服的，可以依法申请行政复议或者提起行政诉讼。

第三方机构从事预算绩效评价业务的工作人员应当严格遵守国家相关法律制度规定，遵

守职业道德，合理使用并妥善保管有关资料，严格保守工作中知悉的国家秘密、商业秘密和个人隐私，并有权拒绝项目单位和个人的非法干预。

第三节　第三方机构参与财政预算绩效评价工作方案编制案例

本节以GX省广电局201×年度乡村振兴公共服务能力提升专项项目绩效评价工作方案为例，让学生了解实践中第三方机构参与项目绩效评价工作方案的撰写要点。

一、评价目的

通过实施对乡村振兴公共服务能力提升专项项目经费支出的绩效评价，达到三个目的：

第一，全面了解和掌握各市县乡村振兴公共服务能力提升专项项目资金使用和管理的规范性情况、项目管理情况、实施效果和效益情况，并形成评价结论。

第二，重点关注“壮美GX·智慧广电”数字GX“广电云”村村通户户用工程项目、农村广电信息网络升级改造项目和GX数字电视网络图书馆（数字农家书屋）等项目工作进展情况，以此推动乡村振兴公共服务能力提质增效。

第三，总结乡村振兴公共服务能力提升专项项目进行过程中经验和问题，为财政部门和相关职能部门进一步提高财政专项资金使用效益提供参考。

二、评价依据

本次绩效评价依据主要包括但不限于以下文件：

（一）绩效评价制度

1.《中共中央国务院关于全面实施预算绩效管理的意见》（财预〔2018〕167号）

2.《项目支出绩效评价管理办法》（财预〔2020〕10号）

3.《项目支出绩效评价共性指标体系框架》（财预〔2013〕53号）

4.《GX省关于推进我区预算绩效管理的实施意见》（GX政发〔2011〕77号）

5.《关于印发〈GX省财政支出绩效评价暂行办法〉的通知》（GX财预〔2011〕124号）

6.《中共GX省委员会GX省人民政府〈关于全面实施预算绩效管理的实施意见〉》

（二）项目制度

1.《GX省乡村振兴补助资金管理暂行办法》（GX财规〔2018〕6号）

2.《关于印发乡村振兴产业发展基础设施公共服务能力提升三年行动计划（2018—2020年）的通知》（GX政办发〔2018〕46号）

3.《关于印发〈GX乡村风貌提升三年行动方案〉的通知》（GX办发〔2018〕39号）

4.《中共GX省委员会GX省人民政府关于深入实施大数据战略加快数字GX建设的意见》（GX发〔2018〕16号）

5.《国家广播电视总局印发关于促进智慧广电发展的指导意见》（广电发〔2018〕71号）

6.《GX省人民政府办公厅关于印发数字GX“广电云”村村通户户用工程三年攻坚会

战实施方案（2018—2020 年）的通知》（GX 政办发〔2018〕98 号）

7.《GX 省人民政府办公厅关于印发“壮美 GX · 智慧广电”工程实施方案的通知》（GX 政办发〔2019〕37 号）

8.《GX 数字网络图书馆（数字农家书屋）工程建设实施方案》（GX 广发〔2019〕136 号）

三、评价具体工作内容、计划实施步骤

（一）评价具体工作内容

依据《项目支出绩效评价管理办法》（财预〔2020〕10 号），从项目投入、项目过程、项目产出、项目效果四个方面对广电局 201×年度乡村振兴公共服务能力提升专项项目绩效进行评价。

（1）项目投入，是对项目决策进行评价，分析项目申请、设立过程是否符合相关要求，用以反映和考核项目立项规范性和可行性情况。

（2）项目过程包括项目管理、资金管理和绩效评价管理。其中项目管理包括项目管理制度、制度执行有效性、项目质量控制和项目档案管理等内容，主要评价广电局相关财务和项目管理制度建立及落实情况；资金管理包括资金管理制度、资金到位率、资金支出进度和资金支出规范性等内容，重点核查广电局是否严格按照《GX 省乡村振兴补助资金管理暂行办法》（GX 财规〔2018〕6 号）进行专项资金管理，该办法从申报、分配、下达、拨付、绩效管理、监督检查等全过程对乡村振兴专项资金进行了全面、具体、明确的规范；绩效评价管理是预算绩效自评管理，评价广电局是否按照财政部门要求对项目开展自评、并按照财政部门要求及时提供完整的项目自评材料。

（3）项目产出包括产出数量、产出质量、产出时效和产出成本。产出数量主要核查实体农家书屋升级为“数字农家书屋”个数、农村有线电视网络双向化改造户数、新建行政村光缆干线和行政村的光缆支干线长度、新增数字 GX“广电云”用户数、重建或新建乡镇广播电视综合服务站、乡镇机房个数等。产出质量主要核查农村广电信息网络升级改造质量是否达到要求，GX 数字网络图书馆（数字农家书屋）项目建设是否达到《省党委宣传部省广电局关于印发 GX 数字网络图书馆（数字农家书屋）工程建设实施方案的通知》（GX 广发〔2019〕136 号）质量要求。产出时效主要核查 201×年度乡村振兴公共服务能力提升专项项目是否在 201×年底全部完成建设。产出成本是核查支出 201×年度乡村振兴公共服务能力提升专项项目是否超过预算资金。

（4）项目效果包括社会效益、可持续影响和满意度分析。社会效益主要是评价项目是否完善城乡广播电视公共服务产品和服务供给，能否助力 GX 乡村振兴战略和数字 GX 建设、脱贫攻坚，促进智慧广电与乡村经济发展深度融合。可持续影响主要核查该项目后续运行及成效发挥的可持续影响。满意度分析是从项目政策满意度、项目办理的方便程度满意度、项目的实施工作总体满意度、对项目实施的工作人员服务态度满意度四个方面分析受益公众对该项目的满意度。

（二）计划实施步骤

1. 再评价前期准备

（1）政策研读，熟悉项目背景。组织评价团队学习与本项目相关的政策文件，了解项

目实施的背景、意义，以及相关的管理制度。

（2）细化再评价指标体系。评价团队就广电局提交的乡村振兴公共服务能力提升专项项目自评材料，细化和完善其中的产出和效益指标，以及各项指标分值权重设置，形成细化的绩效再评价指标体系后与被评价单位（广电局）就再评价指标体系进行会商，并确定再评价指标体系，作为后续开展再评价工作的重要依据。

（3）设计绩效再评价基础数据表、调查问卷，确定评价证据、数据的搜集方法。一是对应绩效再评价指标体系和自评报告，设计绩效再评价基础数据表，重点采集资金分配情况、资金使用进度情况、项目推进进度、实施成效情况、存在问题等基础数据；二是设计调查问卷，从受益人的角度设计调查问卷，重点采集项目实施效益以及满意度等信息。

（4）向被评价单位发出再评价进点通知。向被评价单位发出再评价进点通知，通知内容主要包括：进点的时间和人员安排、工作流程和工作要求、审验材料清单和基础数据表等，并要求被评价单位在再评价进点前准备和提供有关材料。

2. 现场核验

依据绩效自评价材料和绩效再评价指标体系，以及我方编制的查验材料清单和工作要求，到选定的建设片区开展进点查验材料工作。进点查验材料的重点在于：一是核验项目或单位自评价的基础材料和佐证材料的真实性；二是通过与项目或单位主要负责人面谈，了解市县该项目实施过程中现实情况和存在问题；三是实地走访，进行实地核验项目实际情况。四是对受益对象和相关群众进行满意度调查。

3. 撰写绩效评价报告和意见反馈交流

（1）撰写评价报告初稿。由评价团队根据自评价材料、现场查验材料情况、走访核实情况和与市县广电部门会谈情况，先由评价组对照绩效再评价指标体系，逐条分析、评分，并完成绩效再评价报告。

（2）由评价团队负责人组织召开再评价报告答辩、分析会，由评价组组长就其负责的评价项目进行报告，并重点对扣分项、主要问题、主要经验等问题进行现场答辩。在此基础上，形成绩效再评价报告初稿、扣分清单和佐证材料报省财政厅反馈给被评价单位。

（3）再评价报告意见反馈和交流，由被评价单位对绩效再评价报告提出意见，并采取“面对面”的方式，就双方有争议的扣分点、存在问题和经验等重点事项进行合议，争议点评分最终以评价单位和被评价单位提供佐证材料为依据进行打分。

4. 向省财政厅提交正式报告和相关材料

评价团队根据被评价单位在反馈环节提供的说明材料、补充材料进行客观评价基础上，进一步完善再评价报告，并按时间要求向财政厅提交正式报告、绩效再评价评分表和相关佐证材料。

5. 材料归档

将评价组在评价过程中形成的基础信息表、调查问卷、访谈记录、工作照片、工作底稿及其他相关的佐证材料按照进行归档，并编制材料目录，将评价过程中形成的完整档案材料，并按财政厅的需求进行移交。

四、现场核查点及计划时间安排

（一）现场核查点

根据《GX 省财政厅关于开展 201×年度预算项目绩效再评价工作的通知》（GX 财办〔2020〕40 号）文件精神，对资金涉及面少于 15 个县（市、省）或项目个数少于 15 个的，现场核验要实现资金和项目的全覆盖；其他项目的现场核验资金和项目个数原则上不少于 30%。乡村振兴公共服务能力提升专项项目涉及×个县（省），依据要求，现场核验资金和项目个数原则上不少于 30%，具体现场核查名单略。

（二）计划时间安排

略

（三）人员安排

略

五、评价指标体系

本次绩效评价根据《GX 省财政厅关于开展 201×年度预算项目绩效再评价工作的通知》文件精神，对 201×年度省本级预算项目绩效再评价评分表进行细化。

乡村振兴公共服务能力提升专项项目评价指标体系从投入、过程、产出和效果四个维度进行考察。我校主要对产出和效果维度的三级和四级指标进行细化，其中产出数量包括完成全区实体农家书屋升级为“数字农家书屋”数量、农村有线电视网络双向化改造户数、新建行政村光缆干线长度、新建行政村的光缆支干线、新增数字 GX“广电云”用户和重建或新建乡镇广播电视综合服务站、乡镇机房；产出质量包括农村广电信息网络升级改造率、GX 数字网络图书馆（数字农家书屋）验收率；效果指标重点关注该项目是否为人民群众提供更加丰富、更加优质、更加便捷的广播电视信息化和农村新型公共文化服务，能否带动关联和新型产业发展，以及受益群众对本项目的满意度。具体评价指标体系略。评价指标体系需要基础数据的支持，基础表略。

六、评价方法

本项目将采用“综合评价+公众评判法”的方式展开，即在对项目的自评价报告及相关佐证材料进行复核；对×个县（区）进行现场调研，对项目具体负责人、财务人员、分管领导进行访谈，具体了解项目管理和实施情况；到项目实施点，考评项目实施所产生的影响，对受益群众和相关利益群体进行访谈和问卷调查的基础上，对照绩效评价指标体系进行，根据评价标准对每一指标分别打分，对项目的决策、执行和效果进行综合评价。同时，召开专家评议、每个片区随机抽样不少于×名以上的受益者对财政支出效果进行评判，评价项目绩效目标实现程度。

七、评价质量保障措施和服务承诺

（一）评价质量保障措施

为保证此次评价工作质量，从人员配备、过程控制和质量控制等三个方面制定了相应的保障措施。

1. 人员配备

本项目组主要由财政、会计、统计、教育等专业的技术人员组成，是一支专业结构合理、工作经验丰富、研究能力强、人员稳定的绩效评价研究或工作团队。团队每年对绩效评价工作人员开展多次绩效评价理论与业务培训，包括参加国家会计学院、财政厅等组织的培训和自行组织的培训和研讨。

2. 过程控制

（1）工作进度汇报机制。在项目实施过程中各项目成员针对每日个人工作完成情况向项目组长进行汇报，项目组长根据完成情况合理调度，确保项目及时完成。

（2）应急机制。对于项目实施过程中可能出现的突发因素，导致项目在实施节点前可能不能有效完成的情况，成立机动小组，随时可以投入项目评价工作，在项目小组与机动小组的通力合作下保证项目评价按时按质完成。

（3）与项目委托方、项目单位及有关各方的协商反馈机制。

3. 质量控制

（1）建立健全绩效评价工作制度、程序。团队内部已形成包括评价人员聘请与考核管理办法、合同管理制度、培训研讨办法、风险防范与控制管理、评价工作程序等系列管理制度、办法，确保评价工作顺利开展。

（2）人员培训与安置到位。评价工作前将开展项目实施人员业务培训，确保实施人员对政策文件、业务流程、评价方法等熟悉和掌握；与财政厅、科技厅相关管理处室讨论建立再评价指标体系，保证搜集资料的可得性、可靠性。评价过程中，配备结构合理、数量适当、人员稳定的绩效评价工作小组，并保证评价时间充足。

（3）检查与督导。现场调查过程中，要求调查员对调查表进行自查；调查刚开始的2—3天，由调查指导员组织及时小结，统一标准，解决问题；调查结束后，由调查指导员对调查结果进行交叉审核和整理，并对部分调查点进行回访，查漏补缺。

（二）服务承诺

1. 工作时间承诺

严格按照绩效评价服务合同的时间要求，按时完成绩效评价工作，出具绩效评价报告。

2. 保密承诺

除下列情况外，将对绩效评价服务过程中知悉的信息予以保密：①法律法规允许披露，并取得甲方的授权；②根据法律法规的要求，为法律诉讼、仲裁准备文件或提供证据，以及向监管机构报告发现的违法行为；③在法律法规允许的情况下，在法律诉讼、仲裁中维护自己的合法权益。

3. 廉洁自律承诺

认真执行国家、省相关政策、法规，重点以下几个方面严格遵守服务中介机构职能，实事求是地做到廉洁自律、避免和杜绝吃拿卡要的不良行为的发生。①恪守职业道德，认真履行服务中介机构的职能；②接受区财政厅监管和绩效评价项目委托方、社会公众等多方的监督。③本项目组成员在开展绩效评价服务时要坚持实事求是的原则，如实地反映考核情况。

本章小结

第三方机构参与财政预算绩效评价的概念、原则、主评人要求、程序、禁止行为、监管和法律责任等方面，重点介绍第三方机构参与财政预算绩效评价程序和法规要求，引导和规范第三方机构从事预算绩效评价业务，严格第三方机构执业质量监督管理，能够促进提高财政资源配置效率和使用效益。

本章以 GX 省广电局 201×年度乡村振兴公共服务能力提升专项项目绩效评价工作方案为例，让学生了解实践中第三方参与项目绩效评价工作方案的撰写要点，包括评价目的、评价依据、评价具体工作内容、计划实施步骤、现场核查点及计划时间安排、评价指标体系、评价方法、评价质量保障措施和服务承诺等内容。

思考与练习

一、单项选择题

1. 第三方机构出具预算绩效评价报告应当由（　　）签字确认。

A. 主评人　　　　B. 合伙人

C. 项目经理　　　　D. 法定代表人

2. 主评人从事预算绩效评价工作年限要求是（　　）。

A. 1 年以上　　　　B. 2 年以上

C. 3 年以上　　　　D. 4 年以上

3. 第三方机构开展预算绩效评价业务，应当成立由至少（　　）名主评人和其他工作人员组成的工作组。

A. 1　　　　B. 2

C. 3　　　　D. 4

4. 第三方机构在出具预算绩效评价报告后，应当根据财政部有关规定，通过上传预算绩效评价报告有关信息的平台名称是（　　）。

A. 预算绩效评价第三方机构信用管理平台

B. 预算绩效评价第三方机构资料管理平台

C. 预算绩效评价第三方机构报告管理平台

D. 预算绩效评价第三方机构诚信管理平台

5. 依法依规对第三方机构及其工作人员从事预算绩效评价业务进行管理和监督是（　　）。

A. 县级以上人民政府财政部门　　　　B. 市级以上人民政府财政部门

C. 乡级以上人民政府财政部门　　　　D. 镇级以上人民政府财政部门

6. 以下不属于预算部门或单位强化内部管理的事项，原则上不得委托第三方机构开展是（　　）。

A. 绩效目标设定　　　　B. 绩效运行监控

C. 绩效自评　　D. 绩效再评价

7. 应当对第三方机构预算绩效评价工作定向检查和不定向抽查相结合的部门是（　　）。

A. 财政部门　　B. 市场监管部门

C. 税务部门　　D. 上级部门

8. 第三方机构及其工作人员在开展预算绩效评价工作中造成损失的，依法承担民事赔偿责任是（　　）。

A. 民事责任　　B. 行政责任

C. 刑事责任　　D. 法律责任

9. 第三方机构及其工作人员可以依法申请行政复议或者提起行政诉讼的处罚是（　　）。

A. 行政处理　　B. 刑事处罚

C. 民事处罚　　D. 财政处罚

10. 以下不属于委托第三方机构参与绩效管理的工作内容的是（　　）。

A. 事前绩效评价和绩效目标审核　　B. 绩效评价或评价结果复核

C. 绩效指标和标准体系制定　　D. 绩效自评

二、多项选择题

1. 以下属于能够作为第三方机构参与财政预算绩效评价的机构有（　　）。

A. 专业咨询机构　　B. 会计师事务所

C. 资产评估机构　　D. 律师事务所

2. 第三方参与财政预算绩效评价的原则有（　　）。

A. 独立原则　　B. 客观原则

C. 规范原则　　D. 经济性原则

3. 第三方参与财政预算绩效评价的主评人要求有（　　）。

A. 遵守法律、行政法规和本办法的规定，具有良好的职业道德

B. 具有与预算绩效评价业务相适应的学历、能力

C. 具备中高级职称或注册会计师、绩效评价师、律师、内审师、注册造价工程师、注册咨询工程师等相关行业管理部门认可的专业资质

D. 具有5年以上工作经验，其中从事预算绩效评价工作3年以上

4. 第三方机构在出具预算绩效评价报告后，需要进行归档的有（　　）。

A. 立项性材料　　B. 证明性材料

C. 结论性材料　　D. 讨论性材料

5. 第三方参与财政预算绩效评价的禁止行为有（　　）。

A. 将预算绩效评价业务转包

B. 未经委托方同意将预算绩效评价业务分包给其他单位或个人实施

C. 允许其他机构以本机构名义或者冒用其他机构名义开展业务

D. 出具本机构未承办业务、未履行适当评价程序、存在虚假情况或重大遗漏的评价报告

三、判断题

1. 县级以上人民政府财政部门依法依规对第三方机构及其工作人员从事预算绩效评价业务进行管理和监督。 (　　)

2. 委托第三方机构开展绩效管理，应当聚焦于贯彻落实党中央、国务院重大决策部署和本部门或单位主体职责的政策和项目。 (　　)

3. 对于绩效目标设定、绩效运行监控、绩效自评等属于预算部门或单位强化内部管理的事项，原则上不得委托第三方机构开展。 (　　)

4. 第三方机构可以是委托方和绩效管理对象的内部单位。 (　　)

5. 委托方及绩效管理对象应当尊重第三方机构的专业性和独立性，不得干预其独立、公正开展工作。 (　　)

6. 第三方机构及其工作人员在开展预算绩效评价工作中造成损失的，依法承担民事赔偿责任；涉嫌犯罪的，依法追究刑事责任。 (　　)

7. 第三方机构从事预算绩效评价业务的工作人员可以随意对外发布被评价单位资料。 (　　)

8. 坚持委托主体与绩效管理对象相分离，禁止预算部门或单位委托第三方机构对自身绩效管理工作开展评价。 (　　)

9. 委托方应当遵循“谁委托、谁付费”的原则，综合考虑委托业务的难易程度和工作量、时间与人员资质要求及第三方机构工作成本等因素，合理确定委托费用并按协议支付。 (　　)

10. 财政部各地监管局根据财政部规定对第三方机构预算绩效评价执业质量开展监督检查。 (　　)

四、思考题

请结合你所熟悉一个预算绩效项目，编写项目绩效评价实施方案。

附表 1

项目支出绩效评价共性指标体系框架

一级指标	二级指标	三级指标	指标解释	指标说明
投入	项目立项	项目立项规范性	项目的申请、设立过程是否符合相关要求，用以反映和考核项目立项的规范情况	评价要点： ①项目是否按照规定的程序申请设立； ②所提交的文件、材料是否符合相关要求； ③事前是否已经过必要的可行性研究、专家论证、风险绩效评价、集体决策等
		绩效目标合理性	项目所设定的绩效目标是否依据充分，是否符合客观实际，用以反映和考核项目绩效目标与项目实施的相符情况	评价要点： ①是否符合国家相关法律法规、国民经济发展规划和党委政府决策； ②是否与项目实施单位或委托单位职责密切相关； ③项目是否为促进事业发展所必需； ④项目预期产出效益和效果是否符合正常的业绩水平
		绩效指标明确性	依据绩效目标设定的绩效指标是否清晰、细化、可衡量等，用以反映和考核项目绩效目标的明细化情况	评价要点： ①是否将项目绩效目标细化分解为具体的绩效指标； ②是否通过清晰、可衡量的指标值予以体现； ③是否与项目年度任务数或计划数相对应； ④是否与预算确定的项目投资额或资金量相匹配
	资金落实	资金到位率	实际到位资金与计划投入资金的比率，用以反映和考核资金落实情况对项目实施的总体保障程度	资金到位率 =（实际到位资金/计划投入资金）×100% 实际到位资金：一定时期（本年度或项目期）内实际落实到具体项目的资金 计划投入资金：一定时期（本年度或项目期）内计划投入到具体项目的资金
		到位及时率	及时到位资金与应到位资金的比率，用以反映和考核项目资金落实的及时性程度	到位及时率 =（及时到位资金/应到位资金）×100% 及时到位资金：截至规定时点实际落实到具体项目的资金 应到位资金：按照合同或项目进度要求截至规定时点应落实到具体项目的资金

续表

一级指标	二级指标	三级指标	指标解释	指标说明
过程	业务管理	管理制度健全性	项目实施单位的业务管理制度是否健全，用以反映和考核业务管理制度对项目顺利实施的保障情况	评价要点： ①是否已制定或具有相应的业务管理制度； ②业务管理制度是否合法、合规、完整
		制度执行有效性	项目实施是否符合相关业务管理规定，用以反映和考核业务管理制度的有效执行情况	评价要点： ①是否遵守相关法律法规和业务管理规定； ②项目调整及支出调整手续是否完备； ③项目合同书、验收报告、技术鉴定等资料是否齐全并及时归档； ④项目实施的人员条件、场地设备、信息支撑等是否落实到位
		项目质量可控性	项目实施单位是否为达到项目质量要求而采取了必需的措施，用以反映和考核项目实施单位对项目质量的控制情况	评价要点： ①是否已制定或具有相应的项目质量要求或标准； ②是否采取了相应的项目质量检查、验收等必需的控制措施或手段
过程	财务管理	管理制度健全性	项目实施单位的财务制度是否健全，用以反映和考核财务管理制度对资金规范、安全运行的保障情况	评价要点： ①是否已制定或具有相应的项目资金管理办法； ②项目资金管理办法是否符合相关财务会计制度的规定
		资金使用合规性	项目资金使用是否符合相关的财务管理制度规定，用以反映和考核项目资金的规范运行情况	评价要点： ①是否符合国家财经法规和财务管理制度以及有关专项资金管理办法的规定； ②资金的拨付是否有完整的审批程序和手续； ③项目的重大开支是否经过绩效评价认证； ④是否符合项目预算批复或合同规定的用途； ⑤是否存在截留、挤占、挪用、虚列支出等情况
		财务监控有效性	项目实施单位是否为保障资金的安全、规范运行而采取了必要的监控措施，用以反映和考核项目实施单位对资金运行的控制情况	评价要点： ①是否已制定或具有相应的监控机制； ②是否采取了相应的财务检查等必要的监控措施或手段

续表

一级指标	二级指标	三级指标	指标解释	指标说明
产出	项目产出	实际完成率	项目实施的实际产出数与计划产出数的比率，用以反映和考核项目产出数量目标的实现程度	实际完成率＝（实际产出数/计划产出数）×100% 实际产出数：一定时期（本年度或项目期）内项目实际产出的产品或提供的服务数量 计划产出数：项目绩效目标确定的在一定时期（本年度或项目期）内计划产出的产品或提供的服务数量
		完成及时率	项目实际提前完成时间与计划完成时间的比率，用以反映和考核项目产出时效目标的实现程度	完成及时率＝［（计划完成时间－实际完成时间）/计划完成时间］×100% 实际完成时间：项目实施单位完成该项目实际所耗用的时间 计划完成时间：按照项目实施计划或相关规定完成该项目所需的时间
		质量达标率	项目完成的质量达标产出数与实际产出数的比率，用以反映和考核项目产出质量目标的实现程度	质量达标率＝（质量达标产出数/实际产出数）×100% 质量达标产出数：一定时期（本年度或项目期）内实际达到既定质量标准的产品或服务数量 既定质量标准是指项目实施单位设立绩效目标时依据计划标准、行业标准、历史标准或其他标准而设定的绩效指标值
		成本节约率	完成项目计划工作目标的实际节约成本与计划成本的比率，用以反映和考核项目的成本节约程度	成本节约率＝［（计划成本－实际成本）/计划成本］×100% 实际成本：项目实施单位如期、保质、保量完成既定工作目标实际所耗费的支出 计划成本：项目实施单位为完成工作目标计划安排的支出，一般以项目预算为参考
效果	项目效益	经济效益	项目实施对经济发展所带来的直接或间接影响情况	此四项指标为设置项目支出绩效评价指标时必须考虑的共性要素，可根据项目实际并结合绩效目标设立情况有选择地进行设置，并将其细化为相应的个性化指标
		社会效益	项目实施对社会发展所带来的直接或间接影响情况	
		生态效益	项目实施对生态环境所带来的直接或间接影响情况	
		可持续影响	项目后续运行及成效发挥的可持续影响情况	
		社会公众或服务对象满意度	社会公众或服务对象对项目实施效果的满意程度	社会公众或服务对象是指因该项目实施而受到影响的部门（单位）、群体或个人。一般采取社会调查的方式

附表 2

A 大学部门整体支出绩效评价指标

一级指标	二级指标	三级指标	权重	指标解释	评分标准
合计					
预算编制	部门预算编制	预算编制完整性	3	公共财政预算拨款、政府性基金拨款、国有资本经营预算拨款、纳入财政专户管理的收入安排的资金、未纳入财政专户管理的收入安排的资金、上年结余收入是否全部编入部门预算	全部编入得 3 分，每少编一项扣 1 分，扣完为止
		项目支出编制合规性	5	1. 项目支出是否按要求编制政府采购预算	达到目标值得 1 分，否则不得分
				2. 项目支出是否按要求编制新增资产预算	达到目标值得 1 分，否则不得分
				3. 需要实施预算投资评审管理的项目支出是否按要求报送投资评审项目预算，且预算经费安排是否低于或等于投资评审额	达到目标值得 2 分，每发现一处未按要求进行投资评审或未按低于或等于投资评审金额安排预算的，扣 0.5 分，扣完为止
				4. 项目支出是否按规定级次编列预算	达到目标值得 1 分，否则不得分
		预算编制细化程度	3	除财政核定的项目预留机动费、据实结算专款、应急类资金和预留配套中央项目外，所有项目都要细化	达到目标值得 3 分；每发现 1 个项目没有细化的，扣 0.5 分，扣完为止
预算执行	预算执行管理	预算调整率	3	预算调整率 =（预算调整数/预算数）×100%。预算调整数：部门（单位）本年度内涉及预算的追加、追减或结构调整的资金总和（1. 不含中央转移支付；2. 因落实国家政策、发生不可抗力、上级部门或本级党委、政府临时交办而产生的调整除外）	预算调整率等于 0 的，得 3 分；预算调整率在 0—10%（含 10%，下同）的，得 2 分；预算调整率在 10%—20% 的，得 1 分；预算调整率在 20%—30% 的，得 0.5 分。预算调整率在 30% 以上的，不得分

续表

一级指标	二级指标	三级指标	权重	指标解释	评分标准
预算执行	预算执行管理	支出进度	8	1. 6月支出进度	达到目标值得1分，否则不得分
				2. 9月支出进度	达到目标值得3分，否则不得分
				3. 12月支出进度	达到目标值得4分，否则不得分
		部门预决算差异率	4	1. 部门预决算收入差异率 =（部门决算收入数－部门预算收入数）/部门预算收入数×100%部门预算收入数以当年年初预算收入数为准	达到目标值得2分，每偏离目标值1个百分点扣0.5分，扣完为止
				2. 部门预决算支出差异率 =（部门决算支出数－部门预算支出数）/部门预算支出数×100%部门预算支出数以当年年初预算支出数为准	达到目标值得2分，每偏离目标值1个百分点扣0.5分，扣完为止
		专项资金下达、拨付	2	本级预算安排的资金，是否在本级人民代表大会批准预算后75日内落实到具体项目和具体承担单位	达到目标值得2分；每发现1个项目未按规定分配和细化的扣0.5分，扣完为止
			2	上级下达的未明确到具体项目需要进行二次分配的专项转移支付资金，是否在收到预算指标文件后30日内提出资金分配意见	达到目标值得2分，每发现1个项目未按规定分配和细化的，扣0.5分，扣完为止
			2	资金按规范程序拨付、下达	资金拨付、下达按规定程序报财政厅审批的，得2分；如发现一起未按规定拨付、下达的，扣0.5分，扣完为止
		结转结余	2	结转结余变动率 =（本年度累计结转结余资金总额－上年度累计结转结余资金总额）/上年度累计结转结余资金总额〕×100%	达到目标值得2分，否则不得分
			2	结转结余率 = 本年度累计结转结余资金总额/本年度一般公共预算支出	结余结转率在5%（含5%，下同）的，得2分；在5%～10%的，得1.5分；在10%～20%的，得1分；超过20%的，得0分

续表

一级指标	二级指标	三级指标	权重	指标解释	评分标准
预算执行	预算执行管理	资金使用合规性	5	1. 资金支出是否符合国家和省财经法规和财务管理制度规定以及有关专项资金管理办法的规定	达到目标值得 1 分，否则不得分
				2. 资金的分配是否有完整的审批程序和手续	达到目标值得 1 分，否则不得分
				3. 资金的拨付是否按规定程序进行拨付	达到目标值得 1 分，否则不得分
				4. 资金支出是否符合部门预算批复的用途	达到目标值得 1 分，否则不得分
				5. 是否存在截留、挤占、挪用、虚列支出等情况	达到目标值得 1 分，否则不得分
	资产管理	管理制度健全性	1	是否制定资产使用、处置等相关制度	达到目标值得 1 分，否则不得分
		资产管理安全性	5	1. 是否建立资产台账，资产报表数据与决算数据是否相符，资产购置、处置是否及时登记入账，每一会计年度是否对资产进行清点盘查	达到目标值得 2 分，每发现一处未达到目标值的扣 0.5 分，扣完为止
				2. 新增资产预算是否按规定填报资产预算表	达到目标值得 1 分，否则不得分
				3. 资产对外使用（出租等）、资产处置事项是否按规定报批	达到目标值得 1 分，否则不得分
				4. 按规定实行收支两条线管理的资产收益是否按及时足额上缴财政	达到目标值得 1 分，否则不得分
	预算管理	预决算信息公开性	2	按规定时间、内容、程序公开 2018 年度部门决算和 2019 年度部门预算的，得 2 分，否则不得分	达到目标值得 2 分，否则不得分
		基础信息完善性	3	基础数据信息和会计信息资料是否真实、完整、准确，会计核算规范	达到目标值得 3 分，每发现 1 处不规范的扣 0.5 分，扣完为止

续表

一级指标	二级指标	三级指标	权重	指标解释	评分标准
		部门职责履行完成情况	5	部门主要职责履行情况，以省绩效办对该部门职能性考评指标得分情况折算分值	根据省绩效办对该部门职能性指标得分情况折算分数。得分 = 5 × 被考评部门职能性指标得分/职能性指标总分
		培养专门人才	4	以部门培养专门人才职能履行情况，以目标值的实际完成情况折算分值	完成目标得4分，未完成1个目标扣0.5分
	职责履行	发展科学研究	4	以部门发展科学研究职能履行情况，以目标值的实际完成情况折算分值	完成目标得4分，未完1项目标扣0.5分
		社会服务	4	以部门服务社会职能履行情况，以目标值的实际完成情况折算分值	完成目标得4分，未完成1项扣0.5分
		文化传承和创新	4	以部门文化传承和创新职能履行情况，以目标值的实际完成情况折算分值	完成目标得4分，未完成1项扣0.5分
		国际交流	4	以部门国际交流职能履行情况，以目标值的实际完成情况折算分值	完成目标得4分，未完成1项扣1分
		ESI学科保持数	2	按照预设的目标值完成情况打分	达到4个得2分，未达到1个扣1分
履职及效益		一区论文数	1	按照预设的目标值完成情况打分	达到得2分，未完成10篇扣0.1分
		升硕率	2	按照预设的目标值完成情况打分	完成得2分，未完成1个百分点扣1分
		就业率	2	按照预设的目标值完成情况打分	达到得2分，未达到不得分
		国际一流学科保持数	2	按照预设的目标值完成情况打分	达到得2分，未达到1个扣1分
	履职效益	研究生招生211以上院校生源比	2	按照预设的目标值完成情况打分	达到得2分，未达到5个百分点扣1分
		××一流学科	2	按照预设的目标值完成情况打分	完成得2分，未完成少1个扣1分
		面上项目达标数	2	按照预设的目标值完成情况打分	完成得2分，未完成1个扣0.5分
		国家级重大项目达标数	2	按照预设的目标值完成情况打分	达到得2分，未达到1项扣1分
		科技成果转化完成数	1	按照预设的目标值完成情况打分	完成得1分，未完成1项扣0.1分

续表

一级指标	二级指标	三级指标	权重	指标解释	评分标准
履职及效益	履职效益	为社会开展非学历教育满意度	1	是否有开展非学历教育违规现象，培训对象是否有投诉情况	无违规及投诉情况得1分，否则不得分
		获得党委、政府、企事业采用或肯定性批示数量	1	按照预设的目标值完成情况打分	达到得1分，未达到1个扣0.1分
部门自评	自评开展	部门整体支出绩效自评开展情况	3	部门（单位）根据财政厅要求开展部门整体支出绩效自评，并及时报送相关自评材料	按时、规范、完整报送整体支出绩效自评材料的，得3分；未按时报送的，扣1分；内容不完整的，扣1分；内容不规范的，扣1分

附表 3

××县 2019 年优抚对象抚恤补助项目绩效评价评分表

一级指标	二级指标	三级指标	四级指标	指标解释	评分标准
合计					
投入（6 分）	（一）前期准备（6 分）	项目决策（6 分）	—	项目申请、设立过程是否符合相关要求，用以反映和考核项目立项规范性和可行性情况	1. 项目设立有据可依（如有政策文件规定或省、市县领导批示等），与国家、省、市县相关政策相符的，得 4 分。项目设立无依据，扣 2 分；与国家、省、市县相关政策不符的，每发现 1 处扣 1 分，扣完为止 2. 项目具体明确，合理可行，且资金结构合理的，得 2 分。项目计划内容不具体或不具备可行性的，扣 1 分；资金结构不合理的，扣 1 分
过程（40 分）	（二）项目管理（12 分）	3. 项目管理制度（2 分）	—	是否制订项目管理办法或有可参照执行的项目管理办法	制订项目管理办法或有可参照执行的项目管理办法，且项目管理办法合法、合规、完整，得 2 分；有项目管理办法，但存在不合法、不合规、不完整等情况的，扣 1 分；无项目管理办法得 0 分
		4. 制度执行有效性（5 分）	—	项目实施是否符合相关业务管理规定	1. 项目实施遵守相关法律法规和业务管理规定，项目调整及支出调整按规定履行报批手续的，得 1 分 2. 项目招投标、建设、监理、验收等严格执行相关制度规定，得 4 分；每发现 1 处不符合扣 1 分，扣完为止
		5. 项目质量控制（3 分）	—	项目实施是否为达到项目质量要求而采取了必需的措施	1. 资金使用单位建立或具有相应的质量管控制度，且执行良好的，得 2 分 2. 上级主管部门按规定对项目进行检查、监控的，得 1 分（需提供书面文件）
		6. 项目档案管理（2 分）	—	各项档案资料齐全并及时归档	资金使用单位档案管理规范，各项档案资料完整的，得 2 分
		7. 资金管理制度（2 分）	—	是否建立资金管理制度并执行良好	资金管理制度健全，且经费使用合理的，投入有保障的，得 2 分；有 1 处不符合规定的，扣 1 分，扣完为止
	（三）资金管理（23 分）	8. 资金到位率（3 分）	—	实际到位资金与计划投入资金的比率，用以反映和考核资金落实情况对项目实施的总体保障程度	于 2019 年 6 月底前全部到位的，得 3 分；于 2019 年 6～9 月底全部到位的，得 2 分；于 2019 年 10 月到位的，得 1 分；2019 年 10 月以后才到位的不得分（备注：1. 项目资金为部分到位的，按资金得分情况乘以到位率计算分值。2. 如另有党委、政府等关于资金到位情况的批文，从其批文）

续表

一级指标	二级指标	三级指标	四级指标	指标解释	评分标准
过程（40分）	（三）资金管理（23分）	9. 资金支出进度（6分）	—	预算支出进度 = 资金使用单位资金实际支出/预算额度 ×100%	以“实际支出进度/时序支出进度 × 分值”计算得分
		10. 资金支出规范性（12分）	—	资金分配是否合规	1. 建立或具有资金管理办法，对资金分配因素进行规范的，得1分
					2. 资金按照规范程序进行分配的，得1分
					3. 在规定时间报送资金分配方案的，得1分
			—	资金支出是否合规	1. 资金支付履行审批程序和手续得2分；发现1处未履行审批程序和手续扣1分，扣完为止
					2. 资金管理、费用标准、支持对象等按部门预算批复的内容实施，得4分。如超范围、超标准，虚列支出、截留、挤占、挪用、虚列支出等情况，每发现1处扣1分，扣完为止
			—	会计核算是否规范	1. 分项目规范核算得1分；分项目核算但不规范的，每发现1处扣0.5分，扣完为止；支出未分项目核算得0分
					2. 财务制度健全且执行良好的，得1分，没有建立财务制度得0分
					3. 制定或具有相应的内部控制制度并严格执行得1分，有内控制度但未实际执行扣0.5分，无内控制度得0分
	（四）绩效评价管理（5分）	11. 预算绩效自评管理（5分）	—	是否按照财政部门要求对项目开展自评	按照财政部门要求对项目开展自评的，得3分；未开展自评得0分
			—	是否按照财政部门评价工作要求及时提供相应的项目自评材料，包括项目自评报告、评分表以及相应的佐证材料等	按照财政部门要求及时提供完整的项目自评材料得2分，每缺少1项扣0.5分，每迟提供1天扣0.5分，扣完为止
产出（30分）	（五）项目产出（30分）	产出数量	保障优抚对象人次	将实际完成任务量与绩效目标设定任务量进行对比，评价目标任务量完成情况	产出数量指标：完成目标任务量95%以上（含95%）得10分，完成90% ~95%得8分，完成85% ~90%得7分，完成80% ~85%得6分，完成75% ~80%得4分，完成70% ~75%得2分，完成65% ~70%得1分，完成65%以下得0分

续表

一级指标	二级指标	三级指标	四级指标	指标解释	评分标准
产出（30 分）	（五）项目产出（30 分）	产出数量	领取烈士褒扬金遗属人数（包含因公牺牲军人遗属、病故军人遗属、60 周岁以上老年烈士子女	将实际完成任务量与绩效目标设定任务量进行对比，评价目标任务量完成情况	产出数量指标：完成目标任务量 95% 以上（含 95%）得 5 分，完成 80% ~95% 得 4 分，完成 70% ~80% 得 3 分，完成 60% ~70% 得 2 分，完成 60% 以下得 0 分
		产出质量	各类优抚对象抚恤补助标准	符合《关于调整我区部分优抚对象等人员抚恤和生活补助标准的通知》	产出质量指标：达到设定的质量标准得 5 分，基本达到按 1 ~5 分（不含 5 分）酌情给分，未达到标准得 0 分
		产出时效	按时发放抚恤补助	每月按时发放	产出时效指标：按计划的时间周期实施并完工得 5 分，否则按 0 ~5 分（不含 5 分）酌情给分
		产出成本	抚恤补助发放额不超过预算数	反映项目总体投入与计划投入情况	产出成本指标：成本控制较好得 5 分，超出实际成本按 0 ~5 分（不含 5 分）酌情给分
效果（24 分）	（六）项目效果（24 分）	社会效益	优抚对象上访人次逐年下降	反映项目实施直接产生社会效益	效果指标：达到设定的效果目标得 10 分，基本达到按 0 ~10 分（不含 10 分）酌情给分
		经济效益	提高优抚对象生活水平	反映项目实施直接产生的经济效益	效果指标：达到设定的效果目标得 9 分，基本达到按 0 ~9 分（不含 9 分）酌情给分
		优抚对象满意率	满意率≥90%	考核项优抚对象满意度情况	满意度指标：调查对象满意度 90% 以上（含 90%）得 5 分，满意度 80% ~90%（含 80%）得 4 分，满意度 70% ~80%（含 70%）得 3 分，满意度 60% ~70%（含 60%）得 2 分，60% 以下按 0 ~1 分酌情给分

参考文献

[1] 罗宾斯．组织行为学［M］．北京：中国人民大学出版社，2008.

[2] 郭京生，杨飞，熊敏鹏．绩效管理案例与案例分析［M］．2 版．北京：中国劳动社会保障出版社有限公司，2012.

[3] 付亚和，许玉林．资源管理：绩效管理［M］．3 版．上海：复旦大学出版社，2014.

[4] 约瑟夫·马尔托奇奥．战略性薪酬管理［M］．刘昕，译．7 版．北京：中国人民大学出版社，2015.

[5] 李燕．政府预算管理［M］．北京：北京大学出版社，2016.

[6] 刘振．影响中国高新技术企业 R&D 投资水平的公司治理要素、机制和路径研究［M］．北京：清华大学出版社，2016.

[7] 罗伯特·西蒙斯．业绩评价与控制系统［M］．刘俊勇，译．北京：中国人民大学出版社，2016.

[8] 伍文中，李燕，唐霏．地方政府财政支出绩效评估理论研究与实务指南［M］．北京：经济科学出版社，2018.

[9] 李群，王宾，杨琛．经济评价的理论、方法与实证研究［M］．北京：中国社会科学出版社，2018.

[10] 杨志慧，侯立新，石倩倩．企业全面预算管理实务与案例解析：从预算编制、流程控制到结果考评［M］．北京：人民邮电出版社，2019.

[11] 方振邦，刘琪．绩效管理——理论、方法与案例［M］．北京：中国邮电出版社，2019.

[12] 赵立雨．公司财务绩效评价——基于 EVA 和研发投入视角［M］．北京：经济管理出版社，2019.

[13] 马海涛，曹堂哲，王红梅．预算绩效管理理论与实践［M］．北京：中国财政经济出版社，2020.

[14] 邬定国．地方政府社会建设的绩效评价研究［M］．北京：中国社会科学出版社，2020.

[15] 刘俊勇．业绩评价与激励机制［M］．2 版．北京：中国人民大学出版社，2021.

[16] 任康磊．绩效管理工具——OKR、KPI、KSF、MBO、BSC 应用方法与实战案例［M］．北京：人民邮电出版社，2021.

[17] 赫尔曼·阿吉斯．绩效管理［M］．刘昕，朱冰妍，严会，译．4 版．北京：中国人民大学出版社，2021.

[18] 方振邦，冉景亮．绩效管理［M］．2 版．北京：科学出版社，2021.

［19］孙欣．全过程预算绩效评价结果应用［M］．北京：中国财政经济出版社，2021.

［20］方振邦，唐健．战略性绩效管理［M］．5 版．北京：中国人民大学出版社，2021.

［21］中华人民共和国财政部预算司．中国预算绩效管理探索与实践［M］．北京：中国财政经济出版社，2021.

［22］徐延利．绩效管理——理论、方法、流程及应用（第一版）［M］．北京：经济科学出版社，2015.